U0583494

学术支持
华东师范大学奇点研究院
东北师范大学批判教育学研究中心

三味

数字时代的
教育观念
从何而来

Where do
Educational Concepts
in the Digital Age Come from?

教　育
景观论

The Spectacle of
Education

张敬威　苏慧丽　著

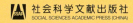

社会科学文献出版社
SOCIAL SCIENCES ACADEMIC PRESS (CHINA)

序

被规训的人，抑或生成的数字生命？

蓝 江 *

　　米歇尔·福柯，这位从现代哲学走向后结构主义的大师，毫无疑问对 21 世纪思想史的发展做出了巨大贡献。在他的名著《规训与惩罚》中，他谈到了从古典时代的惩罚制度到现代的规训制度的变化，从将权力作用于人的生命的死亡政治学（thanato-politics）向作用于人的身体的生命政治学（biopolitics）的转变。这意味着，原先的封建权力，对于僭越权威和规则的个体，采取的惩罚措施就是处死，用各种不同的刑罚来增加犯人的痛苦，不仅要消灭他们的身体，而且要消弭他们在精神上的反抗能力，从砍头到凌迟、从斩立决到诛九族，实际上都体

---

*　　蓝江，南京大学哲学学院教授，博士生导师，南京大学马克思主义社会理论研究中心研究员。主要研究方向为国外马克思主义、当代欧陆激进左翼思想。

现为至高权力掌控着人们的生死。

不过，在《规训与惩罚》中，福柯看到，这种权力在进入现代民族国家阶段发生了巨大变化，这意味着至高权力不再掌控人的生死，而是直接介入身体的规训，通过现代监狱的体制，将人的身体和行为纳入一个规范性体制，成为将人改造成现代人的一种措施。所以，相对于以往的权力的治理技术来说，重点并不在于消灭不正常的（abnormal）人，而是每一个正常人都存在着一个前正常的（pre-normal）阶段，而无论是精神病院，还是临床医学，抑或福柯在 20 世纪 70 年代关注的监狱问题，实际上都在执行一种效果，即将人们从不正常的状态变成正常的状态，而将人们变成正常状态的措施就是规训和监控。

规训和监控就是现代早期的资本主义社会用来治理普通人的技术，通过一定的治理，人从一种不成熟的状态或者前正常状态，变成了现代的正常的人。因此，我们可以读到一个与康德的启蒙概念对应的规范概念，我们记得，康德的《什么是启蒙？》中的那句名言："启蒙就是人类脱离自我招致的不成熟。不成熟就是不经别人的引导就不能运用自己的理智。"① 当然，康德相信现代人在启蒙之下具备运用自己的理智和自律的能力，但是，康德也看到，在人类运用自己的理智和自律之前，的确存在着一个不成熟状态，这个状态是需要启蒙的。但康德的启蒙似乎没有人们看起来这样自然而然，因为人类不是从不成熟阶段，自动地变成具有成熟的理性状态、成为能自觉运用理智

---

① 〔德〕康德：《对这个问题的一个回答：什么是启蒙？》，载〔美〕詹姆斯·施密特编《启蒙运动与现代性：18 世纪与 20 世纪的对话》，徐向东、卢华萍译，上海人民出版社，2005，第 61 页。

的人。康德在《教育学》中就十分明确地意识到："一个孩子，特别是学生，其品质首先需要服从。这种服从是双重的，首先是服从一个领导的绝对的意志，其次是服从一个领导的被承认有理性和好的意志。"① 我们从这里可以看出，康德讨论的学生的教育，尽管存在着不同的阶段，在后面的阶段，可以允许学生依照自己的理智和天性来自行发展，但在最初的阶段，必须用纪律（也就是福柯的"规训"）和服从，将学生从前正常的不成熟阶段，纳入正常教育的范畴中来。在这个过程中，关键在于树立各种规范，让不成熟的孩子得以在规范划定的范围内成长，以便于他们能够得到理智的熏陶和教育，可以让教育者将他们带上正常的道路。

不过康德的《教育学》对于如何用纪律将学生变成正常的人，并没有着墨太多。而福柯在《规训与惩罚》中更为详尽地讨论了这个问题。例如福柯谈到了 17~19 世纪英国兰开斯特地区的初等教育的形式。

从 17 世纪到 19 世纪初采纳兰开斯特（Lancaster）方法为止，一种如同时钟机构的互教学校体制逐步严密地形成了。开始，老学生负责监督，有时是检查功课，有时是教新学生。最后，所有学生的全部时间不是用于教，就是用于学。学校变成了一个学习机器，不同水准的学生的所有时间都被恰当地结合起来，在整个教学过程中不断地得到利用。互教学校的一个重要鼓吹者对这种教学过程做了一个说明："在一所容纳 360 名儿童的学校里，如果教师愿

---

① 《康德著作全集第 9 卷：逻辑学、自然地理学、教育学》，李秋零主编，中国人民大学出版社，2010，第 482 页。

意在三个小时中逐个教育每个学生，那么他给每个学生的时间不到半分钟。如果采用新方法，每个学生都能读、写或计算长达两个半小时。"①

其实，福柯在这里谈初等学校的教育，是为了与监狱制度相对立，也就是说，在监狱里实施的各种规训的方式，都逐一在学校教育中实现了。这也就是为什么福柯坚持认为初等学校与监狱、医院、军队、精神病院等强规训体制的空间一样，构成了一个制度化的规训空间，在这个空间里，规训的规则成为制约学生行为的尺度。福柯继续说道："这种力量的精细结合需要有一个精确的命令系统。被规训人员的全部活动都应该用简明的命令来表示和维系。命令是无须解释的。令行禁止，雷厉风行，无须废话。规训教师与受训者之间是一种传递信号的关系。这里不存在理解命令的问题，所需要的仅仅是根据某种人为的、预先编排的符码，接受信号和立即做出反应。"② 这里的关键并不仅仅在于，通过学校纪律的规训，学生从不成熟的前正常状态，变成了现代社会所需要的规范的正常人，我们更需要注意的细节是，在这个变成正常人的过程中，学生的身体外化了，即他们的每一个行为细节，变成了可以被监控的对象，比如学生步伐的高度、身体直立的程度，都在规训人员监控的目光中变成可以度量的值。在其他的空间里，如在寝室里，被服的整洁程度，也可以根据规训人员监控的目光来打分，这样，

---

① 〔法〕福柯：《规训与惩罚》，刘北成、杨远婴译，生活·读书·新知三联书店，1999，第186页。
② 〔法〕福柯：《规训与惩罚》，刘北成、杨远婴译，生活·读书·新知三联书店，1999，第186~187页。

学生的所有行为实际上都被置于规训人员的目光之下，成为可见的客观对象，而学生是否正常，并不在于他们内在的心理状态，实际上，这种内在的心理状态规训人员是不可见的，唯一可见的只有那些客观的尺度，如一个学生在班级里坐姿是否端正、他是否在默写中得到满分，以及他全身服装是否整洁干净，等等。于是，在现代的规训体制中，教育学很容易从康德式的启蒙的理智培养，变成外在客观化的规训化的表观。评价一种教育是否成功，不在于学生内在心智上是否成熟（因为这种成熟不可度量，不可见），而在于一切可否转化为客观标准和绩效的东西，学生的考试成绩、体育上的表现，以及在平常校园里规训人员看来，他们的衣装是否得体、举止是否得当、言行是否规范。

福柯的逻辑很容易演化为另外两个规训的逻辑。

首先是景观化。对学生的教育成就外在化，其实就是其可见性，可见性很容易成为法国思想家居伊·德波（Guy Debord）提到的"景观社会"（society of spectacle）的问题。德波曾说："在现代生产条件占统治地位的各个社会中，整个社会生活显示为一种巨大的景观的积聚。直接经历过的一切都已经离我们而去，进入了一种表现。"[①] 也就是说，在景观社会中，我们不再关注人们的真实经历，而是关注一种被再现出来的景观。在教育学中，我们看不到每一个学生的真实所想，所看到的只能是再现出来的每一个学生行为和品质的景观，这些景观通过在公共场合的行为表现和具体的分数和规范程度显现出来。学生的真实生活只有转化为这些景观，才能在教育过程中变得可见，

---

① 〔法〕居伊·德波：《景观社会》，张新木译，南京大学出版社，2017，第3页。

教育者才能有着力的角度和措施。换言之，一个学生的不良行为只有景观化，才能被干预，而对于学生个体的内在化经历，却无法简单地上升到教育和治理之中。

其次是绩效化。如果说景观化是实现学生教育的客观化途径，那么绩效化在一定程度上变成了教育的目的。评价一个学生、一位老师，甚至一个学校的好坏，其实，在很大程度上，都依赖于一种景观化的绩效。德国韩裔思想家韩炳哲（Byung-Chul Han）提出了"功绩社会"的问题，而功绩社会的作用在于，它反过来将一种景观化的规范，即功绩和绩效，用来制约主体本身，让主体在教育和成长中变成"功绩主体"。韩炳哲说："在规训社会向功绩社会的转型过程中，超我被积极化为理想的自我。超我是压抑性的。它的主要功能是发布禁令。""功绩主体不断追求提高效率，这种压力剥夺了他的语言能力。他同时也失去了处理冲突的能力，因为这项工作需要耗费大量时间。"① 在这种功绩规训之下的主体，一方面是一个在外在尺度上正常的主体，另一方面，是一个在内在尺度上高度被压抑的神经质主体。他们像不知倦怠的小白鼠，始终向着一个很难实现的目标前进。

在我们通向数字技术的过程中，当然，数字技术和智能技术让我们的教育变得更为便捷，也让老师和学生之间的交流变得直接；但我们在前文提到的两个趋势，即景观化和绩效化会变得越来越深入。景观在数字监控技术的辅助下，变成了真正意义上的全景敞视监控，学生的言行举止，在任何监控照射的地方，都变成了景观。与之对应，由于数字档案记录和数据分

---

① 〔德〕韩炳哲：《倦怠社会》，王一力译，中信出版集团，2019，第80、81页。

析的实现，学生的智力状况、品德状况甚至心理状况，都可以通过数据化的方式呈现出来，规训的技术可以更好地在这个方面介入他们的表现。因此，在数字时代，我们不禁要问，在今天，教育学还有可能吗？我们面对的是能够培养人的理智，让人全面发展自己天性的教育，还是在更为严苛的数字技术的景观中，被日益规训的人？这或许就是张敬威、苏慧丽试图通过这本《教育景观论》来向我们提出的问题，我们需要的未来的人类是更像景观化的规范数据，还是在数字技术的辅助下，更具有生命活力的人类？我们正处在这样的十字路口，我们需要在这里抉择，或许这个"戈尔迪之结"（Gordian Knot），需要我们像亚历山大大帝一样，用我们思想的利剑，将其斩断。问题不在于技术，而在于教育者如何反省，即在面对未来巨大的数字景观时，我们究竟需要什么样的人类与之对应，如果我们希望人类变成数据、变成规范、变成景观，那么人类就是数据、规范和景观。相反，我们要重新思考在数字技术和智能技术下人与技术的关系、人与物质世界的关系，那么就需要在数字教育景观中重建人类的尊严和人格，这不是一条平坦的道路，需要我们砥砺前行，在理论思考和技术实践的双重作用下，才能为未来的教育学打开新的大门。在那一刻，接受教育的学生不再是被规训的个体，而是在数字技术下生成的生命。

目　录

前　言

　　2023 年初，电视剧《狂飙》热播，进而引发了一个奇怪的现象——全国各大售书平台与书店的《孙子兵法》都被卖脱销。我们不禁产生一个疑问，一部火爆的电视剧是如何引发对已经问世两千余年的《孙子兵法》的购书浪潮的呢？究其原因，是在电视剧《狂飙》中高启强这一人物的发家史为观众构建了一种符号性的关联："研读《孙子兵法》→掌握处世技巧→走向'事业'巅峰"，这一发展逻辑将《孙子兵法》与"成功"相关联，所以在"成功"的指向下，《狂飙》的观众产生了购买《孙子兵法》的需求。在"流量"环境下，这种被创造出来的需求愈加普遍，使人们在各种流量、景观、叙事的影响下"爱和恨别人之所爱和所恨"。

　　教育学的学者们致力于探索教育教学规律、学生学习规律、儿童成长规律，以愈加科学化的研究方法得出结论并为各类教育决策提供理论支持。但是学界研究的很多成果、统一认可的教育理念、教育部门颁行的教育政策却不被家长所接受。例如，"双减"政策的颁布原本旨在减轻学生课业负担、规范校外培训市场以及控制家庭教育支出，但在其实施过程中，部分家长却并不领情，甚至将部分教育消费由明处转向暗处，以一种更为隐秘的方式进行。家长们为何不相信教育学学者们研究得出的教育规律，亦不相信教育部门经过大量调研、论证、实践而颁布的教育政策，却要选择一种相异的教育实践路径呢？他们是如何产生这种信念或想法的呢？对此我们做了一个小实验：鉴于当下短视频软件基于用户画像的推送机制，我们在某短视频平台重新建立了一个账号，并塑造了一个具有"小学生的家长""担心孩子学习"等标签的用户形象，接踵而来的短视频推送内容让我们震惊！"没有了校外培训普通人的孩子该怎么翻身？""'双减'以后孩子会变轻松吗？""普通人的孩子输在起跑线上吧。""孩子的学习习惯已经没有了！"这些都是我们收到的推送短视频的真实文案。除此之外我们还将其他多种标签作为用户画像接收短视频推送，如当我们的标签为"想要留学的大学生"时便会被推送"不出国留学就废了！"的引导内容，当我们的标签为"想要出国读个博士学位的青年"，则会收到很多如"国外水博，一次投入，轻松毕业，能顺利入职××大学"的视频。这一系列视频都在尝试通过一种叙事的方式向我们传输一种符号性的关联：他们所推销的，是我们必需的。在这种符号性关联的渗透下，我们的需求被"给予"、被"加深"，以至于与这种叙事情节相异的一切观点都不容易被接受。这种叙事由一个个相较理论更易被感知的景观所构建——"素质教育"是抽象的，但是"隔壁家的王小二考上了重点高中""孩子的同学张三拿了奥赛一等奖""××大学的录取通知书"是具体的。自此，在教育实践中产生了一种观念的对抗：主流教育理念与辅导机构、商家所推送的"成功"故事之间的对抗。回到我们开头《狂飙》的例子，叙事、可感景观对符号性关联的渗透总是好于单纯的道理阐述，恰如"邹忌讽齐王纳谏"所告诉我们的：劝导一个人，要学会讲好故事。而我们劝家长、一线教育实践者，向他们阐释教育理念，也要讲好教育故事。

本书的第一章，我们从教育中的功绩性"白噪声"出发，分析各种各样的"景观"是如何影响教育实践者的教育观念的。之所以选用"白噪声"这样一个词语，是由于其"润物细无声"的背景音特性。流量环境下的各种机制推送，都尽量避免大张旗鼓地告知受众这是一个推销活动或观念引导行为，而是期望以一种更隐蔽的方式传达一种符号性关联，而这种符号性关联最好是由受众自己推导而出的，这样会使其更为信服。"功绩性符号体系"由于其具有一种指向"成功"的正当性，往往被推送得最为广泛，因为只有使俯瞰全景监狱的瞭望塔从外界转移到受众的心中，受众群体才会主动地创造更多焦虑与需求——家长的教育焦虑最为典型。本书的第二章尝试对第一章所阐述的问题进行一种原理性的解读，并尝试引介跨学科的理论工具，用来分析教育景观的相关问题。我们将"景观社会"理论作为一个基本的研究视角，结合了维利里奥、拉康、德波、伊德等的相关理论，尝试分析教育景观下的资本逻辑。第三章则将视角指向了未来，以未来的视角论述当下功绩性教育景观的不合理性以及功绩性教育培养出的学生面向未来的不适切性。面向不确定性的未来，以"应试"为主旨的功绩性教育是失效的。第四章则尝试对"面对未来应该开展什么教育"进行解答，提出一种教育景观的应然指向。第五章则以德波的"漂移、异轨、构境"为基础，对"打破功绩景观、构建教育景观"进行了路径的探讨。第六章论述了教育数字化转型下的景观构建与教育挑战，进而探讨了破除景观之后的道路。

最后，我想以一段话结束这一前言：我们需要在数字化的环境中经常去寻找一个"奇点"——一个所在符号体系无法解释的断裂点、一个能够使主体思考符号体系不合理的起点，并以此为开端破除信息茧房、思考自己的观念何以形成，这样我们才可能发现与思考诸多"不合理"。教育观念的传播不应只是讲道理，更应该讲故事。从希望破除的符号体系的奇点开始，从希望打破的故事体系无法解读的事件出发，让受众怀疑资本构建的故事世界，将教育的目光回到学生身上。通过讲好教育故事告诉教育实践者：学生不是投资物，而是有情感、会疲惫、乐于探索、愿意思考的个体。我们将以此书为开端，开启一场教育观念传播的叙事性对抗。

第一章

教育中的功绩性"白噪声"

功绩主体幻想自己身处自由之中，实际上却如同被束缚的普罗米修斯。

——韩炳哲《倦怠社会》

引　言

本章从教育实践中"双减"落地难、教育功利主义盛行等问题出发，进而透视其本质性原因，即教育中的功绩性观念当道，并随着数字技术的发展愈演愈烈。当代社会的生命政治已经从福柯所说的规训（Surveiller）社会走向了功绩（Leistung）社会，在功绩社会单纯追求量化指标达成的社会氛围下，教育也因此受到冲击。具体体现在教育单一地将达成学业成绩的评定结果与学生的未来挂钩，在指标体系的控制下，家长对学生成长的判定沦为一种单向度判定，从而引起教育焦虑、"减负难"与"补课热"等教育问题，也偏离了教育使人成为人的目的，因此形成对学业成绩单一追求与关注的畸形教育观念。随着数字技术的普及，教育焦虑的场域从线下蔓延至线上。数字社会加快了对速度与效率的追求，教育实践因此出现仅关注学业成绩的单一性特征，教育观念的单一指向限制了学生的发展维度。学生的生命活动失去复数性，失去追求多样化、个性化、理想化未来的机会。具体来谈，相对于实现个体的自由全面发展，人们更关注教育改变命运、跨越阶层的社会功能。在技术的快速发展下，教育的量化反馈周期被快速缩短，短时间大规模的量化反馈不断刺激着教育参与者并逐渐剥夺其反思的能力。而在教育市场中，资本通过控制教育景观的生成与变化，轻而易举地完成了教育的意向性。与教育中的需求方相同，教育的供给方即市场化的教育培训机构也展开了竞争与博弈。教育的供给主体通过构建一种由感性的可观看性所构成的视觉呈现——景观幻象来吸引与影响受众，然而这种景观的建构过程往往遮蔽甚至扭曲了教育的本真意向。这也使得"减负难"成为我国教育实践长期面临的显性问题。"双减"政策的实施，除了管控政策的落实，更应注重观念层面的引导与宣传——"双减"落地应理念先行。

我们如何看待教育、如何选择自己的孩子应该接受的教育，都有一个前提性的分析框架，我们根据这个框架推导出什么是好的教育。大众常常对教育怀有一种批判性的警觉，但是对"好"教育认定的前提却坚信不疑，这种前提性的分析框架便是教育观念。我们看似能够在教育领域自由地产生自我判断、抒发自我见解，但是所产生的这种"见地"却早已被规定好了。教育观念是人们在长期的教育实践当中形成的对人与事物发展的总体的综合的认识，观念一经形成，人们便会以此为指导进行实践。当人们的教育观念与其实践意向受到的外界规范产生冲突时，则会产生抵触的情绪。本书中坚持"政策落地，理念先行"的观点，教育参与者在观念层面的认同程度直接决定了政策落实的成效，只有教育参与者都"知其所以然"，才能更好地配合教育政策的多重改革。

第一节　从规训社会到功绩社会

对量化的焦虑并非教育领域的独有现象，而是随着生产力的发展，社会文化所呈现出的一种样态。所以若要分析教育指标背后的价值牵涉，则需要对这一样态形成的内在原因与发生规律进行探讨。当代社会的生命政治（biopolitique）① 已经从福柯所说的规训社会走向了功绩社会：在规训社会中，人们处于权力的全景敞视主义（panopticism）的监控之下，必须按照规训的规范安排自己的行为，而在当代社会看守的目光已经消逝于数字化算法之中。② 这种算法与量化之间的关联——量化指标作为算法执行的阶段性工具构成了教育目的与功绩追求之间的桥梁。

功绩社会是德国韩裔批评家韩炳哲（Byung-Chul Han）提

---

① 福柯用语，1974 年 10 月，福柯在巴西里约热内卢州立大学举行"社会医学讲座"时第一次公开使用"生命政治"，当时所用法语词为"biopolitique"，后来逐渐且通常写作"biopolitique"，生命政治就是政治权力直接作用于我们生物性生命的政治。参见蓝江《什么是生命政治》，《武汉大学学报》（哲学社会科学版）2022 年第 1 期。

② 蓝江：《功绩社会下的倦怠：内卷和焦虑现象的社会根源》，《理论月刊》2022 年第 7 期。

出的一种理念性概念，在这种社会情境下只有一个目标——可被量化与统计的数字指标。这种数字指标被放置于一个庞大的、层级分明的、奖励制度明确的体系之中。在这种指标下，参与者无须再被时刻监视与督查，而是会自发地将"美好未来"等同于"量化目标"，从而努力完成任务，形成一种自我剥削。韩炳哲认为 21 世纪功绩社会取代了规训社会，这一社会中的成员不再是"驯化的主体"，而是功绩主体，是自身的雇主。功绩社会特征体现为在资本主义所设定的绩效指标体系下，人被强制成为劳动的动物，为了达到更好的绩效，取得更有利的地位，主体不得不穷尽自身的时间和精力，在绩效竞争中过度积极地消耗自身，剥削自身，最终陷入内卷与倦怠，生产出大量抑郁症患者与厌世者。① 在这种量化体系中则进一步形成了可被清晰评判的指标性竞争，竞争的激励手段使个人之间对立，使个人之间分裂。② 家长在这样的社会背景下，结合自身对学生的期望，参与进了教育量化指标庞大的功绩体系建设之中。功绩社会的概念可以很好地对当下的教育实践现状进行解读，在功绩性评比与竞争的背景下，人们以博弈逻辑进行教育策略选择。培养学生主体性的教育具有一种公共属性，这种理论层面的教育具有广泛的接纳度，而作为竞争场域的教育则具有了排他性（exclusiveness）③，在竞争中教育不再是单纯的公共属

---

① 蓝江：《功绩社会下的倦怠：内卷和焦虑现象的社会根源》，《理论月刊》2022 年第 7 期。
② 〔法〕吉尔·德勒兹：《在哲学与艺术之间：德勒兹访谈录》，刘汉全译，上海人民出版社，2020，第 243 页。
③ 排他性在经济学中是指一类物品（财产）归某位消费者或某类消费人群所拥有并控制，就可以把其他消费者排斥在获得该商品的利益之外，对其他消费者就称为具有排他优势。

性事业，而是一种稀有资源的分配过程。

功绩社会使追求绩效的教育主体之间的竞争更为自主化、高效化、隐匿化。① 这种竞争关系与个体之间的博弈活动正是"教育焦虑"的根本原因。当下的功绩社会是生命政治②演变而成的一种特殊状态，功绩社会与福柯所提出的规训社会有所不同，规训社会相对具有一种被动性，指人们在权力的直接监控下使身体按照规训的要求安排自身的行动，具有一种消极性；而当下的功绩社会则将规训融入算法之中，它不规定人们身体的全部行为，而是通过统计数字构建不同层次的绩效指标体系，通过数字指标体系规定人们的主体发展目标体系。③ 功绩社会是现代性演进与流变下的社会形态，个体不再受制于外在力量的强制规训，而将塑造自我奉为至上目标。功绩社会以肯定的"能够"取代规训社会中否定的"应当"，从而在绩效范式下为教育主体营造一种看似理想的目标与达成方式，即只要自我"积极投入"，便能够获得更好的教育绩效。它不再时时刻刻从外部规定教育主体如何完成任务，而是以教育绩效目标与看似自发的方式拘束主体的教育行为。在这一社会中可能导向两种价值取向：一是"功利型个人主义"，表现为对投入产出的大小或多少予以精确的定量计算，以追求自我利益的最大化；二

① 蓝江：《功绩社会下的倦怠：内卷和焦虑现象的社会根源》，《理论月刊》2022 年第 7 期。

② 福柯用语，生命政治就是政治权力直接作用于我们生物性生命的政治。在对 19 世纪监狱历史的梳理中，福柯发现了现代规训社会的兴起，例如，人的生命被档案化，成为一种治理工具，当代资本主义通过规训手段在微观层面上实现身体的正常化，在宏观层面上实现人口的生命政治治理。

③ 蓝江：《功绩社会下的倦怠：内卷和焦虑现象的社会根源》，《理论月刊》2022 年第 7 期。

是"表现型个人主义",它植根于货币经济支配下的都市生活与消费社会,寻觅新奇,张扬自我的个性表现。① 教育焦虑便是在两种取向相互交错与耦合下塑造出来的。一方面,教育主体追求教育的投资收益率,将抽象还原、定量计算、准确预测与有效控制作为其教育行为的基本逻辑;另一方面,为成就自身、超越他者,教育主体过度积极地投入教育的自我剥削之中,并将对更多教育资源的追求、占有与消费作为个人表现性目标,从而陷入资本制造的消费主义陷阱与绩效暴力之中。

功绩社会中的"优绩主义"强化了"教育改变命运""知识就是权力"的传统观念,即只要通过努力学习、考取文凭便能够实现阶层跃迁,获得物质财富与政治权力,由此掩盖了这一过程中的不可抗力、随机性、家庭资本与歧视性因素,而将成功的标准统一化并归因于个人努力,这也导致了教育目标的同质化、能力形式主义与无止境的竞争关系。功绩社会的目标体系使教育参与者直接形成了一种不可调和的竞争关系。竞争这一绝妙的激励手段使个人之间对立,使人本身分裂。② 由此构成了应试性竞争的基本样态,教育参与者——无论是教师抑或学生与家长——都陷入了量化指标体系之下的横向竞争之中,他们以超越并淘汰他人为最终目的,并认为自身被淘汰是由于努力不够或教育投入不足。由此,教育参与者对成功的定义从构建整全的人,异化转变为构建更贴近绩效标准的人,教育成功的条件由对自我的超越异化发展为对他者的超越。

功绩主体在这种横向的量化评定与对比之下,不断地在量

---

① 于伟:《现代性与教育》,北京师范大学出版社,2006,第 31 页。
② 〔法〕吉尔·德勒兹:《在哲学与艺术之间:德勒兹访谈录》,刘汉全译,上海人民出版社,2020,第 243 页。

化维度内自我消耗，以贴近算法设定的更高评定标准，然而这种指标体系下的量化价值却并不能完全代表真实世界的生产价值与个体的生存价值，自我提升的付出成本也呈现出更大程度的边际收益递减情况。可度量、可通约、可计算、可预测的教育绩效"压扁"了个体的丰满个性。[1] 学生作为功绩主体不断地消耗自我，"在同自身的战斗中，他因为自身而困苦不堪"[2]。功绩社会下教育的导向已经背离了"使人成为人"的教育目的，学生在这种竞争的环境下变得更加焦虑，在算法的催逼下所有不可计量的生活情趣都变得毫无意义。"这种竞争能量的总动员却付出了它的社会代价，这个代价存在于那些感到自己遭受屈辱的第二名和第三名人群的后竞争的脆弱症中。"[3] 在这种竞争下学生的发展与算法标准更为趋同，他们的整全性发展与主体性构建都受到了极大的冲击。

于是，"算法为王"的教育环境造成了这样一种事实：学生通过开展低投资收益比的学习活动不断地消耗自身，以自身"活动生命"（vita activa）[4] 的枯竭为代价换取算法的认可，而教师与家长在可视化量化指标的引导下，对这种情况乐见其成并加以支持。那么，则可以以"经济人"为基本假设、博弈论为基本视角，对教育实践中的"焦虑化"现象进行分析。假设教育实践中的决策者以评价指标分数的最高化为行动目的，那

---

[1] 于伟：《现代性与教育》，北京师范大学出版社，2006，第 27 页。

[2] 〔德〕韩炳哲：《倦怠社会》，王一力译，中信出版集团，2019，第 74 页。

[3] 〔德〕海因茨·布德：《焦虑的社会：德国当代的恐惧症》，吴宁译，北京大学出版社，2020，第 87 页。

[4] 汉娜·阿伦特用语。"活动生命"在《人的境况》中被加以定义，指人通过自身的活动留下生命的痕迹，从而构建人类社会这一特殊空间。

么便构成竞争博弈。所有参与者都在进行占优策略[①]与重复剔除[②]活动，由于人的有限理性，他们在竞争环境下的策略选择是与其博弈层数相关的，即理性限度、信息获取量与对手的决策相匹配。如 1995 年，纳格尔（Nagel）进行了一项选美博弈（Keynesian beauty contest）[③] 的实验研究：N 个参与者同时在〔0，100〕选择一个数字 X_i，计算所有数字的平均数再乘以一个小于 1 的系数 p（比如说 p = 0.7），将得到的数值（平均数的70%）与每个参与者的选择相比，最接近的参与者就获得一笔支付。在这种博弈条件下，获得胜利的条件是得知其他对手的策略，从而确定自己的策略——预测对手选择的数字越低，则自己选择的数字越低。当这种实验成为一种长期且重复的实验模式，参与者的策略选择则会不断地由于博弈层数的提升而改变，即选择的数字趋近于无限小。

教育实践中的博弈正如这一假设模型，参与者长期参与规

① 在纳什均衡时，对于给定其他参与者的行为，每个参与者的行为都应该是最优。

② 在复杂博弈中，运用反复剔除严格劣策略方法要求每个参与人是理性的，每个参与人都知道每个参与人是理性的，每个参与人都知道每个参与人都知道每个参与人是理性的，如此等等，甚至直至无穷，则被称为重复剔除。

③ 选美博弈（Keynesian beauty contest）是凯恩斯（Keynes）在其著作《就业、利息与货币通论》的第 12 章中所虚构的报纸选美大赛。凯恩斯认为，职业投资就像是报纸选美大赛：参赛者必须从 100 张照片中选出 6 张最美的面孔，最终选择最接近所有参赛者平均偏好的参赛者将会获胜。所有参赛者面临相同的难题：他们都必须选择那些他们认为其他参赛者会最喜欢的面孔，而不是自己认为最美的面孔。由于不能依据个人判断来选出自己认为的最美面孔，甚至不是依据什么是最好看的平均观点做出选择，因此参赛者可能达到第三层次，即将智力投入预测平均观点将会如何选择最美的面孔上。凯恩斯通过这一假设模型来说明人们在经济活动中的行为往往取决于对其他人行为的猜测，以及对其他人如何猜测自己行为的猜测，甚至更高的层次。

则相对稳定的教育实践博弈，伴随博弈时间的增长，参与者对博弈规则与其他参与者选择策略更加了解，则会不断调整自身的策略选择。正如选美博弈中的策略选择会演变为数字趋近于无限小，教育中的博弈策略则也会越发趋近于量化指标的终极标准。不同的是，选美博弈是一种无须进行投入的博弈活动，而教育则需要参与者投入大量的精力、情感和资本，那么在博弈策略越发接近于极限时，其边际收益亦会无限递减，即形成了教育的恶性竞争状态。由此，我们明确了"双减"政策落实受到阻碍的价值认同层面的逻辑：直接的原因是"双减"政策本身的减负增效矛盾，而这种矛盾的产生缘于量化指标对教育目的的异化，而教育参与者在对指标体系的博弈中也进一步推进了功绩性竞技体系的自我完善。在这种功绩性的竞技体系当中，"双减"则成为功绩获胜的"绊脚石"。所以，使教育参与者在价值层面认同"双减"政策导向的核心在于，破除单向度的量化指标对个体的驱导、摆脱功绩场域对个体的价值观控制。这种驱导与控制的破除、管制与规训社会的发展均表明"规训"的力量已不足以抗衡"功绩"——而是打破功绩对个体控制的核心表征形式：教育景观（spectacle）。

　　在竞技维度之下，教育场域中参与者的决策则呈现了两种特征：其一，在对可量化目标的评定中，增强了参与者以个人收益最大化的经济人属性，而受益的标准则与可量化的评定标准愈加统一；其二，在这种对竞技维度规范的人的单一尺度的追逐下，博弈呈现出纳什均衡（Nash equilibrium）的状态——任何一位参与者在此策略组合下单方面改变自己的策略都不会提高自身的收益，而这种状态却往往低于参与者的最大受益——教育参与者接受了更多的课外辅导，付出了更多的人力与物力资本，但是在对稀有资源的竞争中（如考取名牌大学）的收益却没有显著的改变。由此，教育参与者不仅其投入的成本没有有效地提高收益，教育与人发展的维度也在教育竞技场中被规定并窄化了——竞技的尺度规定了人的尺度，而这种尺度的形成在技术人工物的加持下不断加速。

第二节 教育焦虑："减负难"与"补课热"

功绩，是阻碍"双减"政策落地的核心词语。教育参与者对学生学业成就的功绩性愿景与"双减"对学科性课外辅导的管控政策之间产生了矛盾。一边是"减负"，一边是"增效"，家长与政策之间教育理念冲突的深层原因是解决这一矛盾的前提要求。

减负难，是我国教育实践长期面临的显性问题。从 1955 年我国颁布的《关于减轻中小学生过重负担的指示》伊始，到 2018 年教育部等九部门联合印发的《中小学生减负措施》（减负三十条），再到 2021 年中共中央办公厅、国务院办公厅发布的《关于进一步减轻义务教育阶段学生作业负担和校外培训负担的意见》，教育政策制定者一直与减负问题进行着持久战。尽管"双减"政策的颁布是为了减轻学生负担、规范校外培训、控制家庭教育消费成本，但是在政策落实的过程中，家长并不领情——将教育消费由公开进行变为了秘密进行。① "双减"政策在多方部门配合管理下，可以在短期内立竿见影，但是如何使"双减"具有长期时效则成为当下的重要议题。

从表象看，"双减"政策的实施规训作用强于引导。很多

---

① 容中逵：《减负关键在于提升教学有效性——论"双减"政策所引发的传统教学论问题》，《课程·教材·教法》2022 年第 7 期。

地方性的减负策略从表象出发，如对小学生书包重量的控制、对学习时间长度的控制、对课外作业量的控制等，这种对学习实践表象的量化方式走向了"题海战术"应试量化追求的另一个极端——一种是以量化评定学习的成效，一种是以量化评定减负的成效。而这种形式层面的限制，打破了家长原有的教育惯习，从而使其产生一种"知其然而不知其所以然"的恐慌，进而出现对政策的抵触。这种政策手段与家长教育手段的交锋源于政策"为了学生好"与家长"为了孩子好"的理念并不互通。最后形成家庭教育中"观念不认同减负，手段被强制减负"的矛盾，家长对子女的教育焦虑不仅未能得到缓解，反而衍生了一种与政策的对抗性焦虑。

减负增效，是"双减"政策的内生矛盾。共青团中央宣传部和中国青年报社会调查中心开展的"全国义务教育阶段学生家长'双减'政策态度"调查显示：87%的家长感到焦虑，73.2%的家长表示焦虑源于自己没有足够的能力对孩子进行辅导。① 教育实践中实然地产生了减负手段层出不穷，教育焦虑有增无减的对立状况。在此现实情况下，"双减"政策的重点应关注如何使教育主体对减负的价值与观念产生认同，而非单纯通过表层手段对课业负担进行强力控制。

造成减负增效矛盾的直接原因是教育指标的量化导向。家长对学生预期评判的主要方面集于多个可量化的领域：分数、排名、获奖数量与升学等，从多数家长的角度评价教育的成功与否在于量化数值的高低。而课外辅导、题海战术等手段则是为提升各项量化指标应运而生的，甚至出现了"不为学会，只

---

① 《青年调查》，《中国青年报》2021年9月16日。

为做对"的极端指向。这样家长便在教育实践中构建了一种因果联系:课外辅导、题海战术等是促进学生量化评比的有效手段。而"中国传统实用理性过于重视现实的可能性……这使得中国人的心智和语言长期沉溺在认识经验、现实成败的具体关系的思考和理论上"①,这种对现实的认识经验的基本认知中最显性的评价标准则是量化指标的对比。在长期的潜移默化之下,人们便将量化指标——作为对总体的某一类特性的单向度评定——认定为总体综合价值的全部展现。

当确信了"增负手段—量化评测水平—教育成功"的逻辑联系,家长就会在这种量化评比中产生两个维度的比较模型,在纵向上,"应试教育"为教育参与者构建了一套体系性的反馈机制,将在中考与高考中取得优异成绩作为核心目的的多重分层反馈持续刺激着教育实践者的参与热情②;在横向上,在学生与他者排序中产生了可量化指数互相攀升的竞技效果。那么减负则是在逻辑链条的根源上阻碍了"教育成功",在这一境况下"双减"对课外机构的管制尽管在横向维度上一定程度消减了家长的比较性焦虑,但是仍然未能解决纵向维度下对学生的升学焦虑。

此时,在指标体系的控制下家长对学生成长的判定已经沦为一种单向度判定。家长不再批判性地区分育人价值与量化评判的关系,而是将量化指标作为一种确定性的、唯一性的目的进行追逐。"双减"政策落地的重要挑战是解决"减负"与

---

① 李泽厚:《实用理性与乐感文化》,生活·读书·新知三联书店,2008,第12页。

② 张敬威、于伟:《从"经济人"走向"教育人"——论"教育人"的实践逻辑》,《教育与经济》2021年第3期。

"增效"之间的矛盾,而这种复杂性矛盾在教育指标的干涉下变为一组负相关的数据性存在,从而变得不可调和。那么,对家长与诸多教育实践参与者的价值引导则成为"双减"的前提性与基础性工作,分析"指标对家长意味着什么""指标在教育中异化为什么"则至关重要。

在单向度评比中,教育焦虑的现象愈加普遍。"内卷化"一词早期广泛应用在农业研究中,形容"很辛苦而又很不经济"的生产经营模式。① 引申至教育中,则指代家长、学生为超越"别人家的孩子",在"攀比心理"与唯恐教育落后的恐慌心理驱使下,争相报名辅导班、超前学习、题海战术等不良教育现象。② 在这一境况下,家长与学生精疲力竭,教育焦虑越发严重,但整体教育效益却未见显著提高。

当下的教育焦虑趋于低龄化、精细化与标准化。首先,除了长期以来存在的考试焦虑与升学压力之外,当前的教育内卷与焦虑逐渐向低龄的学生蔓延,"鸡娃"已经从学龄前学生开始,本应享受游戏与童年的学生辗转于各种辅导班之间。其次,教育内卷的领域逐渐精细化。当前的教育内卷不仅体现在传统学科学习上的"分分必较",更表现在愈加精细化的层面上。如将数学较好的孩子称为"奥牛",能看英文原著的孩子被称为"英牛",掌握乐器、美术等才艺的孩子则是"素鸡",看似指向素质教育的培训实则在愈加精细化的竞争下走向了能力形式主义,甚至是空洞的表现主义,其目的是获得"奥赛"冠军、通过乐器考级,最终借此进入高等学府或出国留学,其本

---

① 刘世定、邱泽奇:《"内卷化"概念辨析》,《社会学研究》2004 年第 5 期。
② 崔保师等:《扭转教育功利化倾向》,《教育研究》2020 年第 8 期。

质上是"应试教育"的变式与升级。最后，教育内卷逐渐标准化。在数字平台的广泛传播与无孔不入的营销之下，"成功教育"的标准趋于同一化，对同质化教育目标的追求导致了竞争的加剧，而竞争得来的成功又成为自我与他人眼中自我肯定的手段。[①] 为了超越他人，家长们求助于校外培训并借此不断提高教育竞争的门槛，大部分家庭却未能获得期望的教育收益。

随着数字技术的普及，教育焦虑的场域从线下蔓延至线上。一方面，互联网技术的应用普及打破了信息壁垒，在实现教育信息普及的同时也导致了"剧场效应"的产生。具有强人际关系特征的朋友圈、微信群的普及使教育功利化的传染性加剧。"不输在起跑线上"、超越"别人家的孩子"等对教育落后的恐慌在家长群体中广泛蔓延，由此争相补习、"抢跑"学习等"鸡娃现象"屡见不鲜，教育应试竞争愈演愈烈。另一方面，教育市场中资本不断扩张，为抢占教育消费群体，培训机构以数字精准定位的营销手段不断加剧并放大家长的教育焦虑，家长只能通过不断购买教育产品、投入教育培训之中缓解焦虑心理，而无力承担高额校外培训消费的群体成了教育中的"新穷人"[②]，他

---

① 〔美〕罗洛·梅：《焦虑的意义》，朱侃如译，广西师范大学出版社，2010，第 193 页。

② "新穷人"由齐格蒙特·鲍曼（Zygmunt Bauman）提出。当生产者的社会转向消费者居多的社会，"成为穷人"曾经的意义来源于失业，而今天的意义则来自有缺陷的消费者（flawed consumer）的困境。在生产社会，穷人虽在物质上匮乏，但精神层面上是与富人均等的。但在消费社会，"新穷人"没有资源参与到消费主义之中，因此被看作"废弃的生命"与"有缺陷的消费者"，其贫穷不仅表现为物质的剥夺与身体的灾难，还表现为不能通过消费来展示体面生活的耻辱感、内疚感以及自尊的沦落。参见〔英〕齐格蒙特·鲍曼《工作、消费、新穷人》，仇子明、李兰译，吉林出版集团有限责任公司，2010，第12~13 页。

们由于不能给予孩子"最好的教育"而产生内疚感、耻辱感与自尊的失落，无益于教育平等与社会稳定。

从个体心理来看，焦虑是某种价值受到威胁时所引发的不安，而这种价值被个人视为其存在的根本。[①] 因此，个体的教育焦虑来源于其对教育价值的肯定与倚赖。从社会发展的阶段性特征来看，焦虑是教育在现代性的演进过程中不可避免的阵痛，是教育主体日益增长的对优质教育资源的需求与有限教育资源供给之间的矛盾表征，也是社会转型期教育在传承创新文化、培养自由发展的人与满足社会要求之间的矛盾体现，是当下教育发展进程中普遍而深刻的景象。随着数字技术的发展与向消费社会的转型，这一问题在教育市场化、资本营销、网络社群互动中愈加突出。教育的焦虑化背离了教育本质，扭曲了教育目的、违背了育人规律，我们不能仅将这一现象归结为家长、学生的恐慌心理，而应进一步探寻这一焦虑化现象背后的社会性根源。

第三节　数字技术对教育竞技观的加速

当下是一个被数字加速了的社会，在"速度感"与"效率高"的影响下产生了时代特有的教育观念：由于对速度与效率的追求，教育实践指向愈加展现出结果导向的单一性特征，而这种教育观念的单一性指向则限制了人的发展维度，更束缚了教育观念的多元性可能。在教育实践中，早已出现这样一种倾向：追求学生成绩的提升而非追求学生的发展，追求

①〔美〕罗洛·梅：《焦虑的意义》，朱侃如译，广西师范大学出版社，2010，第 172 页。

学生提高应试的能力而非追求学生面对生活的能力，追求可以量化的单一性指标而非追求不易量化的诸多发展性要素，追求数据化结果的评定而非追求过程性的主体性生成。尽管在以往的理论探讨中已经对"什么是教育"以及"什么是好的教育"进行过大量学理性讨论，但是这种学理性探讨的结果与教育实践中参与者的选择仍然是背道而驰的，于是出现了这样一种现象：关于什么是好的教育已经在学理层面拥有一套公认的标准，但是在教育实践中被广泛认可的教育观念却截然不同。这种理论与实践选择的差异性源于抽象的，以及作为"类"的人与在具体情境和背景下具体的人的不同。由于人面临不同的具体现实挑战、具体评价指标、具体竞争情境，出现了不同的具体的育人倾向选择。在功绩社会的价值导向下，教育评价以量化的绩效指标从两个方面对教育参与者进行引导，一方面是相对直接的引导：结果性的量化标准不断给教育参与者提供可视化且具象化的"理想模型"；一方面是相对间接的引导：通过塑造竞争关系与焦虑心理，使教育参与者持续投入并消耗自身，通过效率竞赛的方式以求不断接近"理想模型"的评价标准。

在观念上，相对于实现个体的自由全面发展，人们更关注教育改变命运、跨越阶层的社会功能，从而导致了教育中"投资"取向愈加显著。[1] 当下国内的大多数家长对子女的教育期望目标定位于考取重点大学[2]，在已有的调查中约有 65%

---

① 崔保师等：《扭转教育功利化倾向》，《教育研究》2020 年第 8 期。
② 刘善槐：《农村家长的"教育焦虑"从何而来》，《人民论坛》2020 年第 14 期。

的家长期望子女能够考取"985""211"大学①，显然这种预期远高于中国现实的重点大学录取率。这种预期的偏差给家长自身带来了更多的焦虑，家长教育偏差每增加一个单位，教育焦虑水平则会随之增加 0.108 单位。② 在这种焦虑状态下，家长则会更大程度地选择增加教育投入甚至攀比教育投入的策略，盲目且过度地投资教育，如要求子女上更多的补习班、想尽一切办法讨好老师等现象。③ 由此，教育实践进入了期望偏差—教育焦虑—教育投入—收益偏差的循环，在这一循环中，教育从对人的期望在量化指标的引导中逐渐变成了对高投资收益率的期望。数字技术将这种偏差的认知感受扩大化了。

在数据监控与算法治理下的教育实践加剧了绩效指标的可视性与主体间的竞争性。作为生命活动的教育本身具有复数性，学生可以探寻最适合自己的教育方式，并达成多样化、个性化、理想化的教育结果。但信息技术的发展与普及应用使教育的可量化目标得到了更广泛的传播，在传播的形式上也变得更加可视化。短视频与广告等图像样态的数字传播使教育参与者接收到"成功教育"的评定标准，了解到看似更优的教育实践案例，从而树立具有同质性的"理想教育模型"。由此，家长对教育的预期则会随着对"成功教育"案

① 余秀兰：《父母社会背景、教育价值观及其教育期望》，《南京师大学报》（社会科学版）2020 年第 4 期。
② 尹霞等：《家长期望偏差与教育焦虑》，《青年研究》2022 年第 1 期。
③ 王洪才：《教育失败、教育焦虑与教育治理》，《探索与争鸣》2012 年第 2 期。

例的更多了解而增强并趋于统一，并形成一种"标配思维"①，造成教育期望偏差的可能性也就越大。教育焦虑正是察觉到威胁状况后，所带来的极度不愉快亢奋状态的扩散，教育个体与家长的期望值决定亢奋程度的基本参数，焦虑的程度与期望偏差值成正比。家长在对"理想教育模型"的向往中，将学生看作一种可供比较的投资物，将教育活动看作一场投资收益率的竞争。至此，教育活动在对单一量化指标的追求中规定了人的发展尺度——可量化的尺度，成为一种对单向度的人的培养的收益性博弈。

数字社会中，教育量化反馈周期无限缩短，蜂拥而至的反馈刺激使参与者丧失反思的能力。不仅如此，随着数字算法在教育实践中的普及与应用，学生的教育行为被算法时刻监控并予以反馈，诸如以智能作业笔反馈作业完成情况、以多模态数据监控学生线上学习状态，技术的使用将学生的学习行为算法化、数据化、绩效化，时时刺激着家长敏感的教育神经，致使其产生诸多非理性化的教育投入行为。算法治理下的诸多短周期量化反馈造就了教育的"悬浮"（suspension）②，即无视教育的本质，而将其工具化，教育只是实现不确定未来的手段，

①　长期以来积累的崇尚对比竞争的集体意识在多重因素的作用下，产生了一种教育的标配思维：希望自己的孩子也获得标配的高质教育，在教育赛场上胜出并获得标配的成功人生。参见《剧场效应、标配思维下的教育内卷》，《光明日报》2021年4月27日。

②　"悬浮"由社会人类学家项飙提出。"悬浮"的字面意思是"悬挂和漂浮"。悬浮的典型形象就是蜂鸟振翅，努力在空中保持自己的形象。蜂鸟在空中挣扎却无所往，也无法着陆，一如人们一直在前进，却不会批判性地参与当下。参见 B. Xiang, *Suspension: Seeking Agency for Change in the Hypermobile World* (Vancouver: Pacific Affairs Press, 2021), pp. 233 - 250。

而其当下本身的意义与过程被消解。当这种本应作为达成"使人成为人"的终极教育目标的阶段性手段成为教育参与者心中的唯一目标时，作为评价的手段异化了目的。人们在实践中不再思考"培养什么人""为谁培养人"的问题，而是聚焦"如何培养能够获得高分的人"。

近年来，我国家庭对校外培训的投入呈现边际消费倾向，家庭对子女教育的投入会伴随家庭收入的增加而增长。[①] 家庭对教育的投入增长一方面源于人们对教育的愈加重视，另一方面源于家长对学生的教育感到焦虑。[②] 在对子女的高期望与自身辅导能力不足的矛盾下，教育市场的需求量不断增大，教育市场的供给侧变得越发活跃。

教育市场中的资本通过控制景观[③]的生成与变换，实现对教育意向性的偏置。与教育中的需求方相同，教育的供给方（尤其是市场化的教育培训机构）也展开了竞争与博弈。教育中的供给主体通过建构景观这一由感性的可观看性建构起来的幻象，遮蔽甚至扭曲了教育的本真意向。[④] 从教育本身的意向性而言，教育是"使人成为人"的活动，指向人的发展，这一意向具有抽象性与滞后性。在市场化角度下培训机构则以收益

①　王红、陈陟：《"内卷化"视域下"双减"政策的"破卷"逻辑与路径》，《教育与经济》2021 年第 6 期。

②　《青年调查》，《中国青年报》2021 年 9 月 16 日。

③　出自居伊·德波的《景观社会》一书，景观（spectacle）原意为一种被展现出来的可视的客观的景色、景象，也意指一种主体性的、有意识的表演和作秀。德波借其概括自己看到的当代资本主义社会新特质，即当代社会的主导性本质主要体现为一种被展现的图景性。参见〔法〕居伊·德波《景观社会》，王昭风译，南京大学出版社，2017，代译序第 13 页。

④　〔法〕居伊·德波：《景观社会》，王昭风译，南京大学出版社，2017，代译序第 14 页。

最大化为其基本意向，为实现这一目的，资本首先通过制造景观支配教育主体的欲望结构，将其导向提高分数、升学、获取文凭等意向，进而通过制造教育消费与这些绩效目标的伪因果关系，以此之名完成"引导消费"的实际意向，促使家长通过不断投入教育消费缓解焦虑心理，而教育"培养人"的本真意向，甚至是绩效目标，则变得不那么重要了。有学者通过 PSM 模型对香港中学生数学、科学与阅读三门课程的补习效果进行了分析，结果显示参加校外培训对学生的数学成绩存在显著的负向影响，对科学和阅读成绩不存在影响。[①] 即使如此，在单向度的、异化扭曲的教育意向下，家长们不得不在资本无声的暴力操控下投入培训的消费陷阱，单向度地默从于眼前诱人的影像叠影出的景观之中。

资本借助数字技术构建起虚拟景观社会，并引导教育主体堕入教育伪构境中的流量盲从。资本通过数字技术在教育领域构建起虚拟的社会景观，即通过影像、文字、演出等构序出来的功能性表演赋形隐性支配关系，资本作为背后操作者通过"景观"制造意识形态的同一性控制。它悄无声息地渗透在当下建构起来的伪构境和伪场境存在之中，这是虚拟景观社会双重伪境中的"看不见的手"。[②] 教育中的主体在数字构筑的双重伪境中形成了一种"伪交往"关系，认为数字景观中"成功人士"的教育经历"我"也可以复制，他者欲望的教育对象也成为"我"的欲望，他者进行的教育消费也变为"我"的消费需

① 李佳丽、潘冬冬：《中国香港学生参加校内外教育补习的影响因素与效应》，《教育与经济》2020 年第 2 期。

② 张一兵：《居伊·德波景观批判理论的历史生成线索》，《马克思主义与现实》2020 年第 4 期。

求。在最初，景观是指"少数人演出，多数人默默观赏的某种表演"。这里的少数人是指制造景观的资本，多数人则指被操纵的"观众"，资本最初利用景观制造教育欲求的伪构境。而随着移动互联网技术的发展，人人都成了景观的构筑者，在旁观他者制造景观的同时，也成了景观。由此，教育焦虑成了如同病毒般蔓延的数字景观，教育主体在相互羡慕、相互模仿、相互竞争中陷入一场非理性追逐"大家都……"的"流量型"活动。在这一景观中，人们拒斥对话，在无形的控制之下其反思能力与批判否定性被消解，甚至自以为掌握了教育博弈中的主导权，从而积极投身于资本所制造的教育"伪需求"之中。

教育过程性评价标准的结果性异化，导致学生对世界规律性探索的本末倒置。"任何有教育意图的实践行为，不管其具体的行为内容有多大差别，都有其自身的一般结构或生成原则，亦即都有其自身的逻辑"[1]，教育通过对历史经验与知识的总结，培养人达成其所属社会要求所有成员必须具备的某些生理与心理之特性[2]，并具备符合社群生产活动与发展所需的相关能力。所以对于学生来说，他们认识事物的方式不是通过对经验纯粹的归纳，因为他们不必重走历史的归纳的道路，而是对前人的归纳结果进行二次幂的归纳，施教者则需根据学生的发展规律与认知规律设定归纳的阶梯。由此构成了学生学习的阶段性目标，而这一目标是为前文所述之教育目的服务的，它们既是阶段性教育的目的，又是指向整体性教育的手段。然而数

---

[1] 石中英：《论教育实践的逻辑》，《教育研究》2006年第1期。

[2] 〔法〕爱弥尔·涂尔干：《道德教育》，陈光金等译，上海人民出版社，2001，第308~309页。

字环境与可量化的绩效标准显性了阶段性的评价指标，隐性了教育的本来目的，自此在教育实践中评价从手段成为目的。

教育的重要价值体现在对经验世界的规律性认识与实践之中，即不仅通过经验的传递认识世界，还需通过操作具体的物质实在来改变世界。但教育实践中算法规定使教育导向到对诸多人为设定绩效的功利化追逐。如教育绩效化导向下，教师、家长、教育机构、学生致力于钻研"考点"与"出题人"的出题特征、心理特点，而忽视对学生学习过程与思维能力的关注。学习从致力于能力的提升，转化为侍奉考试能力的提升。① 这样，学生不再关注何以认识世界的过程，而是思考别人希望我学会什么（考什么）的结果，学习对象从总结"物"到总结"人"的改变致使教育过程与结果的本末倒置，对学生的评价也从发展性评价转变为绩效性评价。如果说教育模式的初衷是更有效地培养人，那么在数字工具的加持下则被进一步异化了预设算法与经验探索的逻辑冲突。

首先，算法被预设于教育实践中。算法标准化虽然为教育的公平与推广带来了诸多益处，但是对人的评价从人的手中让渡到了算法的手中。尽管算法标准是基于大数据得出的共性指标，但是每个人都是独立且特殊的个体，教育是培养符合社会标准的人而非统一标准的人。其次，算法规定了学生的经验范畴。人的全部经验构成了其自身，但是绩效标准下算法的"效率"要求学生只能经验其"应该"经验之经验，即对经验做了好坏之分、效率之别，正如当"闲暇"对评定指标无用时，学生则丧失了"闲暇"的权利。这种预设的绩效体系，使学生和

---

① 郑也夫：《吾国教育病理》，中信出版社，2013，第15页。

家长都在追逐绩效的路途上奔波——抛弃了生活的路途与景深，至此他们只关心是否达到了预设的标准，而不再关注过程性的经验如何构筑起完整的人。人的发展从经验的加法转变为绩效的减法，在与预设的目标差距中焦虑，社会在个体焦虑的状态下呈现恶性竞争的样态。

在 20 世纪 80 年代，技术中立主义仍然是技术哲学学界的主要论调，但是到 21 世纪的今天，越来越多的技术哲学研究者坚定地认为技术具有非中立性，技术不仅会在使用过程中对使用者进行引导，而且会将创造者和运营者的理念附加在技术的"脚本"（scenario）之中，而技术意向性理论则是这一论调的重要理论支撑。意向性（intentionality）是一种具有"指向"含义的心理特征，即在一种意向活动下，将客体融入主体之中。意向性的概念被广泛应用于现象学、技术哲学、分析哲学以及心灵哲学等诸多领域。意向性诞生伊始，被用来特指人的意识所具备的特殊属性，不可以用作对"物"的分析，因为单纯的"物"并不具备意识，更无从谈起其意向性。但是随着意向性概念的发展，意向性概念的适用范围得到了扩展，意向性的聚焦点发展到意向活动（Noesis）与意向对象（Noema）的互构（constitution）关系的分析。[1] 意向性作为一种对具体主客关系的描述，既意味着意识构造客体的能力，也意味着意识指向客体的能力。[2] 也就是说，意向性的本质是一种具有指引性与索引性的关系。指引性是指对关系发展的一种期许与倾向，索引性则指这种导引倾向的背景与根源。

技术意向性理论产生的一个重要理论根源是海德格尔对

---

[1]　韩连庆：《技术意向性的含义与功能》，《哲学研究》2012 年第 10 期。

[2]　倪梁康：《现象学背景中的意向性问题》，《学术月刊》2006 年第 6 期。

用具的形式指引（formale Anzeige）的描述："用具本质上是一种'为了作……的东西'。有用、有益、合用、方便等等都是'为了作……之用'的方式。"[1] 伊德（D. Ihde）将海德格尔的理论进一步发展，将其归结为技术意向性（technological intentionality）。技术意向性不仅继承了意向性的指引性与索引性，更显著地提升了导引性的功能。也就是说，人工技术物不仅传承了其开创者所赋予的意识与功能归属——在其诞生之初便被"铭刻"了一种"脚本"[2]——这一特性，并且通过技术人工物本身将这种"脚本"渗透到使用者生产生活的技术认知与选择之中。技术意向性相较于一般的意向性而言，它的影响力变得更为广泛与深远，技术意向性更大意义上地反向渗透于使用者的意向之中，在技术人工物与人的互构性增强的同时，技术人工物的创造者或控制者与使用者之间产生了一种单向性的影响关系，由此技术意向性的导引性便形成了。正如在使用PPT的过程中，使用者便承接了开创者所赋予的意向，使课堂的重点从"听"转移到了"看"，无论是学生还是教师都受到了具有导向性的指引。通过技术意向性理论，能够证明技术是非中立的，是创造者意向的载体，并且将这一意向渗透于使用者的意识与实践之中。技术意向性理论透视了技术的表象形态与运作形式，直接指向技术人工物的内在本质，更有利于明晰技术人工物的创生意图与可能出现的实践影响——尤其是判断

---

① 〔德〕海德格尔：《存在与时间》（中文修订第二版），陈嘉映修订，商务印书馆，2018，第90页。

② P. Verbeek, "Artifacts and Attachment: A Post-Script Philosophy of Mediation," in H. Harbers et al., eds., *Inside the Politics of Technology: Agency and Normativity in the Co-production of Technology and Society* (Amsterdam: Amsterdam University Press, 2005), pp. 132–133.

创设意向与使用意向的一致性问题。

　　法国当代哲学家维利里奥（Paul Virilio）以光电速度为视轴对当代资本主义的远程在场速度论进行了讨论。他认为我们当下的世界已经龟缩于一种界面化的技术之中——如电视或电脑屏幕，并且出现了一种存在论上的"路途的存在"（l'être dutrajet）的消失。① 维利里奥的竞速学（dromologie）为我们分析教育问题提供了一个方法论框架——从路途性与景深性双重维度解析技术人工物对教育的影响。电子设备的界面化呈现遮蔽了终端之间的诸多存在，"如果有地点的城邦曾经是围绕着'门'和港建立的，而远托邦的后城邦（métacité télétopique）今后将围绕着'窗口'（fenêtre）和电信设施，也就是说，围绕着屏幕和规定时间段而建立"②，由此出现了一种对外部世界的消解。这种消解对人的直接影响是人们不再需要通过外部世界的诸多繁杂经验产生教育的观念，而是可以通过窗口的界面化呈现被赋予叙事性的经验，从而滋生出某种具有指向性的观念。这种因技术化而产生的路途（trajectivité）与景深的消失，本质上是人们获取经验的构序方式的变革。

　　路途与景深的消失是一种时间与空间构序的变革，"在主体性（subjectif）与客体性（objectif）之间，似乎没有'路程性'这个从这里到那里，从一个到另一个的运动的存在的位置，而没有它，我们永远也不可能深刻地理解随着年月流逝而

---

① 〔法〕保罗·维利里奥：《解放的速度》，陆元昶译，江苏人民出版社，2004，第33页。

② 〔法〕保罗·维利里奥：《解放的速度》，陆元昶译，江苏人民出版社，2004，第36页。

相互接替的各种不同的世界观体系，这是与迁徙和远距离交通的技术和模式的历史紧密相连的现象的可见性的体系"①。从主体的角度而言，接收信息与处理信息的方式都有所改变，从原有的传统线性叙事结构的经验改为碎片化小型叙事与意向引导话语的集合，由现实世界直接经验与多方位感官的综合变为界面化的信息茧房式催眠，由此教育观念的形成变得更为具有指向性并且更加高效。因为绕过时间对线性叙事分析与空间对主体归纳进程的限制条件，教育观念可以更加直接地被输送至微观教育场域之中。

路途与景深的消失使教育场域中的个体不再如规训社会中，人们处于权力的全景敞视主义的监控之下。② 如"百度搜索"的出现，标志着可以跨过过程性直接获取结果，"为什么"被"是什么"所遮蔽；"热搜"的出现，则标志着方向性也被算法接管，从"我想知道这是什么"变为"你想告诉我这是什么"。总的来说，技术对观念形成的加速可以分为两个步骤：其一为遮蔽过程性，其二为规定方向性。教育参与者的观念则在这种新的信息构序方式中被规定。

第四节　技术叙事下教育想象力的贫困

当下通过技术展现的新型被加速了的叙事形式，是一种数字蒙太奇模式的碎片化视觉集合。斯蒂格勒（Bernard Stiegler）

---

① 〔法〕保罗·维利里奥：《解放的速度》，陆元昶译，江苏人民出版社，2004，第 33 页。
② 蓝江：《功绩社会下的倦怠：内卷和焦虑现象的社会根源》，《理论月刊》2022 年第 7 期。

将这种叙事的需要表征为故事欲（le désir dhistoires），这种发生了"急剧的演变"（radicalement transformées）的叙事方式已经成为"一项世界级工业活动的对象"①："图像和声音的技术与信息技术、电子通信相互结合，在讲述故事时具有了一种极为特殊且前所未有的力量，激发了人们对故事的信仰（croyance）。"② 而这些故事本身则往往是某一意向性指引下的系列产物，所以人们在这种故事的合集中通过故事中的因果性表达构建了新的认知结构。新型技术中融合了使人依赖甚至上瘾的技巧，斯坦福大学商学院的埃亚尔（Nir Eyal）基于消费者心理学、人机互动科学、大数据等对人的上瘾构建了一套模型，整个模型由触发、行动、多变的酬赏、投入四个基本要素构成。③ "人脑中存在一种负责无意识行为的基底神经节，很多无意识产生的条件反射都会被储存下来，而习惯正是这种无意识行为"④，当人们习惯于使用某一技术人工物时，则会在触发、行动、多变的酬赏、投入的循环中产生依赖性。

　　技术人工物通过增加触发频率、降低行动难度、增添多变的酬赏以及促进用户进一步投入的方式，使参与者完成对新构序关系的塑造。当下流行的诸多社交软件，都具有这样的特征，视频长度不断变短、操作复杂程度不断降低，使用户能够在彻头彻尾的慵懒（paresse）中完成信息授予。尽管在技术人工物

---

① 张一兵：《回到胡塞尔：第三持存所激活的深层意识支配——斯蒂格勒〈技术与时间〉的解读》，《广东社会科学》2017年第3期。

② 〔美〕贝尔纳·斯蒂格勒：《技术与时间》第三卷，方尔平译，译林出版社，2012，第10页。

③ 〔美〕尼尔·埃亚尔、〔美〕瑞安·胡佛：《上瘾——让用户养成使用习惯的四大产品逻辑》，钟莉婷、杨晓红译，中信出版集团，2017，第147页。

④ H. H. Yin and B. J. Knowlton, "The Role of the Basal Ganglia in Habit Formation," *Nature Reviews Neuroscience* 6 (2006): 464-476.

的操作中存在着大量的信息选择与互动，但是这种互动与选择是在一种圈层性筛选后的意向性引导下完成的。技术加持层面的慵懒直接导致的则是亚里士多德意义上闲暇的消失，福柯所说的"自己照看自己"（to take care of oneself）、"关注自我"（the concern with self）、"自我留意，自我关心"（to be concerned；to take care of yourself）也都在这种被动的慵懒中消失了。同时也标志着我们所在时代的"概念机制在面对该时代的'时效的现实性'之时所呈现出来的一种极度的贫瘠（extrême pauvreté）"①。

这一系列性的结果都指向了对个体想象力的夺权，人们在被规定的亚文化圈层中出现了一种想象力的贫困——并非人们不再去想象，而是被规定了在什么样的范畴进行想象。亚文化圈层的区隔性在数字平台中被加深，教育的观念则是诸多亚文化圈层的重要组成。教育的实践者不再去思考"什么是好的教育""人还可以如何发展"，而是在圈层信息的指引下丧失了前提性批判的能力，将取得好的成绩作为教育实践不可动摇的逻辑起点与最终目的。那么，有关教育的想象，则仅仅被限定于如何提高应试成绩的效率的区间之内。教育参与者在信息流的茧房中接受被传递的教育观念，在焦虑性与热点性消息轰炸中根深蒂固，拉康（Jacques Lacan）所提出的他者的欲望对我们的控制，在今天的数字化虚拟存在中得以实现②，"好的教育"成为一种被规定的、无须思考与探索的基本程序。

---

① 〔美〕贝尔纳·斯蒂格勒：《技术与时间》第三卷，方尔平译，译林出版社，2012，第113页。

② 张一兵：《回到胡塞尔：第三持存所激活的深层意识支配——斯蒂格勒〈技术与时间〉的解读》，《广东社会科学》2017年第3期。

第二章
从景观社会再审当代教育景观

在现代生产条件占统治地位的各个社会中，整个社会生活显示为一种巨大的景观的积聚。直接经历过的一切已经离我们而去，进入了一种表象。

——居伊·德波《景观社会》

引　言

在这一章中，我们将引出本书最重要的理论工具——景观社会，也是教育景观社会提出的基础。数字社会出现了大量全新的时代特征，以短视频平台、新闻平台等为代表的碎片化信息形式，以非传统的叙事性逻辑有针对性地为受众构建信息茧房。相较于德波所描述的景观社会特征，当代的信息传播模式已经发生显著变迁，电视等具备初步筛选功能的传统媒体被主流所抛弃，更广泛互联的网络技术构建出一种更为精细且定制化的教育景观信息茧房。在教育领域，相关组织与机构并未强制家长与学生必须进行教育消费或参与高强度的竞赛比拼，但是构建了多种数字教育景观，人们不愿意落伍于景观所构建的系列幻象，将景观中他者的欲望转为自己的欲望，进而景观中的个人都被赋予了欲望。

在教育实践中，施教者往往将教育看作一种投资，尽管很多家长与组织不会承认自己对教育的投入是为了收益，但是其教育实践却符合投资的行为逻辑，是一种投资的意象化操作。"经济人"逻辑已不适用于新时代对教育提出的新诉求，然而教育实践与评估的复杂性、成果滞后期的不确定性特征，使"教育人"逻辑难以在实践中被广泛地接受与应用。教育景观集群通过符号的系统性向个体进行了"经济人"逻辑下的观念规定，但是对"好的教育"的真实判断却是反系统性与连贯性的，"好的教育"的判断并不应通过数据堆栈来完成。

法国境遇主义（situaionniste）社会批判理论家居伊·德波提出了景观社会①的概念。他认为整个社会生活显示为一种巨大的景观的积聚（accumulation de spectacles），进而构成了一个影像胜过实物、副本胜过原本、表象胜过现实、现象胜过本质的颠倒的境况。② 被构建的景观具有一种隐蔽的支配作用，区别于传统的、规训式的监视、控制与干涉，景观通过一种非干

---

① 景观社会一词出现于居伊·德波的代表作《景观社会》一书中，他认为"世界已经被拍摄"，发达资本主义社会已进入影像物品生产与以物品影像消费为主的景观社会，景观已成为一种物化了的世界观。

② 〔法〕居伊·德波：《景观社会》，王昭风译，南京大学出版社，2017，第12页。

涉性的导引模式完成其隐蔽的干涉与支配目的。[①] 景观社会的理论为我们分析教育问题提供了一个新的视角。这一理论为教育研究提供的新视角与切入点正是以总体视觉图景为证据的教育场域伪欲望引导结构，就此可以尝试开展一种基于具象景观与抽象观念的因果关联性的循证教育研究范式。

第一节 "景观社会"作为一种教育研究视角与工具

在这一节我们将进行两项工作，第一是系统地阐释景观社会理论，第二则是探讨景观社会理论何以作为一种工具用于开展教育研究。在数字社会，人们开始大量接受非传统叙事性逻辑的信息，短视频平台、新闻平台以碎片化的形式针对性地为受众构建信息茧房。当信息茧房中蕴含消费主义倾向，打造的消费欲望与偏好则会被引导，当消费倾向渗透于教育领域，则会出现收益意向对育人意向的挑战。所以，构建一套针对现代社会教育领域中消费陷阱现象的研究方法论则尤为重要。教育哲学是以哲学理论为分析工具，以解决教育问题为目的的学科。分析工具与教育问题的适切性直接决定着教育哲学分析的有效性，面对数字时代新出现的教育问题，应该寻求符合时代要求、问题特性的方法论，积极扩充可用于教育研究的理论储备，从而保障教育哲学研究的时代性与价值性。

探讨教育哲学思辨工具的扩展问题，首先应厘清教育与哲

---

① 张一兵：《居伊·德波景观批判理论的历史生成线索》，《马克思主义与现实》2020 年第 4 期。

学之间的关系以及哲学在教育研究中的作用问题。对教育哲学的定义，可以作为这一研究的逻辑起点。本书将选择傅统先对教育哲学的定义作为分析的逻辑起点，一方面缘于傅统先在哲学与教育学两门学科中都具有较强的专业性①；另一方面由于该观点对教育学研究的广泛影响："教育哲学是一门用哲学来探讨教育的理论和实践诸方面问题的学科。它是根据一定的哲学观点，并用历史的、逻辑的和比较的方法来进行研究的。"②关于教育与哲学的关系，傅统先等人也有明确的阐述："哲学是教育的一种理论依据，而教育是哲学的一种实践活动……教育哲学是教育研究上的一个分析和综合阶段，演绎出教育学的一般理论，因此可以说它是教育学的一个部门，或者说是教育学的一个分支学科。教育哲学同时又是哲学的一个部门或哲学的一个分支学科，因为它是根据一定的哲学观点，应用这种观点来分析研究教育理论和教育实践，研究教育的本质和价值、教育的目的和方法等等问题。"③ 按照这种观点，哲学是一种在教育哲学研究中分析教育理论或实践问题的工具。

　　哲学在哲学研究与教育学研究中则扮演了不同的角色。在教育哲学领域中，哲学理论不再是研究对象，而是分析研究对象的工具。哲学理论在教育研究中的工具性特征可以通过海德格尔（Martin Heidegger）"上手"（Zuhandenheit）与"在手"

---

① 傅统先是第一位获得哥伦比亚大学哲学博士的中国人，他师从兰德尔教授学习思辨哲学，师从艾德曼教授学习美学，师从内格尔学习逻辑学，博士学位论文题目是《道德判断的方法论》。他于1950年在哥伦比亚大学获得哲学博士学位后，回国开展了30余年的教育学研究。参见张敬威、于伟《教育哲学的知识划界与学科体系——以傅统先学术旅程为中心的考察》，《教育理论与实践》2017年第25期。
② 傅统先、张文郁：《教育哲学》，山东教育出版社，1986，第2页。
③ 傅统先、张文郁：《教育哲学》，山东教育出版社，1986，第6页。

（Vorhandenheit）的理论进行区分：上手的状态是一种动态，指的是通过对工具的使用而进入一种主体完成其目的的活动状态，在这种状态下工具本身具有一种透明性，如我们用锤子钉钉子，在这一过程中锤子则具有了透明性，人们不再关注锤子而是聚焦钉钉子的活动；在手的状态则是指上手的状态被中断，将工具作为目标的状态，如当锤子损坏，人们则会将注意力聚焦锤子本身，此时锤子的透明性就消失了。在教育哲学的研究中，哲学工具应呈现出一种海德格尔层面的上手状态，研究的对象并非哲学理论本身，而是通过运用哲学理论分析教育问题，当哲学理论呈现出在手的状态，则是由理论的不适切性引起的，其目的仍然是恢复上手的活动状态。教育哲学的研究对象可以分为两大类别：其一为对教育哲学本身的研究，其中包括对教育哲学理论、人物、著作的研究，对哲学家教育理论、著作的研究，以及对可用于分析教育问题的哲学理论、著作的研究；其二则为运用哲学理论对教育实践问题的研究，也是教育哲学最终指向的研究。第一类研究的本质是以向第二类研究提供理论支撑为目的的，"对可用于分析教育问题的哲学理论、著作的研究"本身就是一种在手层面的研究，通过对理论工具的修正、改造与升级达到更好地分析教育问题的目的。

教育研究的理论具有时代性特征，同样需要面对与时俱进的挑战，"一种真正为时代所接受的理论往往会发生很大的力量，造成一个新的局面……从教育的本身而论，由于教育实施的不能使人满足而产生新的教育理论；再由教育理论的产生而改造实际的教育状况"[①]。教育研究的理论所担负的使命由此可

---

① 傅统先：《教育哲学讲话》，世界书局，1942，第20页。

一分为二：其一为解决当下教育问题，其二为推动教育活动的发展。那么教育所需运用的理论则被赋予了针对性与前沿性的规定，以一种传统的哲学理论去分析当下的教育实践问题则会面临适切性的挑战。

　　教育哲学是以理论为研究对象的在手状态的研究，其本质工作是寻找与改造可供分析当下特定教育问题的工具，具体来说是将一般性的哲学理论进行教育学学科化、将西方哲学理论进行中国本土化的改造过程，改造评价标准是理论对教育实践问题分析的契合度。这种契合度可以划分为两个维度：第一是哲学理论对教育问题的契合度，第二是历史概念对当下问题的契合度。第二种契合维度理论改进的本质是理论所在时代与问题所在时代的差异性调和，那么在教育哲学确定理论基础时选取经典哲学理论还是选取前沿哲学理论的问题便由此诞生。这种理论的选取与改造是一个研究的效率问题，例如：将哲学研究者比作工程学研究人员，哲学理论是他所研究并制造出的一柄大锤，由于教育学是指向实践问题的学科，将教育学研究者比作运用大锤砸墙的施工人员，施工人员的实践指向决定了其需要选取适用的大锤型号，并根据自身习惯对工作的需求将大锤进行结合具体情境的改造；当大锤在工程学研究人员处被升级为电锤，若施工人员仍将自身的精力用于对大锤的改造，则是在进行与工程研究人员重复的工作，并且脱离了自身的工作目标，此时高效的做法是学习运用并针对应用情境改造电锤。

　　这个例子在教育哲学研究中正如我们选取何种理论对教育问题进行分析。以康德二律背反理论为例。当我们在研究数字时代的视差教育问题时，我们仅仅运用康德的理论分析现代性的问题——如人工智能、元宇宙等——尽管对理论的一般规律性总结能够对某些现象加以归纳，但是这种归纳对实践的推动而言效率欠佳；哲学界自身在对康德的理论进行继承与批判的活动，如黑格尔继承了康德的二律背反并将其激进化，拉康又继承黑格尔的具体普遍性思想并将其与弗洛伊德的概念相融合从而形成能指的概念，若教育哲学以康德为唯一理论工具分析教育问题，那么改造康德理论的工作则与黑格尔、拉康等人的重复。教育研究中所运用与借鉴的理论则应吸纳哲学发展史中的诸多智慧，是对理论的综合与扬弃，而非重复地推衍—规避脱离哲学史的哲学运用。

教育哲学的价值性在实证研究范式的冲击下常常受到质疑，教育哲学在对客观状况把握的具体性、因果规律把握的规律性、规律分析的可呈现性等多个方面都不如实证研究的认可度高。那么纯粹的思辨研究价值在何处？教育哲学研究的何种功能无法被替代？哲学问题都直接决定着教育哲学的发展指向与教育哲学理论工具的扩充边界。

《易传》中提出了一个重要的哲学命题：形而上者谓之道，形而下者谓之器。将这一命题具体化地举例表述，形而上者中的"形"我们可以看作圆形，"形而上者"可以看作圆周率 π，"形而下者"可以看作圆形的具体事物，如盘子、足球、篮球等。通过这一命题分析教育哲学研究的价值所在，则可以清晰地进行区分，当研究聚焦形而下者这一类具体的事物，去统计、分析篮球的多寡、盘子数量的增减等问题时，其效率与准确性必然不如计量方法的实证分析，所以教育哲学研究的机制所在体现于形而上者的维度。那么，分析形而上者工具的适切性则极为重要，由于哲学语言的晦涩特质，部分教育哲学研究以康德、黑格尔等众所熟知的哲学研究大家理论"装点门面",但是没有彰显哲学理论在教育研究中的工具性特质——没有用哲学理论分析教育问题,而是在分析教育问题中掺杂哲学话语——由此则出现了简单问题复杂化、清晰问题模糊化的状况。哲学理论并非教育研究的注脚,而是工具。

所以教育哲学中的哲学理论应被强调其工具属性,可以总结出教育哲学对哲学理论研究的两项原则:第一,丰富性指向的原则,应积极吸纳并学科化、本土化被更新了的哲学理论;第二,应用性指向的原则,对哲学理论的研究应聚焦对教育问题分析的适切性改造,而非哲学理论发展本身。而居伊·德波的"景观社会"理论则为对现代教育问题的研究提供了一个崭新的理论与视角,本书将作出一种尝试——对景观社会理论进行教育学分析的工具性改造。

针对碎片化信息侵扰、信息茧房、资本意向对个体控制等问题,西方马克思主义学者已经进行了深入的探索,其中以法国居伊·德波的"景观社会"理论与维利里奥的"竞速学"理论最具代表性与针对性。这两种理论分别分析了以景观为表征的消费主义引导逻辑和被数字所遮蔽的人认识世界的路途性与景深性。前者为分析教育景观问题提供了视角,后者则提供了分析数字教育景观的方法与维度。

居伊·德波是当代法国著名的思想家与社会活动家,是情境主义国际的创始人,其思想渊源一方面源自超现实主义的理论、思想与运动,一方面源自青年马克思的著作与思想。① 德

---

① 王昭风:《景观意识形态与隐形奴役——居伊·德波〈景观社会〉解读与批判》,南京大学出版社,2022,第 15 页。

波提出了景观社会的概念，认为"现代社会是一个景观社会"[1]，景观不是影像的聚集，而是以影像为中介的人们之间的社会关系。景观不能被理解为一种由大众传播技术制造的视觉欺骗，事实上，它是已经物化了的世界观[2]。景观是德波理论的关键词，他为我们分析社会性问题开拓了一个新的视角，这种哲学视角绕过了传统的认识论体系，结合现象学与辩证法开辟了一条迅捷的、可供分析现实问题的可感路径。这种视角呈现了当下社会文化与观念被可展现的图景性进行主导的特征，"少数人"制造并操控景观，"多数人"作为被支配的观众，恰如鲍德里亚（又译波德里亚）所说的"沉默的大多数"[3]。当景观集群所创造的这种以真实为研究的对象，研究的起点则由抽象的关系转变为具象的感知，分析文化传播与观念引导的问题则不再由形而上的一般性规律出发，而是在可感世界中归纳诸多的"个别"具象感受，从而寻求"一般"抽象规律。

德波的景观社会理论为分析教育观念问题提供了一个新的视角。教育观念的研究对象可以分为施教与受教的双重维度：教师、家长等施教者如何看待教育、看待学生以及他们教育观念的缘起问题分析都可以通过景观社会理论来解释，教师与家长对教育的认知偏差与观念矛盾同样可以通过景观集群调节；而作为受教者的学生，如何看待自身的学习问题、如何看待施教者与自身的关系同样可以通过景观的视角进行切入并阐释。

---

① 〔法〕居伊·德波：《景观社会》，王昭风译，南京大学出版社，2006，第109页。

② 〔法〕居伊·德波：《景观社会》，王昭风译，南京大学出版社，2017，第4页。

③ 〔美〕道格拉斯·凯尔纳编《波德里亚：一个批判性读本》，陈维振等译，江苏人民出版社，2008，第194页。

由此，景观社会为教育观念的形成、引导问题的研究提供了一种现代性视角与方法论的支撑。

保罗·维利里奥是法国当代重要哲学家，他在 1977 年出版的《速度与政治》（*Speed and Politics*）一书中提出竞速学（dromologie）后，开辟了一种以光电速度为视轴的远程在场速度论：今天的数字资本主义的快速增长带来了严重的"道路层污染"，即路途性、远处和外部的消失。① "除了大气层污染、水污染的现象和其他污染现象，还存在一个未被察觉到的污染现象，我建议称这种污染为道路层（Dromospheric）污染，这个词来自希腊语的 dromos，意思是道路。"② 这种道路的污染是数字技术对真实情境替代后形成的一种路途与景深的缺失——恰如"由远程通信的即时实践的透视所引起的表象的失真效果，在这种透视中，古代的地平线在显示器屏幕的范围内折叠起来，因为电光学代替了我们眼镜的光学"③。电子屏幕所带来的折叠是技术致使的远程在场对路途与景深的消除，是对人的在场性剥夺后的存在论层面的改变。

维利里奥提出了一组关键性概念用以分析远程在场的状态：路途与景深。他认为存在论上"路途的存在"的消失是一件大事，这恰恰是过去哲学研究中主体性和客体性之外的一种"路途性"的遗忘④。"在主体性与客体性之间，似乎没有'路程

① 张一兵：《败坏的去远性之形而上学灾难——维利里奥的〈解放的速度〉解读》，《哲学研究》2018 年第 5 期。

② 〔法〕保罗·维利里奥：《解放的速度》，陆元昶译，江苏人民出版社，2004，第 30 页。

③ 〔法〕保罗·维利里奥：《解放的速度》，陆元昶译，江苏人民出版社，2004，第 6 页。

④ 张一兵：《文本的深度耕犁（第三卷）：当代西方激进哲学的文本解读》，中国人民大学出版社，2019，第 190 页。

性'这个从这里到那里，从一个到另一个的运动的存在的位置，而没有它，我们永远也不可能深刻地理解随着年月流逝而相互接替的各种不同的世界观体系"①，从而运输和传输运动的速度的瞬移导致了人类环境的"景深"的丧失。路途与景深的缺失使认识在存在论层面被改变了，认识不再基于环境经验的累加，而是可以通过更为平面化、碎片化的弥散形式引导观念。

路途与景深的概念弥补了景观社会理论由于时代而产生的局限性。二者理论的融合能够更好地解释数字时代下新的景观集群现象。显然，当下教育领域中的景观构建模式不同于居伊·德波所在的时代，数字设备的普及、5G 通信技术的诞生、万物互联的环境以及大数据算法控制的现象都使景观集群的引导功能变得更为精确化，教育景观理论是基于德波的景观社会理论与维利里奥的竞速学理论所构建的一种用于分析数字社会教育观念问题的教育哲学理论工具。

既然是对哲学理论做教育研究的工具性改造，那么对教育概念与改造原则需要提前进行澄清。德波的景观社会理论是以反对景观化为初衷的，在其写作当中也采取了诸多避免被景观化的手法。但是作为一种教育研究工具则不能以弥散状态呈现，需要以一种体系性理论框架的形式、系统方法论的形式呈现。所以在进行改造时，主要以德波所提出的景观视角作为研究的切入点，以其批判逻辑作为资本倾向对教育景观介入的审视线索。但是与其在《景观社会》中表达的初衷相冲突的是，教育研究的景观理论不再拒斥景观集群，而是以一种积极的方式去参与景观集群的构建与引导。

---

① 〔法〕保罗·维利里奥：《解放的速度》，陆元昶译，江苏人民出版社，2004，第 33 页。

那么在此则需要首先对教育景观构境的合法性进行辩护，德波对资本主义社会中的景观，尤其是对以影像为主导的景观生产方式进行了深度批判，这种批判本质上是对资本主义生产关系的批判。正如他所提出的，"景观—观众的关系本质上是资本主义秩序的牢固支座"①，景观集群的不合理性在于一种消费主义对主体性的遮蔽。而社会主义制度生产关系下以"培养人"为目的的景观集群则具备先天的合法性，所以在教育领域的景观集群构建是为了对冲消费主义景观对个体的束缚——一种对主体性的拉锯。景观社会理论为教育研究提供了两个维度的研究线索，其一为对消费主义景观的批判分析框架，其二为教育景观构境的路径指引。

德波提出了漂移、异轨与构境三种打破消费主义景观的路径，情境主义者主张通过积极投入并改造日常生活完成自我解放进而改造景观社会。结合德波的思路与维利里奥的竞速学理论，可以更具针对性地对数字景观进行分析。数字景观由于在路途与景深上的缺失，具有弥散性、碎片化、强感官刺激的特征。在大数据用户画像精准分类下，数字景观所呈现的崭新叙事形式构建了对不同个体的针对性景观集群，在观念引导方面更加精确、有效。而教育的逻辑则是一种指向构建主体性发展的反碎片化、反弥散化逻辑，那么构建一套以回归路途与景深为基本方法，以打破消费主义景观、构建教育景观为基本目标的方法论则尤为重要。

教育景观的分析模式展现了一个分析数字材料的教育哲学方法论——一种通过对可感材料与观念形成的可把握对象分析

---

① 〔法〕居伊·德波：《景观社会》，王昭风译，南京大学出版社，2017，代译序第 12 页。

其内在符号体系引导逻辑的研究路径，为教育景观构境的建设与评估提供学理性基础。德波教育景观构境的起点是可见的景观集群，这些集群是以视频、音频、文字、建筑等多种方式呈现的。"一切可以作用于人的感官以生成捕捉心灵的表象建构和制作，都是景观生产……这只是景观的表象构境层。"① 德波的景观起点不同于先验观念论迂回的中介性思考方式，而是通过一种快速、直接的逻辑路径分析景观与观念的因果关系。所以构境教育景观分析的方法论，自变量与因变量已经明确，所探讨的是教育景观如何控制、引导教育观念的形成，其核心结论直接指向二者的因果性。

由此，我们可以清晰地收集到两类显性的材料：其一为当下已经被广泛呈现的教育景观，其二则为当下流行于教育实践场域的教育观念。教育观念会形成诸多可观测的表征，如家长选择每周要求学生参加多少学时的课外辅导、学生生活中不同活动的时间构成比例。在此，景观表象只是研究的切入点与证据，其目的是分析"被物化了的世界观"的生成机制与所代表的生产关系。"景观的语言由统治性关系的符号（signes）组成，而这些符号同时也是这个生产的最终目标。"② 当下的教育实践中，存在诸多的教育景观，其中以应试导向、焦虑导向的教育景观为主。如在短视频平台与商家宣传平台中，常常出现这种"成功"的愿景：学习成绩差的孩子通过辅导考上理想大学、在留学中介帮助下学生世界名校毕业并事业有成，这类景

---

① 张一兵：《居伊·德波景观批判理论的历史生成线索》，《马克思主义与现实》2020 年第 4 期。

② 〔法〕居伊·德波：《景观社会》，王昭风译，南京大学出版社，2017，第 5 页。

观中往往呈现两种要素——方法与结果。在景观的叙事结构中构建了一组因果关系，用某一方法达到某一结果，进而构建了对该方法认同的观念，与之相匹配的，是引导性的标语："没了辅导班，你的孩子再难完成阶级跃迁""你不让我培养你的孩子，我就培养你孩子的竞争对手"。

"景观以集中的形式（forme concentrée）或弥散的形式（forme diffuse）存在"①，在数字时代，弥散形式的景观具有更强的引导效果，因为景观的观赏者对其并不具备较强的防范心理。集中的景观是一种高效的广告形式，能够体系性地传达更多信息，但是其仅仅能够传达观众愿意接受的部分——其起到的是一种观念加深的景观作用。而弥散形式的景观则更具隐蔽性，弥散的景观使景观之下的个体认为该景观集群是世界的真实构成、景观所呈现的因果关系是事物发展的规律展现——其能够起到生成、引导观念的景观作用。

教育景观是一种符号体系，"符号包含能指（即具体事物）和所指（即含义）。这一区分仅用于分析，因为在现实中，符号永远是事物加意义"②。而能指与所指仅仅是在教育景观中发挥第一层面的直接作用，教育景观中真正发挥作用的是处于能指与所指作用之下的第二层面的虚构系统——指称系统。举例而言，我们设想这样一种教育景观：在典型西方建筑物背景下中国留学生与外籍学生共同学习。中外学生和建筑群是能指要素，即形式；而其所指的含义则是看似模糊的，为什么将中外

① 〔法〕居伊·德波：《景观社会》，王昭风译，南京大学出版社，2017，第 35 页。
② 〔英〕朱迪斯·威廉森：《解码广告——广告的意识形态与含义》，马非白译，南京大学出版社，2021，第 7 页。

学生放于同一景观之下、为何将西式建筑物作为景观背景，各要素之间并没有直接的逻辑关联。这种模糊的关联性使景观受众跳跃了第一层能指与所指的层面，直接进入第二层的虚拟符号结构之中。而第二层的符号结构则需要景观受众去通过自身的解读系统进行符号解码，符号受众的主体参与活动本身使受众对解码结论更为信服，因为这不是别人灌输的道理，而是自身推导出的结论。经过景观受众的解码，景观预设的诸多属性渗透于观众的观念之中，如将留学与接触西方文化、国际化交友、良好的教育环境等相关联。景观运用人们脑海中已经存在的符号系统使景观中的能指（中国学生与外国学生、西式建筑物等）与所指（留学环境、预期等）之间的关系合理化，从而通过这种关联系统，使观者主观认为某一教育商品具备了某种对应属性。

按照维利里奥竞速学的观点，当下的远程在场具有路途与景深缺失的特征。那么在数字教育景观之中，真实生活的经验性景深被景观中呈现的符号关联性景深所替代。在这种虚拟对象带来的真实经验作用之下，景观受众的符号解释系统也随之改变——愈加习惯于对虚拟材料的分析，并以景观集群预设的关联性、象征性逻辑开展逻辑推导。当教育参与者习惯性地将教育景观集群中的能指与所指划为等同关系（如参加课外辅导＝学生考入理想大学＝前程似锦），那么景观所推出的能指对象则成为教育参与者进行教育活动的逻辑起点。

总而言之，教育景观的目的就是"将一个系统的结构运用于另一个系统，或者转译为另一个系统的结构的，是一个在转译时必然引入中间结构、覆盖各种系统的系统或称'元系统'

（meta-system）"[①]，对景观机制的分析应聚焦景观集群的能指与所指维度。判断教育景观的引导方向是否符合教育规律与学理性的教育目的，就是判断教育景观的所指意向是否符合教育的育人导向。

教育景观的分析视角与符号关联机制已经规定了其作为一种方法论的逻辑起点与推导路径，所以对教育景观的构建与评估本质上就是对景观集群所呈现的符号关联性的厘清。无论是德波提出的漂移、异轨还是构境，都指向对景观茧房的破除：漂移是对景观茧房的逃离，异轨是对景观茧房的破坏，构境则是景观茧房的重构。就教育领域而言，构建何种景观、对抗何种景观的逻辑起点都应聚焦培养人的本质属性。教育是使人通过学习达成所在社会要求其所有成员必须具备的某些生理与心理之特性，那么景观的构建与评估都应指向社群的培养指向。当景观通过其符号关联结构使景观受众能够达成社会要求的生理与心理特性时，景观集群就成为一种教育工具；反之，当景观通过其符号关联结构使景观受众主体性被遮蔽，落入消费主义陷阱时，景观则成为教育必须对抗的对象。

受众在景观集群下能否破除主体性遮蔽、完成自我发展则成为教育景观的直接评价标准。情境主义已经为破除资本倾向的景观集群提供了一个基本方向：回到日常生活本身，而路途与景深构建了日常生活体验的纵向与横向的两个维度。通过真实事物发展的过程性体验以及作为构建整体一环的景深带入，才能够切实总结客观世界的发展规律——日常生活本身所赋予个体的可感范围相较于数字景观具有客观、丰富与随机的特征。

[①] 〔英〕朱迪斯·威廉森：《解码广告——广告的意识形态与含义》，马非白译，南京大学出版社，2021，第18页。

受众从这种构境出发，对教育的理解则是出于真实生活经验而非他者赋予的。教育景观的构建应该辅助受众理解真实的生活经验、发现真实需求，引导教育参与者能够以"培养人"的教育学理性目标指导教育实践、实施教育策略。

教育景观伦理评估体系亟待建立。教育景观对受众教育观念引导具有隐蔽性与广泛性特征，应从景观意向性、景观符号关联结构、景观间接受益指向等多个维度建立教育景观伦理评估体系，对教育景观的可呈现内容、观念指引区间、景观推送年龄分级等方面进行规定。最终使教育景观达到破除消费指引，助力主体发展，传播育人理念的工具性目的。

第二节　景观社会下的伪交往：谁是"别人家的孩子"

在教育领域，相关组织与机构并未强制家长与学生必须进行教育消费或参与高强度的竞赛比拼，但是构建了多种教育景观——如奥赛金牌、名校录取、钢琴十级等。这些景观作为一种表征超越了其代表的实质，如在家长与学校看来，奥赛金牌的荣誉重要于数学能力本身、高考的分数重要于对知识的掌握、钢琴的考级重要于音乐素养，所以在教育实践中经常出现指向景观获取的目的性话语："再坚持两年，上了大学就好了""高考之后就解放了"，这背后的逻辑是对教育景观的承认与对教育实质性目的的忽视。就此，教育的考核手段异化为教育的目的，教育的目的则被手段所遮蔽。教育景观下的"观众"处于一种"无思"的状态，其根本原因在于在景观所构建的场域之下"否"的消解。人们不愿意落伍于景观所构建的系列幻象，将景观中他者的欲望转为自己的欲望，进而景观中的个人都被赋予了欲望。

景观中他者欲望的对象就是"我"的欲望，由此区别于一般类型的诸多独立欲望交涉的交往模式，进而生成一种趋向催眠与消费的"伪交往"①，而这种伪交往则是一种在意向性引导下的、以隐性控制为目的的微观场境。如景观中对学生成绩的欲望会嫁接在现实中个体的欲望之上，从而以一种"理想型"的样态出现。当这种"理想型"与现实无法重合时，则会出现对"别人家的孩子"的向往。在这样的功绩性场域中，已经不再是场域中个体之间的功绩博弈，而是出现了一个外来者——可以称之为教育景观、"理想型"，或者是"别人家的孩子"。这种"更优解"的出现使教育的竞技场再也无法达成纳什均衡，伪交往场域下虚幻与无限的"更优解"使博弈无法停止。

教育景观构建了一整套教育活动与生活的模式，这种模式以生活化的形态渗透于参与者的价值观之中，"景观意识形态的支配机制是攀比性的互景观化……是依托被消费意识形态洗脑的消费者之间盲目的互相影响关系建构起来的巨大伪构境和控制关系网络"②。这种景观的集群以多样的方式完成了一种深层的无形的控制，主体的反抗性和批判否定性被消解，人只能屈服默从。而这种无否定的默从的诸多个体，从景观的观众变成了景观的一部分，人与教育景观都变为这一场域下的背

---

① 最早对伪交往提出批判的理论家是赫斯，原指作为人的类本质的交往关系异化为金钱关系中的伪交往，在本书中将这一概念进一步延伸，用于指在教育景观隐性引导下的教育场域攀比与竞技关系。
② 张一兵：《居伊·德波景观批判理论的历史生成线索》，《马克思主义与现实》2020 年第 4 期。

景——白噪声（white noise）①。

　　教育场域中的白噪声是一种参与者互构的符号属性，如对高考成绩的要求这一愿景，在诸多家长的参与过程中完成了对成绩渴望的符号性构建，高成绩的符号属性超越了高成绩本身，为"成绩"附加了更多的非理性价值②，由此构建了一种实体性的价值茧房。这种由聚集景观构成的茧房形态的背景构建了人们一种互构性的支配模式，在这种模式的环境下人们积极解读与景观白噪声所匹配的知识类型、成就认定等信息流。在这种景观的白噪声下，"教育理想型"完成了对教育参与者理念上的殖民，而参与者对这种殖民也习以为常——教育参与者习惯性地信服于景观集群所判定并宣称的"什么是好的教育"。

　　白噪声的形成需要具备这样几个条件：第一，构建一个使参与者在无意识状态下被感动、吸引以及诱惑的伪构境场域——正如家长对其他学生的学业成就表示肯定并被其他家长或教育机构的教学法等宣讲所吸引；第二，这种可打动人的教育景观能够在某一经验范畴中引起参与者的共鸣——如家长都

① white noise，译作白噪声或白噪音，是一种功率波长谱密度为常数的随机信号或随机过程。后因一些经常受到环境噪声污染的人群会利用白噪声来帮助他们恢复工作效率，像一些大学生或办公室工作人员会利用白噪声来降低那些施工噪声对他们集中注意力产生的不良影响，所以将白噪声引申为一种令人舒适的背景音。1985年唐·德里罗所著的《白噪音》（朱叶译，译林出版社，2013）中揭示了商品和媒介景观对人隐秘的意识形态控制。本书中用白噪声比喻教育场域中的隐性控制背景。

② 如在《白噪音》中，杰克买了一根大麻绳，并非为了使用而是放在家中为儿子讲解它产自何方、是怎样编成的。此时麻绳的使用价值已被忽视，更重要的是麻绳在购买者身上唤起的感受和情绪。参见郭英剑、司高丽《迷失于颠倒的表象世界——景观社会理论视域下的〈白噪音〉》，《河南社会科学》2022年第5期。

有为学生学业成就担心的情绪、对自身不具备辅导能力的无奈等；第三，家长能够参与到教育景观的建设之中，即可发挥其主动性——家长在教育景观中能够获得行动的启发并将所受传播理念渗透于其实践之中；第四，需要构建具有同一性理念的群体的场域，使参与者在群体中能够收获认同感（包括合作的认同与竞争的认同）——如家长之间讨论学生学业促进方法的群聊、教育机构家长等候的场所等。由此，教育的参与者在教育景观的牵引下、在群体文化的互动中，完成了其自身的圈层化过程，并且自身也成为圈层文化的白噪声。而当下教育实践中的白噪声，则是在教育功绩评判维度下的功利主义。

通过斯坦福大学商学院的埃亚尔基于消费者心理学、人机互动科学、大数据等对人的上瘾所构建的模型分析中国当下的教育实践现状，尤其是"鸡娃"等系列问题，会发现惊人的相似。首先，教育景观直接赋予了家长"鸡娃"行动的出发条件，受到景观的触发使景观集群中的参与者拥有了对"理想型"的向往并愿意付诸实践，并且在白噪声的背景化影响下认同这一行为的正当性。其次，教育的参与者们开始行动，但是这种行动按照上瘾模型（Hook Model）的定义是对在某种回报心怀期待的情况下做出的举动，这也正符合"鸡娃"行动的价值取向——一种对学生学业成就心怀期待的行动，并将此作为一种长时间段的惯常行为。再次，开始领取多变的酬赏，应试教育的考试制度是一套完善的酬赏体系——一方面，考试是一种分级酬赏，高考与中考成绩为最高层级的酬赏，模拟考试和期末考试为中等层级的酬赏，月考与随堂测试是基本酬赏，每次学生回家汇报成绩都是一次酬赏额度的揭幕（正如老虎机公布结果的时刻）；另一方面，考试制度对酬赏周期进行了规定，每隔几周或一个月就会对家长进行一次刺激与触动——这种多样且频繁的酬赏不断刺激家长的感官，促使其进一步为学生的学业成就提升而投入辅导消费。最后，反复的投入将形成一种习惯，"对产品的投入会令用户形成偏好，因为人们往往会高估自己的劳动成果，尽力和自己过去的行为保持一致，避免认知失调，这些投入会加速下一个触发，进而使用户反复进入上瘾循环的可能性"①。

就此，教育参与者在教育景观的触动下、在上瘾模式的不断刺激下、在白噪声对"鸡娃"价值的肯定下，不断地坚定增加教育投入、变换教育方法、挤压学生非在校学习的时间与空间，并且乐此不疲，甚至上瘾——在功绩社会下，"鸡娃"已经成为一种病态的上瘾。在这样的背景下"双减"政策正如一场"戒毒"运动——景观是丰裕商品世界中害人的鸦片，这是一个十分贴切的比喻。景观让所有人陷入疯狂迷恋中，就像上瘾于鸦片一样。此外，景观诱惑人陷入疯狂消费的幻象，它的宗教式牧领②和鸦片式沉醉，目的都在于使人永不停歇地进行虚假消费。③ 对此，不能仅仅依赖于管理部门对教育机构的管制而希望达到预期的效果，而是应该分析深层次的动因——破除当下的教育景观，从源头消解教育的功绩竞技场，使教育的关注点重新回到"育人"的问题上来。

---

① 〔美〕尼尔·埃亚尔、〔美〕瑞安·胡佛：《上瘾——让用户养成使用习惯的四大产品逻辑》，钟莉婷、杨晓红译，中信出版集团，2017，第147页。
② 宗教牧领制度是一种引导人举止行为的特殊权力形式，张一兵用宗教式的牧领比喻景观社会的精神催眠。
③ 张一兵：《居伊·德波景观批判理论的历史生成线索》，《马克思主义与现实》2020年第4期。

"别人家的孩子"是一种典型的教育话语，也代表着一种流行的教育现象，其本质是一种非线性叙事的指向性景观集群。教育参与者在"别人家的孩子"这一景观指引下，在数字技术的信息流推送下，遮蔽了视差之见，削弱了对教育多种可能性的思考，盲从于"应试""功利"教育的风潮。

居伊·德波认为"世界已经被拍摄"，发达资本主义社会已进入影像物品生产与物品影像消费为主的景观社会，景观已成为一种物化了的世界观。整个社会生活显示为一种巨大的景观的积聚，景观的支配作用体现于社会生产生活的诸多方面，而教育领域同样在这种支配之下运行。教育中的景观样态繁多，最"经典"样态之一便是"别人家的孩子"。商品堆积为景观，生活本身也就展现为景观，人们所接触的日常生活表象也都以景观的模式出现①，"别人家的孩子"成为教育参与者的一种理想形态，进而成为一种合格的景观被呈现，呈现的对象都是好的，好的东西才值得被以好的样态呈现出来，从而使这种可具象化的幻想能够以景观的形式被表达。② 这种表达的形式一方面满足了教育参与者对教育结果的幻想，另一方面引导了教育参与者对教育结果幻想的方向——定义并传播了教育的理想型。在理想型被确定的过程中，教育目的的前提性思考被遮蔽。在理性目标的幻想下，在"通过图像的中介而建立的关系"③ 中的观众处于一种"无思"的状态，其本质是由于在景观所构建

① 〔法〕居伊·德波：《景观社会》，王昭风译，南京大学出版社，2017，第 3 页。
② 〔法〕居伊·德波：《景观社会》，王昭风译，南京大学出版社，2017，第 28 页。
③ 〔法〕居伊·德波：《景观社会》，王昭风译，南京大学出版社，2017，第 25 页。

的场域之下"否"的消解。

　　景观所构建的教育意识形态的支配机制是一种以攀比为底层逻辑的互景观化，景观构建了个体对教育结果的欲望，进而内化为走向教育"成功"的本己性需要。在自身需要被达成后，又将自身作为景观展示给他者，成为他人眼中的景观。这一系列过程构成了教育景观之下的伪交往——一种在意向性引导下的、以隐性控制为目的的微观场境。教育景观中的参与者由此获得了两个身份：景观与旁观者，他们既是"别人家的孩子"的追逐者，又塑造了他者眼中的"别人家的孩子"。但是其所呈现的内容则仅仅局限于结果性的区间，景观这种结果性样态无法彰显完整的线性叙事内容，直接体现的是他者的成功对自身的冲击，直接导向的是个体在虚假需要中成为马尔库塞（Herbert Marcuse）所指的"爱和恨别人之所爱和所恨"① 的状态。

第三节　塑造"经济人"：教育景观背后的资本逻辑

　　人具有诗意性存在与功利性存在等多重存在形式，教育亦包含乌托邦与现实性的多重样态。在教育实践中，参与者的选择往往是符合"经济人"逻辑而非"教育人"逻辑的。"经济人"假设更符合人的逐利理性，但是在教育实践中却并不符合人的成长规律与教育规律。在教育实践中，"教育人"逻辑应对"经济人"逻辑有所扬弃。在教育实践的范畴内，教育者普遍倾向于将教育活动视为一种投资行为。尽管众多家长及教育

---

① 〔美〕赫伯特·马尔库塞：《单向度的人——发达工业社会意识形态研究》，刘继译，上海译文出版社，2006，第6页。

机构在言辞上并不直接承认其对于教育的投入是出于对未来回报的期许，然而，其教育实践活动的内在逻辑与运作方式却与投资的核心理念契合，本质是将教育视为投资活动的隐喻性实施策略。"经济人"逻辑指导下的教育实践将教育的收益看作教育的目标。索尔门（L. C. Solmon）和法纳诺（C. L. Fagnano）认为，教育收益是指教育所带来的个人前后变化，教育收益研究的核心问题是教育经历会引起什么变化①，这种变化往往聚焦资源分配方面。"经济人"逻辑是一种竞争逻辑，是对资源（尤其是稀有资源）的掌控与分配的逻辑，以"经济人"逻辑为指导的教育实践会培养出以竞争为核心指向的受教者。竞争模式中出现的胜利者的收益更为显性；一方面为自身带来更优质的资源，另一方面刺激其他人对优质资源的渴望，这便使更多人形成学而优则仕、学而优则富、学而优则贵的信念。

明瑟（Jacob Mincer）模型是以资源获取为教育目的的重要代表，有三种主要演变形式：收入补偿原理基础上的学校教育收入模型、会计恒等（accounting-identity）理论基础上的明瑟完整模型、明瑟收入的随机系数模型②，无论何种演变形式的

① 〔美〕M. 卡诺依编著《教育经济学国际百科全书》，闵维方等译，高等教育出版社，1988，第145页。

② 收入补偿原理基础上的学校教育收入模型（1958）是从理性选择出发推导得出的收入差别补偿原则，其表达式为：$\ln\omega(s) = \ln(0) + \ln(1-e-rT)/[1-e-r(T-s)] + rs$，$\omega(s)$ 代表接受 s 年教育的个人收入，r 为利息率，T 为工作时间；会计恒等（accounting-identity）理论基础上的明瑟完整模型（1974）更为关注收入动态变化、可观察收入、潜在收入与人力资本投资之间的关系，其表达式为：$Et+1 = Et + Ct\rho t = Et(1+kt\rho t)$，$Et+1$ 为时间 t+1 的潜在收入，C 为对培训的投资，$Ct = ktEt$，kt 是时间 t 时潜在收入比例，ρt 为培训投资的收益；明瑟收入的随机系数模型（1974）的表达式为：$\ln\omega(s,x) = \alpha0 + \rho ss + \beta0x + \beta1x2 + [(\alpha0i-\alpha0) + (\rho si-\rho s)s + (\beta0i-\beta0)x + (\beta1i-\beta1)x2]$。

明瑟模型都以"经济人"假设为前提条件，对教育的投资、收益、机会收益以及外部效应进行了计算，计算的核心指标以货币单位衡量，明瑟模型各种变形之间的区别则在于变量的多寡与适用环境的变化。在此，教育的目标更加明晰，以货币收益为显性的衡量，在资源分配的角度更为清晰，但是在以"培养人成为人"的目标下则略显片面，将不可度量的人量化，脱离了教育的根本目的；将多元的人假设为收益视角片面的人，将教育的目的当作推导的前提，违背了教育的逻辑。所以受教者是什么样的人这一问题不应成为前提性假设，也无法成为逻辑的起点，而应是逻辑发展的指向性问题，为探究这一问题可以被作为前提进行假设的是遵循教育逻辑的施教者假设——"教育人"。

"教育人"逻辑的收益形式是抽象且相对隐性的，大众无法在短期内看到一个人的理性发展程度、综合素养高低以及道德品质是否高尚，培养人成为人相较于资本的投资收益缺乏显著的"实用性"。"中国传统实用理性过于重视现实的可能性……这使得中国人的心智和语言长期沉溺在认识经验、现实成败的具体关系的思考和理论上"[1]，致使抽象且隐性的教育目的对大众的吸引力远低于直观显性的收益回报。这在本质上是人作为显性手段而存在还是作为抽象的目的而存在的抉择，这便关涉到一项重要的原则：人是生活在目的的王国中。人是自身目的，不是工具。人是自己立法自己遵守的自由人。人也是

---

[1] 李泽厚：《实用理性与乐感文化》，生活·读书·新知三联书店，2008，第12页。

自然的立法者。① 将人看作收益的手段显然违背了人之为人的基本原则，不符合教育的初衷。"大多数人是根据即刻的快乐来判断事物的价值的，或者从功利的角度看其能否满足需要，当他们提出诸如'那个对我有何益处'或者'我在哪里会有收获'的问题时，像科学和艺术这样的活动就没有直接的吸引力了。因为它们提供的是汗水和奋斗而非即刻的快乐，它们作为满足其他需要的工具特点是难以察觉的。"② 以"教育人"逻辑进行教育实践，是对作为目的的人的培养，是具有相对隐性与间接性特征的。

"应试教育"为教育参与者构建了一套体系性的反馈机制，以在中考与高考中取得优异成绩为核心目的的多重分层反馈持续刺激着教育实践者的参与热情。在反馈机制中，人们成为时刻计算个人收益的"经济人"，从而精妙地、敏锐地与经济形势相适应。③ 当教育实践被看作一种投资时，其中产生的风险与收益对教育参与者的投入与预期进行冲击，沉没成本④与收益预期的双重作用使教育参与者对教育的"经济人"逻辑更为固化与坚定，并开始寻求更为稳定且高效的教育投资手段，确定化且具有短期性质的投资收益周期给予了投资者更强烈的投资偏好牵引。这使教育实践的投资者陷入一个违背教育规律的

---

① 〔德〕康德：《实践理性批判》，邓晓芒译，人民出版社，2003，第119页。
② 〔英〕彼得斯：《伦理学与教育》，朱镜人译，商务印书馆，2019，第172页。
③ 〔美〕西奥多·舒尔茨：《对人进行投资——人口质量经济学》，吴珠华译，首都经济贸易大学出版社，2002，第9页。
④ 指对该决策已经投入的成本——已经发生不可收回的支出，如时间、金钱、精力等称为"沉没成本"。

误区，他们已经不关注受教育者本身，而是关注受教育者所带来的效用，这些效用带来的反馈成为教育实践投资者进行教育实践活动的直接动力。

以中考与高考为例，这两项考试的成绩显然是当下中国教育实践中最受关注的反馈结果。这两项考试具有社会分层、人才选拔以及教育公平的多重意义，同时也给予了"经济人"投资面向全社会的收益公示。在一些教育实践观念中存在"投资三年，受益一生"的理念，短周期、高收益且对预期的可视化特征致使教育实践者的行为更符合投资行为，并且在不确定性情况下预期效用的最大化成为一个合理的追求目标，教育实践的参与者对教育发展与效用的预期愈加贴合于期望效用函数（Expected Utility Theory）①。此时施教者的教育行为已经符合两项投资行为原则：第一，把效用水平和各种可能的收益结果联系起来；第二，当面对各种可供选择的机会时，他将选择效用的期望值最大的那个。然而这种预期与行为方式符合资本逻辑却不符合教育逻辑，符合社会分层与层级流动逻辑却不符合"学以成人"的生长逻辑。无论是原始时代以保存经验、知识为目的的非正式教育，希腊以培养公民为教育目的，抑或以获取知识、心智训练为教育目的，都是以人为对象，在尊重人的主体行为基础上进行教育，而将人看作投资物则忽视了人的主体性。以人为目的的教育，从反馈周期来看是相对较长的。"教育人"逻辑将"教以成人"作为教育的核心目的，将学生

---

① 期望效用函数理论是 20 世纪 50 年代诺依曼（John von Neumann）和摩根斯坦（Oskar Morgenstern）在公理化假设的基础上，运用逻辑和数学工具建立的不确定条件下对理性人（rational actor）选择进行分析的框架。

"学以成人"作为教育的终期目的，中考与高考成绩是教育策略的参考指标而非最终的预期结果，"经济人"逻辑显然是将教育实践中的环节性反馈与最终目的混淆了。以"教育人"逻辑进行教育实践，是对完整的人的培养，是具有长期性与持续性的。

"经济人"逻辑为人的发展设定了单一的目标——资本收益，这便为人贴上了单向度的标签，陷入技术理性（technological rationality）的旋涡。在"经济人"逻辑下，教育实践的参与者合理地、多产地生活和死亡，并将自身的实践变得更为科学化与合理化。① 将教育的目标单一化尽管展现出了清晰的可操作性且看似合理化与和谐的技术路径，但是忽略了"不和谐者就是与它自身的相和谐；对立面并不是彼此排斥，而是互相依存：'对立造成和谐，正如弓与六弦琴。'"②。这种不和谐是人的多尺度特征所要求的，"人的逻辑是从单一逻辑到多重逻辑转变的过程，是从'是/等于'的信号系统到'否'或'非'的逻辑系统转变的过程"③。人的多尺度特征与"经济人"逻辑的单一性目标产生的矛盾，过度的控制化与结果化教育倾向致使受教育者产生程式化与标准化特征，单一的教育目标将多元的教育对象单一化且统一化。"经济人"逻辑中对人的多元性与自由性的消解，限制了人的"自由个性"——"建立在个人全面发展和他们共同的社会生产能力成为他们的社会财富这一基础

---

① 〔美〕赫伯特·马尔库塞：《单向度的人——发达工业社会意识形态研究》，刘继译，上海译文出版社，2006，第133页。

② 〔德〕恩斯特·卡西尔：《人论》，甘阳译，上海译文出版社，2013，第389页。

③ 苏慧丽、于伟：《否定性——学生批判性思维培养的前提问题》，《教育学报》2019年第4期。

上的自由个性"①，曲解了人作为目的性和价值性的生命存在方式。

"从人性的角度看，人的存在，既是一种工具性的存在、利己性的存在、自然的存在，同样也是一种目的性存在、精神性存在、超自然的存在。因此，教育既要使人获得关于生产的经验让人学会生存（知识与技能），同样要使人获得生活的经验（道德与伦理），让人学会做人。"② 教育是一项道德事业，其目的在于让受教育者的精神福祉产生持续向好的变化并将这种变化延伸至他人③，而非成为物质财富的获取手段或组成部分。"教育人"逻辑的根本是尊重人的全面性、自由性与主体性，教育实践应将受教者看作以人的形式存在的价值主体而非以物的形式存在的投资物或产业链条中的一环。"全面丰富的生命存在方式"是人作为价值主体的重要内容：它意指人的生命不能还原为单一、片面的"原则"或"先验本质"，它是一个由多重、多向、多面和异质性的环节和内涵所构成的全面和防腐的立体性存在。④ 人的存在方式规定了人的成长方式与教育方式，人的多样性规定了教育综合性，也决定了教育目标的多元性。以"教育人"逻辑进行教育实践，是对作为"全面丰富的生命存在方式"的人的培养，是具有多元性与综合性的。

---

① 《马克思恩格斯全集》（第46卷）（上册），人民出版社，1979，第104页。
② 于伟：《"率性教育"：建构与探索》，《教育研究》2017年第5期。
③ Philip W. Jackson, *What is Education?* (Chicago: The University of Chicago Press, 2012), p. 95.
④ 贺来：《"主体性"的当代哲学视域》，北京师范大学出版社，2013，第72页。

显然，"经济人"逻辑已无法充分满足新时代对教育所提出的全新诉求。然而，鉴于教育实践过程的复杂与评估环节的繁复及教育成果显现的滞后与不确定性等特征，"教育人"逻辑在实际操作层面的广泛接受与应用面临显著障碍。教育实践既以教育活动要素之间的逻辑关系或联系为基础，又以教育认识的逻辑为基础①，所以"教育人"的实践逻辑应借鉴"经济人"假设的实践优势，以"教育人"逻辑为目标追求，运用经济逻辑手段达成符合"教育人"逻辑的教育目的。从而使教育过程中保障教育将有价值的东西传递给传承者的同时，将学习者缺乏意志和自愿的一些传统传递方法排除在外。做到既尊重教育活动要素之间的逻辑关系或联系，又强调教育认识的逻辑。通过远近教育目标相结合的方式完善实践目标的周期性纵向反馈体系，培养人的全面发展、明晰综合性教育的多目标评价横向引领，最终达到以经济实践手段促进教育目标达成、实现"教以成人"的旨归。

总之，应借助"经济人"假设所代表的经济实践方法达成"教育人"假设所代表的教育目标，在否定"经济人"逻辑在教育实践中的目的性作用的同时借鉴"经济人"逻辑在实践中的手段优势；为实现教育目的而采取经济实践手段而非因经济实践手段产生教育目的。因为"教育人"逻辑"追求的不是效果的统一性而是活动的统一性，不是成果的统一性而是创造过程的统一性"②，核心目的是更好地完成"教以成人"的教育目标。无论是教育学的理论研究者还是教育事业的实践者，作为

① 郭元祥：《教育逻辑学》，人民教育出版社，2002，第301页。
② 〔德〕恩斯特·卡西尔：《人论》，甘阳译，上海译文出版社，2013，第119页。

具有专业性的教育者都应引领大众而超脱大众。教育的逻辑不应由市场主导也不应弥散而无规则地摸索，应该在尊重历史理性、尊重人性、尊重教育的规律性的基础上，打破片面的直观与经验"合理性"的遮蔽，完成对教育实践的引导。

第四节　被遮蔽的视差之见：第三持存下的构境机制

法国哲学家斯蒂格勒在其巨著《技术与时间》中提出了第三持存（rétentions tertiaires）的概念，他从胡塞尔（Edmund Husserl）的意识时间现象学中的第一记忆/持存（当下体验）和第二记忆/持存出发，指认了外部物质载体中的第三持存。[①] 这种通过技术人工物承载的记忆形式将不同时段的历史记忆汇总为共同性的现时记忆，将多主体的差异性感知在接受者处得以达成统一的共情，从而构建了一种跨越时间与空间层面的意识传播的统一性。"文化工业的核心就在于文化工业以工业的形式系统地使第三持存的新型技术投入运作，并且借助这种新型技术，使遴选准则（critéres de sélection）投入运作，具体而言，也就是完全臣服于市场法则、臣服于股份制（actionnariats）的遴选准则。"[②] 构建信息茧房、描绘用户画像、算法精准推送等都是构建文化工业的手段，在以去中心化为特征的 Web3.0 环境下完成了文化与观念中心化的过程。

---

① 张一兵：《先在的数字化蒙太奇构架与意识的政治经济学——斯蒂格勒〈技术与时间〉的解读》，《学术月刊》2017 年第 8 期。
② 〔法〕贝尔纳·斯蒂格勒：《技术与时间》第三卷，方尔平译，译林出版社，2012，第 50 页。

相较于德波时代的景观社会特征，当下不再是以电视等粗糙筛选功能的媒介为主要工具，而是通过泛在互联网构建一种更精确的教育景观信息茧房。法国哲学家西蒙东（Gilbert Simondon）从词源学维度将信息（information）理解为赋形（in-formation）的观点："个体成为一种系统标准化下的概念，信息与个体的诞生需要依托于系统，只有生成信息的个体才能被系统理解与把握，系统的标准化处理给予了信息与个体在系统内的稳定性，而不具备这种可解读稳定性的信息与个体则沦为耗散（deformation），而这种耗散则被称为分体化（divduation）——个体在系统中沦为噪音的形式。"① 在赋形与耗散的过程中，符合教育景观核心意向的信息被赋形并推送至个体，不符合文化工业统一性的信息则被进行耗散处理。由此，信息化平台中的景观集群则进一步具备了高度统一的意向性。

正如法国思想家德勒兹（Gilles Deleuze）所指出的，"我们正在进入控制社会，这样的社会不再通过禁锢运作，而是通过持续的控制和即时的信息传播来运作"②，今天发展着的信息技术和编程工业正在建构一种新的先天技术综合（synthétisant techniquement）——这里会出现一种新的时空，以一种新的直观和一种他性综合（autre synthèse）③。而这种新的形势直接构建了数据堆栈下新的感知层，从而创设了新的教育景观集群的样态——教育参与者通过短视频、新闻等以无限流方式为代表

① 张敬威、苏慧丽、谢明月：《公共属性抑或资本属性：元宇宙教育的前提性批判》，《中国电化教育》2022年第6期。
② 〔法〕吉尔·德勒兹：《哲学与权力的谈判：德勒兹访谈录》，刘汉全译，上海人民出版社，2020，第237页。
③ 张一兵：《信息存在论与非领土化的新型权力——对斯蒂格勒〈技术与时间〉的解读》，《哲学研究》2017年第3期。

的途径，接受经过算法调制的持续性信息输入，景观集群的区间性直接构建了个体的信息接触范围，达成了"一人一世界"的精确教育景观构建。在以数据堆栈为中心的景观集群中，教育参与者的教育观念形成高度的统一——其直观的经验被数据所统一，进而达成直观综合的一致。与之相对应，异端的和脱轨的数据已经在感知层上迅速被矫正，从而形成了一种稳定的教育实践运行秩序与价值标准。①

日本思想家柄谷行人提出了一种视差的观点，"比较来自两种视角的考察会产生强烈的视差，而这也便是避免视觉上的欺骗"②。斯洛文尼亚哲学家齐泽克（Slavoj Žižek）进一步强调了"视差之见"的批判潜能，"视差分裂提供了使我们能够识别辩证法的颠覆性内核的关键"③。面对数字平台构建的教育景观集群，齐泽克提供了一个清晰的突破口与方法论，用以打破数字符号结构对个体的桎梏。教育景观集群构建的统一性数字文化规定了个体观察事物的视角，从而规避了转换视角时遭遇差异与裂口的可能。尽管在齐泽克看来任何视角的观察都无法看到事物的真实，但是通过视差之见所遭遇的自我对抗——本体论层面上的裂口恰恰是真正的真实，因为其从内部打破了本体论层面上虚假的连贯性与整体性。

"好的教育"的判断并不应通过数据堆栈来完成，而是应从法国情境主义国际先锋瓦纳格姆（Raoul Vaneigem）所指的

---

① 蓝江、王鸿宇：《从暴力构序到算法控制——历史唯物主义视域下数字治理术的诞生》，《内蒙古社会科学》2022 年第 1 期。

② 〔日〕柄谷行人：《跨越性批判——康德与马克思》，赵京华译，中央编译出版社，2011，第 1 页。

③ 〔斯洛文〕斯拉沃热·齐泽克：《视差之见》，季广茂译，浙江大学出版社，2014，第 4 页。

"日常生活"的遭遇中完成，一方面真实世界的多元性与随机性彰显了视差的间隙，另一方面真实世界的发展规律体现了对人的发展的规定性。个体被资产阶级景观意识形态制造的虚假幻象所异化，因此我们生活的世界需要重新被构建，日常生活革命的本质就是要恢复没有被景观虚假编码的学生般本真需要。[①] 教育景观集群通过符号的系统性向个体进行了观念的规定，但是对"好的教育"的真实判断却是反系统性与连贯性的——源于一种真实世界的随机性遭遇后的自我对抗与统一——正如法国哲学家朗西埃（Jacques Rancière）所指的"不属于任何部分的那个部分"（the part of no-part）。总的来说，教育景观集群通过限制主体日常生活中随机遭遇的权利，遮蔽了视差间隙的诞生，消减了视差之见的可能。

主体在接收对象的信息时被技术中介进行了定向性的筛选，进而出现了交互被动性（interpassivity）——主体是由根本的被动性所界定的，对象是刺激主体的对象。[②] 具有意向性的对象集群对主体进行着规定的作用，以削弱主体对幻想的整体性突破的可能。正如被规定的教育观念：当"考上重点大学"是教育的终极目的，那么教育参与者则被诸多应试场域的对象所规定，其将无法脱离"应试"思考教育，也就是说，"好的教育应该是什么"的问题被"我是应试教育环境中的一员"的前提所规定——建立在特定价值点上的存在形式成为论述这一价值指向本身合法性的逻辑起点——至此，教育观念在景观集群下被塑造并不断加深。

---

① 张一兵：《本真时-空中的失去与重新获得——瓦纳格姆〈日常生活的革命〉解读》，《马克思主义理论学科研究》2021 年第 1 期。
② 李西祥：《论齐泽克的视差辩证法——康德、黑格尔与拉康的视差解读》，《南京大学学报》（哲学·人文科学·社会科学）2020 年第 4 期。

第三章
未来数字技术时代的教育景观速写

主体自愿地限制着他的身体对于某种动作、某些冲动的影响范围，他便从可动的人，变为自动的人，并最终变为机械的人。

——保罗·维利里奥《解放的速度》

引　言

本章主要对未来数字技术高速发展下的教育景观进行预测与描绘。主要表现为四种景观。第一，2022 年 11 月，OpenAI 发布了名为 ChatGPT 的生成式人工智能，GPT 标志着人工智能更为普遍地进入语言领域。作为他异关系的技术，GPT 的"拟人性"能够引发人们的沟通欲望与情感互动，而 GPT 等生成式人工智能具有更强的"拟人性"与"准生机"，在一定程度上与人的互动呈现出更强的"他者性"。人工智能愈加凸显的特征决定了其在教育实践应用中从"教育工具"到"教育行动者"的角色转化。第二，数字技术对教育主体的"凝视"与"控制"。人工智能作为他异关系的技术，其"他者性"决定了它在与人类的交互过程中呈现出了类人的"凝视"作用。技术凝视是教育景观构造的关键手段，其背后是资本的权力控制。教育主体在凝视短视频、图文信息所塑造的"成功教育""优秀孩子""人生赢家"等形象时，他们实际是被资本所操控的算法凝视与塑造，从而陷入无止境的自我消耗与被构成的焦虑之中。第三，技术也逐渐嵌入教育主体，人工智能的发展对学生思考、计划、猜测、表达等能力的替代可能导致教学中人与机器角色的倒置，从而产生主客角色互换的危机。也因此，机器对人类劳动价值进行了规定，技术开始对"人"划界。人类最初对世界的认识是基于身体感知的，人类认识形式转向机器化，机器感知对身体感知进行侵蚀。第四，我们现今仍处于一个被称为"人类世"的生命时代，但随着技术统治时代的到来，算法和智能正不断攫取人类的主导地位，使我们面对前人所未有的境况——人类不再是启蒙时代下理性的人的样态，以人为中心的传统人文主义精神也逐渐被解构。基于数字技术的发展与景观社会对教育的冲击，经济合作与发展组织（Organization for Economic Co-operation and Development，OECD）发布名为《回到教育的未来：经合组织关于学校教育的四种图景》（ *Back to the Future of Education: Four OECD Scenarios for Schooling* ）的报告，OECD 在报告中提出的所有景观都关注到了技术在未来学校和教育中的重要作用，并提出对于未来教育必须把握好颠覆与保守的适度张力，教育指向未来的变革不一定都是激烈的变革，不一定都是另起炉灶，也可能有些方面是保守的"回归初心",未来教育景观的构造必须在变与不变中权衡选择。

2022 年 11 月,OpenAI 发布了名为 ChatGPT 的生成式人工智能。从 1966 年创建的第一个聊天机器人 ELIZA 到 ChatGPT 的创立,这一过程中人工智能训练所使用的数据库愈加庞大,所能完成的任务更加丰富多样,与人类交互的方式更为简便,人工智能的发展正逐渐走向通用智能的新阶段。[①] 2023 年 3 月升级的 GPT-4 更是大幅提升了其对话能力的准确性与在各领域的通用性。微软在近期发表的《人工通用智能的火花:GPT-4的早期实验》(Sparks of Artificial General Intelligence:Early Experiments with GPT-4)一文中指出,GPT-4 不仅在语言交互上的能力大幅提升,其在完成数学、编程、视觉、医学、法律、心理学等多样化和高难度的任务中表现也极为出色,而且能将多个领域的技术与概念统一并生成新知识,GPT-4 的表现惊人地接近人类,甚至可以被合理地视为人工通用智能(AGI)系统的早期版本。[②] 因此,可以预见随着 GPT 的升级,它的应用领域将不断扩展,直到囊括几乎所有人类智能与体能的领域。从主体性上看,GPT 标志着人工智能更为普遍地进入语言领域,语言作为人的本质切中人类主体性的要害。[③] 作为他异关系的技术,人工智能愈加凸显的"拟人性"与"他者性"特征

---

① Marcus Law, From ELIZA to ChatGPT: The Evolution of Chatbots Technology. (2022-12-07)[2023-5-27]. https://technologymagazine. com/articles/from-eliza-to-chatgpt-the-evolution-of-chatbots-technology,最后访问日期:2024年 3 月 10 日。

② Sébastien Bubeck et al., Sparks of Artificial General Intelligence: Early Experiments with GPT-4. (2023-04-13). https://arxiv. org/abs/2303. 12712,最后访问日期:2023 年 12 月 29 日。

③ 赵汀阳:《GPT 推进哲学问题了吗》,《探索与争鸣》2023 年第 3 期。

决定了其在教育实践中从"教育工具"向"教育行动者"的角色转化，并以技术凝视主体的形式对教育中的参与者进行观念与行为上的塑造与引导，导致教育主体在与技术交互中陷入被动。

第一节　人与机器互构下的教育主体形态变革

生成式人工智能的"拟人性"与"他者性"。技术哲学家唐·伊德将技术看作一种人与世界的居间中介，根据人、技术与世界三者间的关系将其分为四种类型：具身的技术、诠释学的技术、他异关系的技术与背景关系的技术。其中，他异关系的技术意指人与技术的关系焦点在于技术与人的相异性[①]，尤其是人工智能，体现了更加强烈的"准他者性"（quasi-otherness），它能够作为一种有"生机"的对话主体与人进行交互。

他异关系的技术的"拟人性"能够引发人们的沟通欲望与情感互动，而 GPT 等生成式人工智能展现出更为显著的"拟人化"特性与"准生机"倾向，其在与人类交互的过程中，于一定程度上呈现出增强的"他者性"特征。具有"准生机"的人工智能是令人钟爱且着迷的，尤其是语言类人工智能，尽管还不能模仿人的肉身性，但是在语言逻辑，甚至思维逻辑上，展现出一种"准他者性"。与生成性人工智能的对话与交流提供了一种与异于我的东西之间的互动，相比于已生成的固定对象

---

① D. Ihde, *Technology and the Lifeworld* (Bloomington: Indiana University Press, 1990), pp. 97–99.

（如书籍、视频等），这种生成性人工智能的反馈更具有生机、不确定性与互动性，而相比于真实的人类"他者"，人工智能又具有更强的服从性与定制性，能够根据使用者的需求予以个性化应答。因此，众多使用者会将人工智能拟人化，甚至在互动中投注大量情感，如对虚拟偶像的崇拜等。但一旦技术失效，或是不满足使用者的意向偏好，这种准喜爱（quasi-love）就可能转化为一种准憎恨（quasi-hate）①，从而令使用者感到受挫甚至愤怒。总的来说，生成性人工智能作为一种更强的有机实体出现，作为一种"他者"来满足人对不同形式他者的多重交往与情感需求。

GPT 等语言类人工智能具备多重居间功能，甚至可以将其看作多种居间技术的整合者与使用者，它以此重新构建了"人—技术—世界"的关系。以往在人、技术与世界的居间关系中，人是决定技术功能的脚本铭刻者，是居间关系中的整合者与使用者，决定了技术的应用场景与使用方式。但人工智能在一定程度上替代了人的这一工作。GPT 从本质上来说是技术对人类经验的转化与呈现，它的语料库来自网络数据、书籍、论文、报告、公开数据集等，它一方面作为一种"他者"与人发生关系，其与人互动的传感形式具有具身的功能，其内容的呈现体现了一种诠释学的技术，引导人通过技术认识世界。同时，当 GPT 在网络环境中广泛应用时，通过诸多拟人的"在场"形式呈现出一种"不在场"的背景功能。因此，GPT 等生成性人工智能会根据其需要整合并构筑具身的技术、诠释学的技术与背景关系的技术的居间功能，以一种隐蔽的形式引导人

① D. Ihde, *Technology and the Lifeworld* (Bloomington: Indiana University Press, 1990), p. 106.

们对世界的认知，如有研究者诟病的数据偏见或构建信息茧房。另一方面作为"他者"进入人的生活世界，使采用智能技术认识世界成为人类的惯习。就此，技术在人与世界的关系形式由"人—技术—世界"关系彻底转化为"人→技术—（世界）"关系，人们认识的世界是技术构建与呈现的世界，技术成为人、技术与世界居间关系中的主导者。

智能从"教学工具"向"教育行动者"的转化。人工智能愈加凸显的"拟人性"与"他者性"特征决定了其在教育实践应用中从"教育工具"到"教育行动者"的角色转化。在教育中，最初使用的技术多体现为具身的技术与诠释学的技术。具身（embodiment）的技术主要指借助技术把实践具身化，使用这种技术时，我们以一种特殊的方式将技术融入我们的经验之中，以此借助技术来感知并延伸我们的知觉[1]。如在教育中使用较为广泛的显微镜、望远镜等光学技术便是对学生视觉的延伸。具身技术强调其"透明性"，即在掌握这种技术后人与技术融为一体，技术"抽身而去"，从而形成"（我—人工物）—世界"的关系。诠释学（hermeneutic）的技术主要指技术情境中特殊的解释活动，这类技术被看作解读的对象[2]。在教育中存在大量诠释学的技术，如书本、PPT、图片等承载可解释信息的技术。

数字环境下，教学技术的他异关系与背景关系愈加凸显。他异关系的技术将技术作为"准他者"，聚焦人与技术的互动。

---

[1] D. Ihde, *Technology and the Lifeworld* (Bloomington: Indiana University Press, 1990), p. 72.

[2] D. Ihde, *Technology and the Lifeworld* (Bloomington: Indiana University Press, 1990), p. 80.

在教育中，计算机教学、智能技术与数字资源的使用是他异关系技术的代表，数字素养与技能也成为数字化社会学生应具备的核心素养。背景关系（background relation）的技术指作为技术环境的技术[①]。在教育中，一种背景关系的技术形式体现为智慧教室的物理空间中技术环境的塑造，另一种形式则通过技术将人与外界环境隔离开来，如网络社群构建起的文化场域，如学习社区、兴趣社群等，从而构建起相对封闭的"网络蚕茧"。背景技术虽以"不在场"的方式存在，但它对教育主体会产生更加微妙的间接影响，并且牵连的范围更广，影响更加持久。

随着智能技术尤其是人工智能在教育中的使用，技术居间的功能更趋向于多种技术意向的统合。伊德提出四类技术能够形成一个连续统，一端与人相联结，如具身技术对人知觉的延伸，一端与世界相联结，如诠释学技术对世界的解释，但他并未预见，随着他异关系技术的发展，四种技术功能不再单纯按功能分工，而是其他三者服务、统合于他异关系的技术之下。人工智能作为他异关系的技术在教育中以"他者"而存在并与教育主体产生互动，在互动过程中，它根据需求不断调动具身技术、诠释学技术来放大知觉、传递与解释内容，并创造背景构筑网络场域，发展为统合多种技术的人工通用智能体。它在教育中不仅作为某种工具，还作为其他技术的"使用者"在网络中互动、操演，作为"行动者"而与教育主体交互共同完成教育活动。在智能化时代，教育的形态从实体性的"学校"转变为网

[①]　D. Ihde, *Technology and the Lifeworld* (Bloomington: Indiana University Press, 1990), p. 108.

络状结构，即拉图尔（Bruno Latour）所说的"行动者—网络"①。在这一网络中，存在人类与非人类的教育者，尤其是GPT 等使用"自然语言"的生成性人工智能，虽不具有意识，却是能动的"行动者"，通过数字网络，"在教-学实践中，不仅仅是人在学习，所有非人类也在学习，并通过这种实践不断更新自身"②。

数字技术对教育主体的"凝视"与"控制"。人工智能，作为一种体现他异关系的技术形态，其固有的"他者性"特质决定了其在与人类的交互动态中呈现出了类人的"凝视"作用。凝视指行为者对某种对象长时间聚精会神地观看，其主体可以是个体的人，也可以是抽象算法；凝视的对象可以是个体或物体，也可以是某种行为③。如齐泽克所说，凝视具有"交互被动性"（interpassivity）④，"主体之凝视总是——已经被铭写进被感知的对象之中，在一个'盲点'之假象之下，而这个盲点是'在对象之中并多出对象自身的东西'，是对象自身将

① B. Latour, *Reassembling the Social: An Introduction to Actor-Network-Theory* (Oxford: Oxford Press, 2005), p. 9.
② 吴冠军：《后人类状况与中国教育实践：教育终结抑或终身教育？——人工智能时代的教育哲学思考》，《华东师范大学学报》（教育科学版）2019 年第 1 期。
③ 张宪丽：《数字世界中的共有凝视：从福柯和拉康出发的思考》，《学习与探索》2022 年第 12 期。
④ 这个术语是与现象学以及哈贝马斯语境中的"交互主动性"（interactivity，或译作"互动性"）这个概念相对的一个概念。如我们在看电视娱乐节目时，我们不仅被动地接受娱乐节目，而且我们的被动接受或我们的享受被对象本身所替代，即对象并不是被动的，它变成了主动的，我们却变成了被动的。这里的主动和被动被颠倒了，我们和对象之间构成了一种交互被动性。参见〔斯洛文〕斯拉沃热·齐泽克《幻想的瘟疫》，胡雨谭、叶肖译，江苏人民出版社，2006，第138 页。

凝视回返到主体的点"①。随着人工智能尤其是其感知智能的发展在数字世界逐渐构筑起一个广泛的凝视空间，并以"凝视"的方式影响甚至塑造着技术使用者。

数字时代技术的凝视以两种形式产生作用，一种是福柯（Michel Foucault）将凝视视为一种权力机制，在这种机制下，个体处于一种集体的、匿名的凝视中，由于被看见，人们不得不处于权力的压迫之下。② 数字技术跟踪、储存生物识别信息与情感数据的能力使这种凝视的压迫感愈加强烈，甚至走向监视。如个别教师、家长对学生网络浏览记录的查阅，多模态技术对学生听课时表情、语言的识别、记录与分析等，其本质仍是监视与控制权力通过技术的发挥与施展，而技术使这一凝视更加隐蔽化、放大化与微观化，学生可能在技术的"眈眈相向"下产生紧张、焦虑甚至羞耻等情绪，即维利里奥所说的"冷恐慌"③。技术凝视背后不仅是个别教育者微观权力的施展，其背后的算法与资本权力在更大的范围影响着被凝视的对象，他们通过对算法的掌握决定何为"热点"，引导着舆论风向，甚至塑造着网络世界的价值标准，从而使教育主体趋从于算法所塑造的"应该成为什么样的人"的价值标准，甚至可能影响教育目标指向与学生的培养路径。

技术凝视另一种形式体现为拉康所提出的，凝视下的欲望及其满足。拉康认为，凝视并非感知到某只眼睛在注视自身，

---

① Slavoj Žižek, *The Parallax View* (Cambridge Mass: The MIT Press, 2006), p. 17.
② 〔法〕米歇尔·福柯：《权力的眼睛——福柯访谈录》，严锋译，上海人民出版社，1997，第157页。
③ 〔法〕保罗·维利里奥：《无边的艺术》，张新木、李露露译，南京大学出版社，2014，第5页。

而是自身在他者领域中想象的一种凝视①。拉康认为主体欲望存在于想象界、象征界与实在界三个世界。想象界的主体以"小他者"为镜像对自我进行定位，如婴儿以父母的模样或父母的期许来"完形"自我。在象征界，主体在社会群体中以"大他者"为牵引定位自我的发展欲求。实在界则反映了主体在希望进入象征界并实现其目标过程中的实际限制②。数字时代创设了一个与现实世界平行的虚拟世界，教育主体在权力的压迫与欲望的推动之下，急切地进入其中，意图构造自己的想象界，并在与人、人工智能互动社群中将自己塑造为"我自以为我是的那个人，我希望人家以为我是的那个人"③。在虚拟空间所构造的想象界与象征界中，自我塑造的欲望能够在技术凝视下被简单地满足，但在实在界中，多数个体很难达到大他者的目标，从而不断进行自我消耗，无法抵达外在和他者，无法进入世界，只能缅怀于自身之中，最终可能导致主体的自我瓦解、空虚与倦怠④。而数字技术背后拥有资本与权力的主权者通过凝视来主导主体的欲望，从主体不断追逐数字象征界与实在界的落差中攫取利益。

技术凝视的背后是资本的权力控制，教育主体在凝视短视频、图文信息所塑造的"成功教育""优秀孩子""人生赢家"

---

① Jacques Lacan, *The Four Fundamental Concepts of Psychoanalysis*, trans. Alan Sheridan (New York: Norton, 1981), p. 82.
② 张宪丽：《数字世界中的共有凝视：从福柯和拉康出发的思考》，《学习与探索》2022年第12期。
③ 〔法〕罗兰·巴特：《明室》，赵克非译，文化艺术出版社，2003，第19页。
④ 〔德〕韩炳哲：《倦怠社会》，王一力译，中信出版集团，2019，第74页。

等形象时，他们实际是被资本操控的算法所凝视与塑造，从而陷入无止境的自我消耗与被构成的焦虑之中。另外，人工智能等他异关系技术本身的"拟人性"导致了教育主体的"交互被动性"，我们在使用人工智能技术时，不仅被动地接受其传递的信息，我们的被动接受或我们的享受被对象本身所替代，即对象并不是被动的，它变成了主动的，我们却变成了被动的。[①]

　　随着生物技术、数字技术与智能技术的发展，教育主体通过物理层面的人机融合，或是体外的"外脑"联结等方式变革教育主体的生命形式，即从"自然人"转向"赛博格"（cyborg）。[②] 从主体生命形态上，"自然人"向"赛博格"的转变在教育角色上可能导致人与机器的工具性倒置与存在价值标准的机器化倾向。从主体的认识方式上，人工智能的进一步发展导致机器感知对身体感知的侵蚀，从而可能使教育主体产生过度的技术依赖与思维惰性，成为被技术规训与监测的对象。从主体的存在价值上，教育主体是否会在未来成为"无用阶级"，其标准很大程度上被智能技术的发展前景所决定，人的价值与教育的价值很大程度上被机器来界定。在这个高度智能化与数据化的时代，机器重新构造了教育中人这一主体的生命形态、感知方式与存在价值。

　　技术嵌入的教育主体，其特征是从"自然人"转向"赛博

① 李西祥：《论齐泽克的视差辩证法——康德、黑格尔与拉康的视差解读》，《南京大学学报》（哲学·人文科学·社会科学）2020 年第 4 期。

② 唐娜·哈拉维（Donna Haraway）提出，赛博格就是后人类，或者可称为"电子人"，它是一种控制论的生物，是机器和生物的混合体，是社会现实的产物，也是虚构的产物。参见 Donna Haraway, "A Cyborg Manifesto: Science, Technology, and Socialist-Feminism in the Late Twentieth Century," *Simians, Cyborgs and Women: The Reinvention of Nature*, ed. Donna Haraway (New York: Routledge, 1991)。

格"。智能时代,生物技术、智能技术的参与导致教育的主体从"自然人"走向"赛博格"。植根于人文主义的传统教育将拥有自我意识的人作为教育的唯一主体,而启蒙时代以来的教育,其最终目的在于培养具有理性精神的大写的人。现代教育的要素、结构、知识体系都建立在这种理性规范下大写的"人"的基础之上,人在教育中是绝对的权威与目的,其他非人要素均为工具与手段。然而,智能时代的到来直接颠覆了人类在教育中的权威性与至高无上的中心地位。例如,当 GPT 等生成式人工智能作为一种可外接的具有丰富资料储备与强大功能的"外脑"随时在学生的学习过程中发挥作用,如即刻的知识检索、迅速的虚拟教师讲解、具有针对性的问答互动,这一"外脑"在内容储备、反应速度与个性化教学上超越了真实环境下的教师,也超越了自然人的"本脑"。而随着技术的发展,这种"外脑"可能以更加内在、透明的形式而存在,如以芯片植入学习者的身体内部,与人脑进行连接与交互,由此信息能够在不同的物质机体(人工智能为硅基机体,人为碳基机体)中不变地流动,"智力"变成了一种正式的符号操作性,而不是人类生活世界的设定。① 在这种情况下,教育中的人被"机器化"了,且这种"机器化"是人的进化意志所主动追求的。由此,受教育者的生命形态被重新定义,他不再是自然人,而是具有"赛博格"特征的人与机器的融合。

人工智能的发展对学生思考、计划、猜测、表达等能力的替代可能导致教学中人与机器角色的倒置,从而产生主客体角色互换的危机。传统的教学过程与结果也随之受到冲击,教学

① 〔澳〕迈文·伯德:《远距传物、电子人和后人类的意识形态》,载曹荣湘选编《后人类文化》,上海三联书店,2004,第 121 页。

过程被机器化为嵌入和执行社会技术关系的物质符号组合，通过转移各种有机体、技术、自然和文本材料之间的连接和相互作用来执行。[①] 基于此，人工智能"外脑"进行的思考、储备的知识与具备的功能能否被接纳为受教育者的本体知识与能力，在"外脑"的技术演化之下，人的"本脑"在这种"交互被动性"下是否会沦为可有可无的"外脑"，而传统教育的对象——自然人——是否可能沦为人工智能所替代的存在值得我们思考。另外，教育所传递的人类文化是基于语言产生的，而因为人工智能已经破解了语言，并开始创造文化，因此在未来的教学实践中，非人类实体创造的文化可能作为教学内容进入课堂，由于文化是人类的"操作系统"，则意味着人工智能可能通过教育传递其创造的文化，以此改变人类思考、感受和行动的方式。[②]

从人的价值上，人工智能对人的模拟与超越造成了人的自我认同焦虑，作为被造物的机器出自人手，但又取代着人，一方面人被物化，而另一方面人类所创造的产品在质量上超过了物化了的人，因此产生了"创造者与创造物的颠倒"，人的有限性、不完美性相较于机器的可完善性与再生性的差异使被物化的人产生了一种"普罗米修斯的羞愧"[③]，人被自己所创造的

① N. Gough, "RhizomANTically Becoming-Cyborg: Performing Posthuman Pedagogies," *Educational Philosophy and Theory* (36) 2004: 253-265.

② 三联生活周刊，"我们和 ChatGPT 一起专访了《人类简史》作者尤瓦拉·赫拉利"，(2023-03-27) [2023-4-20]，https://www.lifeweek.com.cn/h5/article/detail.do?artId=195923。

③ 安德斯（Gunther Anders）提出"普罗米修斯的羞愧"这一隐喻。普罗米修斯是希腊神话中的巨人，他用泥土和水照神的模样塑造了人，并盗来天火送给人类。安德斯用这一形象隐喻人类与人类的创造精神，并以"普罗米修斯的羞愧"描述人如何在他所制造的机器面前感到惊叹并由此感到自愧不如。参见〔德〕安德斯《过时的人——论第二次工业革命时期人的灵魂》（第一卷），范捷平译，上海译文出版社，2010，第1~6页。

机器的优越性与权威所震慑，人的眼光变成了机器的眼光，人的标准变成了机器的标准，人的感情也被机器化了。[①] 人工智能提供一种有组织的系统，在这一系统中诸如机器人等可以自动地、自觉地得以处理，从而使人无须再探索、创造、思考和感觉。[②] 因此，当通用性人工智能代替人类的智能与体能进入众多领域时，可能有大量的人变为"无用阶级"；当教育中的人自感在知识储备、学习能力上逊于机器，难以在被人工智能挤压的劳动市场争得一席之地时，不免对教育的价值与意义产生怀疑，甚至质疑自我的主体存在价值。

机器对人类劳动价值进行了规定，技术开始对"人"进行划界。人工智能的发展与普及在不断挤压人类的劳动市场，它们不仅仅能够取代简单重复的体力工作，GPT 等人工智能的发展开始威胁到一些看似具有创新性、技能要求较高的工作种类，如翻译人员、诗人、词作者、作家、数学家、会计师、审计师及记者等。相比人类，GPT-4 能够在 10 秒内制作出一款网站，60 秒内可以制作出一款简单游戏，并且在多项基准考试测试，如美国律师资格证考试（Uniform Bar Exam）、法学院入学考试（LSAT）等测试中获得优秀的成绩。这对教育，尤其是以灌输知识为主的教育体制，提出了很大挑战，面对这一未来，"培养什么人"成为教育必须思考的前沿问题。教育必须将人工智能等技术的发展考虑进教育的价值标准与目标定位，以此对"何为有用的人、有价值的知识？"等问题做出具有前瞻性的回应。

---

① 〔德〕安德斯：《过时的人——论第二次工业革命时期人的灵魂》（第一卷），范捷平译，上海译文出版社，2010，序第 14 页。

② 〔美〕克里斯·哈布尔斯·格雷：《后人类的可能性》，载曹荣湘选编《后人类文化》，上海三联书店，2004，第 13 页。

技术乐观主义者认为，人工智能的发展为人自由全面发展提供了机遇。人工智能作为一种重要生产力能够创新生产方式、提高生产效率，从而把一部分劳动者从重复的、有害的、繁重的工作中解放出来，使人类拥有更多可支配时间从事"自由自觉的劳动"，如互联网中各种性质的非营利的、分享性的、以终身学习为基础的创造性劳动①。另外，多数的研究者对这一问题感到焦虑与警惕，在未来，技术可能对人进行划界，即掌握需要高水平教育和培训的抽象智力技能成为劳动力的关键属性，不具备这种抽象技能的人类在未来将被淘汰，成为"无用阶级"。正如美国机器学家汉斯·莫拉维克（Hans Moravec）《心智后代》一书中的观点，当机器拥有足够的知识，能够不依靠人类而进行自我维护、复制和自我改进时，人类就会失去进化权，并将被人类制造的"心智后代"（机器）所取代②。在未来，智能技术的发展与对劳动力的替代本质上是对人的价值的划界——难以被机器替代的劳动是有价值的劳动，区别于机器的人是有价值的人。基于此，教育一方面需积极关注人工智能的发展动向，引导教育主体对 GPT 等人工智能的"善用"，另一方面需探寻人机之别，为教育主体构建独特的劳动价值与存在价值。

第二节　身体与机器感知统一的
深度学习方式

人类认识形式转向机器化，机器感知对身体感知进行侵蚀。

---

① 陈高华、赵文钰：《人工智能与人的未来：一条马克思的路径》，《江汉论坛》2022 年第 4 期。

② H. Moravec, *Mind Children* (Cambridge: Harvard University Press, 1988), pp. 1-4.

智能技术的发展使人的感知形式从身体感知、工具感知逐渐进化到机器感知。人类最初对世界的认识是基于身体感知的，认识对象是在周围世界中的上手状态的东西①，我们认识中的世界实际上就是依赖于我们身体感知建立起来的周围世界。随着技术的发展，具身的技术能够作为人的延伸，提供转换事物的新视野与新知觉，从而将传统意义上的身体感知拓展为工具感知，代具性身体的工具感知能够弥补人类的认知缺陷，但并未取代人的工具感知②。"当作为工具的技术延伸到一定程度时，作为人类的代具性的外在器官，而是反过来制约着人的存在，成为对人的思想行为的规训与缧绁。"③ 原本由身体与世界交互形成的感知集置，经由智能技术进一步中介化，从而用机器感知代替传统的身体感知与工具感知。由此，人类的感知被"机器化"。

机器感知形式在教育中的过度使用可能导致教育主体成为"外-主体"（extro-subject）④，从而使教育主体产生技术依赖与思维惰性，成为被技术规训与监测的对象。一方面，智能时代的教育活动可以不再是现实世界的"具体在场"，而是一种

---

① 〔德〕海德格尔：《存在与时间》（中文修订第二版），陈嘉映修订，商务印书馆，2018，第110页。

② 蓝江：《从身体感知到机器感知——数字化时代下感知形式的嬗变》，《西北师大学报》（社会科学版）2023年第3期。

③ 蓝江：《从身体感知到机器感知——数字化时代下感知形式的嬗变》，《西北师大学报》（社会科学版）2023年第3期。

④ 外-主体指经过数据外溢的主体形态，它依然是主体，因为它仍然与我们的意识和无意识行为密切相关，它仍然是被我们生产出来的，但是这个主体已经从内部的主体结构中逃逸，成为一个外在并制约着我们行为的主体。一旦形成外在的数据，我们便会失去从内部完全控制我们行为的可能性。参见蓝江《外主体的诞生——数字时代下主体形态的流变》，《求索》2021年第3期。

"谨慎的远距离在场"。这种技术所带来的便捷使现实中身体的动态行动、感受变为视听的静态运载，从而可能导致主体的行为惰性，他将其运动与位移的能力转交给探测器，它们从而即时地向主体报告一种遥远的真实性，从而损害他本身所具有的对于真实事物的理解能力。另一方面，机器感知进一步发展的结果是自主地形成一套规范，其目的不是让主体的生活和工作变得便利，而是对主体的身体进行规训，让主体更适合机器感知和监测形成的规范系统[①]。如使用计步 App 来测算学生的体育锻炼强度，使用智能作业笔监控学生的作业完成情况，使用多模态技术捕捉学生的微表情、语言与动作，判定学生听课的专注性。原本由人类主体支配的机器系统反过来监测人类行为。在算法权力监控下，为满足其标准，主体自愿地限制着他的身体对于某种动作、某些冲动的影响范围，他便从可动的（mobile）人，变为自动的（antomobile）人，并最终变为机械的（motile）人[②]。这一形态下，人作为教育主体可能会成为认知上"残缺的支配者"，丧失身体的自然运动机能，又被技术摄取其直接、即时干预认识活动的能力。

　　尽管机器感知存在干预人类认识能力的风险，但未来机器感知与身体感知的融合是不可逆转的必然趋势，乘风而动，教育在未来更可能通过身体与机器感知相统一，建立新型深度学习的方式，以培养学生"创变"能力。人工智能的创造是基于组合与联想的运算，而人类的创造性在于提出新问题，改变旧

---

① 蓝江：《从身体感知到机器感知——数字化时代下感知形式的嬗变》，《西北师大学报》（社会科学版）2023 年第 3 期。
② 〔法〕保罗·维利里奥：《解放的速度》，陆元昶译，江苏人民出版社，2004，第 23 页。

思路，重新建立规则与方法。因此，人的创造性特征在于"创变"，即"创造"与"变通"，这也是教育应培养学生的新型创造力的核心。首先，人类认识的具身性是培养"创变性"的前提。人类的创造是基于身体感知的。莫拉维克悖论（Moravec's paradox）指出，"让计算机在某些任务上表现出成人的智力水平是件很容易的事情，如智力测试或玩跳棋，但是让其获得哪怕是一岁学生的某些能力，如感知和运动，却是极其困难甚至是不可能的事情"①。人类的创造活动依赖于生命机体，借助于知识、经验、知觉等理性或非理性逻辑与外部情境发生作用从而产生意识和认知，甚至内化为本能反应，是一种"具身"的自然认知系统②。因此，教学应引导学生以具身的方式进入"周围世界的上手状态"，通过身体的连贯性图式感知世界的统一体，从而形成对世界的整体把握与深度认知，并实现外在感知世界与学生内在精神世界的统一，这是创变性培养的前提。例如，在小学写作教学中，原本教学要求学生根据示例撰写有关贝加尔湖的说明文，而教师根据教学经验，将作业修改为参照样文的写作方法——游览学校附近的湖泊并撰写作文。这便是基于身体感知对周围世界的"上手"式教学，实现了身体感知与方法创变的统一。

智能技术在教育中的应用要求教育者基于机器感知的认知新形态培养学生的技术交互能力、信息批判能力与跨规则能力。未来教育必然是智能深度融合的教育。未来机器感知形态的普及意味着学生更多地将数据信息作为中介，感知被技术化的世

① H. Moravec, *Mind Children* (Cambridge: Harvard University Press, 1988), p. 15.
② 申灵灵、卢锋、张金帅：《超越莫拉维克悖论：人工智能教育的身心发展隐忧与应对》，《现代远程教育研究》2022 年第 5 期。

界。因此，在智能时代，首先应培养学生的技术交互能力。在教学实践中，积极培养与引导学生利用他异关系的技术的互动、分析与创造功能，来替代重复性、机械性工作，如应用 GPT 等人工智能收集材料、统计分析数据等，以提升学习的效率。其次，面对技术绕过人类主体的机器感知形式，应培养学生对机器提供的数据信息的警惕意识与筛选能力，例如在与人工智能互动的过程中引导学生审视、分析与评判人工智能的创造结果，同时教育者与学生应规避基于算法监测的评价方式与评价标准，摆脱算法逻辑对学生创造性思想的缧绁，以培养智能技术的主导者、创造者而非附庸者。最后，利用技术引导学生在不同的虚拟世界进行规则的重新发现与探索，是智能时代学生创变性培养的重要方式。从媒介发展的视角看，现在乃至未来的学生正遭遇电子游戏世代①。数字技术通过电子游戏等方式构建无数个在现实世界中被视为不可能的虚拟世界，玩家通过宁芙化身体②，在多元的虚拟异托邦中感知和体验不同于肉身感知的经历，并不断探索、发现不同世界的规律与规则③。这一看似

---

① 蓝江提出，人类在进入现代世界之后已经经历了三个主要世代：阅读小说、报纸和杂志的印刷媒体世代；观看电影和电视的影像媒介世代；玩电子游戏的游戏世代。电子游戏世代的基本特征是在电子游戏的动作和经历中进行对世界和自我的建构。参见蓝江《宁芙化身体与异托邦：电子游戏世代的存在哲学》，《文艺研究》2021 年第 8 期。

② 吉奥乔·阿甘本（Giorgio Agamben）将宁芙（Ninfe）这一概念作为影像的隐喻。宁芙是古希腊神话中无魂的水妖，它可进一步用来隐喻电子游戏中的虚体，通过手柄、鼠标、触屏的触摸，玩家将"灵魂"注入了宁芙化的身体，让它们可以像人一样去感知世界、行动思考。参见〔意〕吉奥乔·阿甘本《宁芙》，蓝江译，重庆大学出版社，2016，第 xxxviii ~ xlii 页。

③ 蓝江：《宁芙化身体与异托邦：电子游戏世代的存在哲学》，《文艺研究》2021 年第 8 期。

玩乐的游戏化体验，实则为主体构建创变的极致性条件，可能实现具有开创性的新规则建立与新规律的发现。因此，为培养学生的跨规则能力，教育可借鉴电子游戏对虚拟世界的构筑经验，通过数字技术为学生构筑无限的"可能世界"①，在不同世界与无数的情境变式中发现、探索新规律，建立新规则，使学生具有充分的"创变能力"，从容面对未来具有不确定性与无限可能的新世界。

第三节 指向不确定未来的学校
教育图景重构

经济合作与发展组织发布的《回到教育的未来：经合组织关于学校教育的四种图景》（以下简称《回到教育的未来》）的报告指向 2040 年的未来教育，这一时段既为教育制度的建构留出足够的时间，又不至于使未来的设想因为太过遥远而脱离实际。《回到教育的未来》报告在急剧变化的情势与全球COVID-19 大流行的世界背景下审视学校教育的未来，提出了基于未来教育的核心原则、矛盾视角、关键要素与可能图景。这一报告能够对未来教育的中国方案制定提供一定的借鉴与启示，对全球化趋势下世界的未来教育发展具有重要意义。近 10年来，世界发生的变化要比之前一百年发生的变化还多，可以预见的是，未来世界的变化将会更加剧烈，也更加难以预测。

---

① 采用电子游戏进行教学已经较为普遍，如有部分教师将《塞尔达传说》这一游戏应用于地理、物理、化学、外语等多个学科的教学中，并获得了良好的教学效果。但当前的教学实践更多采用教师演示讲解的方式，还未实现使学生通过宁芙化的身体，在开放的虚拟世界中，探索规律、塑造世界。

2020 年，全球 COVID-19 的大流行给予了全球以警示，那就是对未来的合理假设可能被突发情况瞬间改变。可见，对于未来的预测不再是一个最大可能性发展下的线性趋势，而是无数可能性覆叠而产生的无数个未来的可能，但这并不代表对未来的预测是无意义的，而是要求世界为更多可能的未来做好准备。因此，未来教育不仅要关注最可能出现的变化，还要考虑那些出乎意料的变化，为未来教育的所有可能做好准备。

　　针对变化的世界，OECD 在 2001 年发布了名为《未来学校是什么样的?》（*What Schools for the Future?*）的报告，其中构想了六种未来的教育图景，在 2020 年发布《回到教育的未来》，这一文件是"塑造教育趋势"系列（Trends Shaping Education Series）的配套卷，是对 2001 年文件的进一步深化，将其中的六种图景（Scenarios）进行了重构与分析。近 20 年来，教育中的未来思维变得更加流行，但它往往将未来的理想愿景和路线图凝聚在一起，这些有抱负的愿景被用来设定议程，并在不同的利益相关者群体之间引发对话，讨论实现这些愿景所需的课程、教学和组织系统。虽然这些方法强大而系统，但通过专注于实现某一种期望的未来，并不能为系统应对意外冲击做好准备。在《回到教育的未来》报告中，经合组织提出的"图景"是一组想象的可选择的未来，它们不包含预测或建议。"想象多种情形，意味着通向未来的道路不仅只有一条，而是很多条"①，因此该报告是一个支持教育长期战略思考的工具。

　　教育的未来已经成为全世界尤其是教育发达国家所关注的

---

① OECD, Back to the Future of Education: Four OECD Scenarios for Schooling. (2020-9-15)[2020-11-25]. https://www.oecd-ilibrary.org/education/back-to-the-future-of-education_32b6cdcf-en.

共同话题，而这些国家对于教育的战略远见都基于一个共同的原则：预测未来的能力虽然是有限的，但是通过预想多种未来，无论如何都能做出好的选择。对未来教育具有战略远见的预测具有三个特点。其一，预测性。一方面要确定正在发生的变化并为之做好准备，另一方面避免盲点，考虑那些在直觉上可能性不大却可能对未来造成巨大冲击的趋势。其二，创新性。揭示在新的环境下有意义的行动选择，重新构建或更新我们对当下的理解。其三，抗压性。对现有的计划、策略或政策进行压力测试，使之适应不同的条件。某些国家对于未来教育已经采取了具有先见性的策略。如芬兰在议会中建立了未来委员会，总理办公室与 Sitra 创新基金共同构建了全国性的预测网络以汇集不同社会领域关于未来的观点与行动。而在教育领域，芬兰国家教育局（the Finnish National Agency for Education）于 2009 年发布了"2030 年学习的未来晴雨表"（the Future of Learning 2030 Barometer），采用德尔菲法捕捉不同群体的对话，创设未来的五个场景并强调未来的多种可能与非线性。[1] 事实上，芬兰近年来课程中所解决的关键问题也与晴雨表中所强调的问题有密切的联系。新加坡政府在 20 世纪 80 年代便开始发展对于未来的预测，从国防部的情景规划部门到 2009 年战略未来中心（CSP）建立的前瞻性智囊团，旨在加强跨公共服务部门的长期思考和规划能力。在教育领域，面对快速的技术进步、不平等的威胁、青年人的愿望变化等变化趋势，教育部（MOE）发起了"终身学习"教育改革运动，关注未来可能需要的六个重点

---

[1] Tiina Airaksinen, Irmeli Halinen, and Hannu Linturi, "Futuribles of Learning 2030—Delphi Supports the Reform of the Core Curricula in Finland," *European Journal of Futures Research* 1(2017).

学习方式，以更好地为明天的教育做准备。[①]

　　对未来教育的思考与假设必须立足于现在，近20年来教育的变化趋势有利于我们思考其未来的发展。总的来看，未来教育的主要趋势包括四个方面。其一，正规教育模式的持续扩张，一方面，OECD国家的幼儿教育、义务教育与高等教育的入学率在近年来都在持续增长，因为正规教育依旧作为人力资本给予了社会与个人丰厚的回报，并在一段时间内仍作为就业的重要参考[②]。但另一方面，正规教育中不公平的情况仍然存在。例如，移民和难民学生的教育受到语言和文化障碍、课程大纲和教学方法变化的强烈制约[③]；农村学校规模较小，人力和财力资源更为有限，学生上学时间往往很长[④]；有学习障碍、身体残疾和精神障碍的学生难以进入主流教育环境[⑤]；来自弱势社会经济背景的学生在学校中也更可能处于劣势[⑥]。其二，人们更关注为变化的世界而学习。一方面，人们对学校教育的期

①　Ministry of Education and Culture. (2020) Learn for Life—Ready for the Future Refreshing Our Curriculum. (2020 - 3 - 4) [2020 - 11 - 25]. https: // www. moe. gov. sg/microsites/cos2020/.

②　T. Bol, "Has Education Become More Positional? Educational Expansion and Labour Market Outcomes, 1985 - 2007," *Acta Sociologica* 2 (2015) : 105 - 120.

③　L. Cerna, "Refugee Education: Integration Models and Practices in OECD Countries," *OECD Education Working Papers* 5 (2019) : 73.

④　OECD, Responsive School Systems: Connecting Facilities, Sectors and Programmes for Student Success, OECD Reviews of School Resources. (2018 - 10 - 22) [2020 - 11 - 25]. https: // www. oecd-ilibrary. org/education/responsive-school-systems_9789264306707-en.

⑤　OECD, "Neurodiversity in Education," Trends Shaping Education Spotlights. (2017) [2020 - 11 - 25]. https: // www. oecd-ilibrary. org/education/neurodiversity-in-education_23198750-en.

⑥　OECD, Education at a Glance 2019. (2019 - 9 - 10) [2020 - 11 - 25]. https: // www. oecd-ilibrary. org/education/education-at-a-glance-2019_f8d7880d-en.

望不断提高，不仅要求学校教育培养学生的认知能力，对于社交和情感技能、宽容和尊重他人以及自我调节和更好地理解自己学习过程的能力也提出了要求，这些能力是使学生适应变化世界的关键能力。① 另一方面，学习科学的研究使我们对人类的学习有了更加深刻的认识，为学校的环境构建、课程设计、教学方法与学生评估等提供了重要的理论指导。其三，对教师、教学与教师政策的重视。提高教师队伍的质量，建设一支高素质的教师队伍是世界各国教育的重要议题，许多国家通过提高教师待遇、加强教师评估、加强教师培训等方式提高教师队伍质量。教师自身也在超越学校的围墙建立与其他教师、专家的对话互动关系，创建创新型的研究生态系统，不仅做知识的传递者，更倾向于做知识的创造者。其四，教育治理不断演变。在过去 20 年中，从纵向上看，教育系统的权力不断下放，地方与学校具有更大的自主权，从横向上看，由于全球化的趋势，教育改革的权力更多向私人机构和非政府组织机构转移。②

　　未来不能被精准地预测，但可以断定的是，未来一定是以呈指数级速度变化的世界，在变动不居的世界中，如何在未来的教育选择中做出决断，如何判断未来何种教育是理想的、适宜的，OECD 在报告中提出了七组矛盾关系作为未来教育的分析视角，对不同矛盾的选择与张力的平衡影响着未来教育的价

① C. Luna Scott, "The Futures of Learning 2: What Kind of Learning for the 21st Century?" Education Research and Foresight Working Papers Series 14. (2015) [2020 - 11 - 25]. https://unesdoc. unesco. org/ark:/48223/pf0000243126_eng.

② Henno Theisens, "Hierarchies, Networks and Improvisation in Education Governance," in *Governing Education in a Complex World* (Paris: OECD Publishing, 2016), p. 92.

值与构建。

是继续一个现代化的进程还是实现彻底的颠覆性的变革，这是未来教育发展的根本性问题。它涉及多个方面的因素，如技术在未来教育中是作为学校教育的辅助工具，融入传统教育的实施与评估，将学生塑造为预先建立的"模板"，还是作为变革性的技术力量改变教学方式、重新组织学习、重新塑造教师与学生之间的角色关系。[①]终身学习也体现着现代化延续与其颠覆的紧张关系，长期以来，人们已经认识到有必要将学校政策和实践纳入更大的终身学习框架[②]，但对现有教育结构的渐进性改革难以转变根深蒂固的学校教育系统，劳动力市场对于学历证书的认可与在职业生涯中进行学习的困难性阻碍着终身学习的发展。现代化延续与中断的矛盾关系在技术与终身学习中表现得淋漓尽致，但这一矛盾并不存在正确与否的价值意义，在某些情况下需要现代化，而另一些情况下则需要对现代化的颠覆。

随着教育目标的发展，旧的教育结构可能与教育运作的过程脱节。例如，虽然人们普遍认为教育应根据个人需要发展个性化的学习经验，但许多研究者也认为，在技能与态度的培养中需要合作。[③] 这一矛盾更明显地表现在教育不公平这一问题上，一方面，教育的重要目标是实现社会公平，让来自弱势背

---

① J. Knox, B. Williamson, and S. Bayne, "Machine Behaviourism: Future Visions ofLearnification and Datafication across Humans and Digital Technologies," *Learning, Media and Technology* 1(2019): 31–45.

② D. Istance, "Learning in Retirement and Old Age: An Agenda for the 21st Century," *European Journal of Education* 2(2015): 225–238.

③ David J. Deming, "The Growing Importance of Social Skills in the Labor Market," *Quarterly Journal of Economics* 4(2017): 1593–1640.

景的学生更多地从正规教育中受益，以实现社会流动，但另一方面，在旧的结构之中，学校成为分类机器，以入学过程、学业轨迹、年龄等级、教室和能力小组等各种形式对学生进行区隔，在未来，教育的多种可能形式，尤其是教育的私有化扩大可能造成更大规模的教育不平等，未来的教育结构是进一步扩大这种不平等还是在一定程度上弥补社会不平等是需要思考的重要问题。

学校教育的未来将取决于各利益主体对目标达成共识或冲突的程度，对目标的满意程度、认可程度和尊重程度。近年来，政府制定了一系列更具开放性与参与性的机制，旨在通过让广泛的利益相关者参与决策过程来制定与实现共同的愿景。但由于利益分配不均与价值追求的冲突，在国家与地方的优先事项总会呈现一种紧张状态，尤其是在权力分配与问责制度的问题上，常常出现显著的伦理与政治问题。一方面，在课程内容的制定上，全球与国家系统更多地考虑培养学生的学习技能以适应不断变化的劳动力市场，但另一方面，课程内容对于地方性的文化与语言的保护与传授相对缺失。这种全球与地方的紧张关系存在于未来的任一图景中，需要国际、国家与地方的协同解决。

在未来，教育的改善必然需要教育系统的创新，并具备在新的环境和挑战下改变与发展的能力。但是，创新意味着冒险，在可能导致教育失败的情况下，保持制度的创新性与教师的创造性绝非易事。现在的教育系统更偏向于停留在风险最小的范式中，这一范式限制了创新与变革，另外也忽视了一个事实：维持现状也可能具有风险。为了规避风险而不作为是一种政治上的权宜之计，它将失败的风险与代价转移到学习者身上。因此，在未来，教育系统不能因为可能具有的风险而放弃所有创新，因为失败也能够作为一种具有科学意义的解释工具，另外，并非所有方面都需要颠覆性的创新，保守也并非意味着失败。在 OECD 设想的四种图景中，大规模学校教育的存续与学校教育数字化程度问题都涉及这一矛盾性。

OECD 在报告中提出的所有图景都关注到了技术在未来学校和教育中的重要作用，而对技术的假设则存在一种强烈的紧张关系。技术在历史上承载着许多人的希望，人们设想通过技术改进教学和在学校学习，或者完全摒弃对学校教育的需要。例如，早在 20 世纪 20 年代和 30 年代，一些人将广播和电视视为教育节目主流化的一种方式[①]，计算机和互联网一直被吹捧为解决一系列教育弱点的方法，特别是通过个性化的学习来克服僵化和标准化的教学模式。然而，迄今为止有关技术能够有效改变教与学的证据还很少[②]。技术本身并没有促进学习，其中一个重要原因是技术倾向于强化而不是重构现有的教学方法，另一个原因是，技术通常是基于开发人员和市场理念而设计的，与教育和教学目标以及学习科学研究关联性较小[③]。因此，在未来教育中，需要处理好技术在教育变革中的价值与作用，一边是充分发挥技术的潜力，以越来越智能的算法和教育数据挖掘技术为所有学习者提供几乎无限的教学策略以指导和支持他

---

① M. Novak, Predictions for Educational TV in the 1930s. (2012 - 5 - 29) [2020 - 11 - 25]. https://www. smithsonianmag. com/history/predictions-for-educational-tv-in-the-1930s-107574983/.

② M. Escueta et al. , Education Technology: An Evidence-Based Review. (2017 - 08) [2020 - 11 - 25]. https://www. nber. org/papers/w23744.

③ OECD, A Brave New World: Technology and Education. (2018 - 6 - 18) [2020 - 11 - 25]. https://www. oecd. org/education/ceri/Spotlight - 15 - A-Brave-New-World-Technology-and-Education. pdf.

们的学习。另一边是将技术作为增加学习者体验的一种工具来促进教授主义式的知识获取过程，或仅仅通过技术减少教师的工作量，这种技术便是为现有的教师授课制加成。

在未来教育的图景中，我们必须进一步思考学习的时间与空间问题，因为未来的教育不仅存在于现实空间中的教育机构，更多的学习机会存在于学校的围墙之外，因此，我们必须反思面对面的互动与身体的在场两种形式在教学层面的意义。一方面，比较数字和面对面交流的研究一致发现，人与人之间面对面的交流在加强和维持人际关系方面更具影响力。在学校里，这一点在教师和学生之间的支持关系以及学生的同伴关系和合作中都有所体现，这也是实体教学获得成功的关键之一①。但另一方面，远程的数字联结能够增强弱势群体的学习能力，使边缘化或少数民族学生获得他们在现实空间中难以获取的教学支持。但二者也具有消极性，如面对面的现实空间也会产生不良的互动关系，如校园欺凌，而在虚拟空间中，算法会倾向于将用户区分为具有相似喜好与态度的同质性小组，但不利于学生开放性与包容性的培养。

长期以来，人们认识到学习不仅仅发生在学校和其他正规的教育机构中。学习也在家庭和其他社会关系中以正式和非正式的方式发生，技术更使得人们只需要触摸屏幕便能够获取知识。但现代的人又被形容为"开明的文盲"，即人们可以了解世界的一切，但很少采取行动，知道得越多，便越容易屈服于已知的偏见，而难以实现批判性的理解与判断，或者说，人们

①　OECD, PISA 2018 Results(Volume Ⅱ): What School Life Means for Students Lives. (2019 - 12 - 3) [2020 - 11 - 25] . https://www.oecd.org/pisa/publications/pisa-2018-resultshtm. htm.

获取的只是意见，而非知识与真理。知识需要理由或证据来支持，获得知识的过程需要技能探索、辨别和成功地利用良好推理来维持思考，还需要借助专家指导和社会互动从而获取有益的信息。学校教育的优势便在于其更多的是以需求为导向，而不是以供应为导向；更多的是主动学习，而不是被动学习；更多的是知识创造，而不仅仅是传播。

在变化的世界中，教育需要创新以适应变革的时代，但无论教育如何变革，不变的是教育必须围绕着学校与学校教育、教师与教学过程及教育治理三个关键要素，每个关键要素在不同的未来图景中具有不同的表现形式，因此存在不同的潜在结果与影响。教育的目标和功能是复杂的、相互交织的，教育目标与学校、教师与教育治理部门相互影响，这些教育中的关键要素所呈现出的不同价值向度和在教育中作用的不同权重共同构成了不同的教育图景。

想象一个大规模的学校教育系统实现彻底转变或是完全消失的未来是很困难的，因为学校深深根植于我们的社会、我们的生活方式与思维方式之中，但在对未来教育的多种设想中，我们不仅要反思我们所已知的教育系统的未来，还必须考虑终身学习背景下学校发展的另一种可能性，因此，OECD 对于未来教育中的关键要素"学校"做出了延续与颠覆两个相悖向度的设想。

塞尔文（Neil Selwyn）指出，学校与学校教育具有不同的含义，学校是学习者学习和教师教学的机构，而学校教育是指在学校学习或教学的过程。学校作为一个机构的理念包括其由一系列角色和规则定义的物理和文化结构，例如人们在学校组织中所扮演的等级角色，构成学校课程的知识等级，以及构成学校时间表的时间组织。① 而学习的过程可以理解为包括不同的教与学、沟通和决策的显性过程，以及社会化、调控和控制的隐性过程。OECD 在对未来的学校和学校教育的构想中，将学校和学校教育作为两个不同维度，探讨了二者在未来的延续与中断两种极端状态，从而构想了大规模学校教育、虚拟学校教育、再教育与去学校化四种学校与学校教育未来可能的发展状态（见图 3-1）。

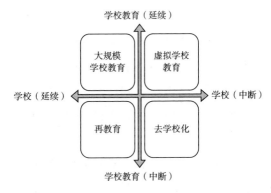

图 3-1 教育机构（学校）与过程（学校教育）的延续与中断

大规模学校教育意味着我们所知的学校和学校教育的延续，其在未来的特点是参与正规教育的人数不断增加，学习者和教师继续在统一的结构和标准化的过程中运作。开放的问题是学校教育是否以及如何扩展到传统教育之外，如幼儿阶段与终身学习中。

虚拟学校教育意味着实体化学校机构的瓦解，但学校教育过程仍在延续。在虚拟学校教育中，学习者在传统学校之外学

---

① Neil Selwyn, *Education and Technology: Key Issues and Debates* (London and New York: Continuum, 2011), p. 141.

习，教师也在更灵活的教学关系与更多选择的范围内教学。不过，物理空间的转换并不意味着一定会产生与传统截然不同的教学过程，虚拟学校教育很可能仍采用学校教育的教学形式。[①]

再教育是指一种学校机构仍存在，但学校教育的形式与过程发生变化。共享的核心学术知识和技能的获得可能会持续下去，但这些并不一定通过共同的过程来实现。学校的传统角色和关系发生了变化，包括教师和学生之间的角色和关系。这一形式可能出现在职业教育和培训（VET）、幼儿教育和护理、正规高等教育以及正规和非正规的终身学习过程中。

去学校化是指学校教育过程与学校的结构被中断，这个未来完全颠覆了我们所认识的教学和学习，有关物理基础设施、课程和资格证书等的传统观念将被瓦解。彼时教育部门（包括VET、幼儿教育和护理、正规三级教育以及正式和非正式终身学习）之间不再具有制度化的区别。

教师与教学作为未来教育的关键要素，在不同的教育组织中具有不同的身份类型。未来学校教育的形式直接影响着教师的角色与地位。艾斯坦斯（D. Istance）和麦凯（A. Mackay）提供了探索教师未来可能性的两个维度：其一，教师在多大程度上负责学校内的教学工作；其二，教育从业者在多大程度上是训练有素的教学专业人员。[②] 根据这一维度划分与未来的教育形式，OECD 将未来的教师与教学划分成四种不同的类型，包括教育垄断中的教师、作为中心的教学专业人员、教育体系中

---

① C. Leadbeater, "The Future of Public Services: Personalised Learning," *Personalising Education* (2006): 101−113.

② D. Istance and A. Mackay, The Future of the Teaching Profession: A New Scenario Set, Centre for Strategic Education, Melbourne. (2014) [2020−11−25]. http://www.cse.edu.au.

有资格证书的灵活教学专业人员、在开放市场中的教师与教学
（见图 3-2）。

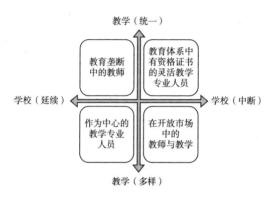

图 3-2 未来的教学主体与教学过程

　　教育垄断中的教师是在学校仍然是组织教学的主要机构的
未来情境下，在学校内部有一支独特的教师队伍占主导地位。
尽管学校可能会向其他成人和专业人员开放，让他们参与学校
的日常活动，但受过培训的教师仍然占学校教育工作者的绝大
多数。

　　作为中心的教学专业人员是指在学校仍存续的情况下，教
学专业人员保留其职能，但也有广泛的成年人和专业人员参与
其中，包括家庭成员、教师以外的学习专业人士（如学校外部
的顾问）以及教学以外领域的社区专家。参与的性质包括兼
职、志愿服务到签订长期正式合同，教学人员与其他的教学相
关者构成多样化的教学模式。

　　体系中具有资格证的灵活教学专业人员是指在开放教学场
域中的专业教学人员，这种情况下教学人员需要强有力的监管
和正式的教师资格认证。然而，未来获得教师身份的途径可能

有所不同，但无论是通过对专业教育和发展的大量投资，还是通过公共行政部门的直接干预，抑或通过强大的专业机构的认定，专业资格的许可和控制是对教师与教学最主要的问责措施，在这种情况下，这些机构也可能将密集的教师网络传播到校外，以避免教师的职业孤立。

在开放市场中的教学人员存在于一个去学校化的未来，在这种情景下，学校和教师将失去他们的垄断地位，多个学习供应商和承包商负责教学。他们可以通过一种放任的形式运作，不需要正式的认证，或者在教学方法和手段灵活的情况下，将资格证书作为控制质量的手段和补救措施。

未来教育的治理涉及不同的利益相关者，不同的行动者在多个层面上影响着决策的制定与运作，包括国家与地方、私人与公共部门、家长与社会的其他行动者。有研究者根据教育治理的主体与教育治理的目标构建了分析框架，并将未来教育治理方式划分为四种，包括传统公共管理、新公共管理、社会弹性管理与网络政府四种类型（见图3-3）。

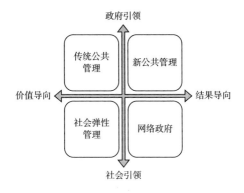

图3-3　教育治理角色与价值指向

传统公共管理观把政府的作用集中在其价值的合法性上。而公共目标是在政治过程中确定的，政策是为了将政治决策转化为具体行动而制定的，公务员执行这些政策，确保政府的政策实施的标准化。

新公共管理（NPM）仍坚持政府引领教育，但其着眼于高效和有效的政策执行，将公司式的管理理念纳入公共服务的治理。这种观点的特点是绩效目标、放松管制、关注效率、采用金融控制与合同管理等手段。

网络政府关注教育治理的网络和伙伴关系。在这一情况下，由于中央教育机构的日益分散和由此而减少的权力作用，网络政府要求多个利益相关者参与决策制定和政策执行，并积极建立联盟与新的公务员制度。

社会弹性管理观点认为，公共价值在政府责任范围内出现，但社会行为通过自组织的网络和合作进行工作，在其自身偏好和优先事项的指导下，对其教育决策与执行负主要责任。

对未来的图景构建是一系列虚构的未来选择，它们不包含预测或建议，OECD认为对未来教育多个图景的模拟可以使人们认识到不只存在一条通向未来的途径。OECD在《回到教育的未来》报告中将2001年明日教育方案中构建的六种图景重构为四种可能的未来选择，这四种图景立足于当前的教育变化趋势，也尽量多地考虑那些可能会对未来产生冲击的突发性情况，并基于学校与学校教育、教师与教学过程、教育行政与教育治理三个关键要素的不同形式与权重，构建了四种未来可能的教育图景，而最重要的是，它传递一种信念——无论未来如何发展变化，教育必须从现在开始为所有可能做好准备。

图景1：以大规模学校教育的扩展为特征。OECD在报告中认为，尽管国际合作和技术的进步支持更具个性化的学习，但正规学校教育的结构和过程在未来 20 年仍会存在并扩展。首先，教育仍是经济竞争力的重要基础，学历证书仍然是经济和社会成功的主要标志，但在劳动力市场，其他资格证书、志愿工作以及工作经验也将成为衡量的重要因素。其次，学校制度的官僚性质将继续存在，国家课程与评估工具仍会作为统一的执行与评估标准，但只要能够实现核心能力的培养，学生在选择学习内容时会拥有更大的空间与自主权，教育不仅关注学生的知识与技能的培养，对价值观与态度的关注会更加突出。最后，尽管教学组织和师生关系在总体上不会产生较大改变，但仍具有创新的空间，如采用混合教学方式、更加灵活的课程安排、突破界限的学科融合等，学习分析技术、面部识别技术、教育机器人、教育软件等技术在学校教育中的使用能够使教师更加集中于学习内容与活动的设计，以支持学习者的情感需求与学习动机。

图景 2：以教育私有化的发展为特征。OECD 在报告中提出第二个可能的图景是随着教育私有化的发展而产生教育外包。随着社会越来越直接地参与公民教育，传统的教育体系可能不复存在。学习通过更加多样化、私有化和灵活的安排而进行，而数字技术是学习的关键驱动力。首先，在这种情况下，各种形式的私人和以社区为基础的教育举措成为学校教育的替代方案。一方面，高度灵活的工作安排使得父母能够更多地参与到孩子的教育中；另一方面，公共系统也向父母提供免费或低成本的学生保育服务，并为学生提供学习机会和实践活动。其次，随着教育外包的深入，传统的官僚治理模式和问责模式得到了实质性的减少。在"学习市场"中，不同的资质和质量指标随着学校教育的消失而出现，这些评估标准取决于人们对教育需求的满足程度。此外，为了学生的最大利益，政府可能会保留通过基线评估来标记和指导市场运营商的权力。最后，随着私有化程度的提高和教育途径的个体化，对社会分裂日益严重的担忧已成为各国政坛上的一个反复出现的话题，教育的私有化也会导致更加剧烈的教育不公平问题，从而导致一些社会问题。

从另一个角度来看，教育外包使传统学校教育的僵化结构瓦解，如按学年分组、划分教育阶段等，这能够为学习者提供更大的灵活性，并使正式学习与其他活动相结合，能够使学习计划转化为更具个性化的学习方案，更加符合终身学习的目标。但更多种类的学习供应商可能不会给学习者带来完全不同的教学和学习体验，私有化的教学机构也可能采用传统的师生定位与教学形式。

图景3：以构建学校为中心的教育生态圈为特征。图景3探求了上述两个图景的中庸之道，既肯定了学校作为学习的中心而存在，又打开了学校与社会、社区之间的区隔之墙，形成以学校为核心的具有开放性的教育生态圈。首先，在这种情况下，学校保留了其大部分功能，与此同时，劳动力市场上更为复杂和多样化的能力认可形式将教育和学校从过度的证书压力中解放出来，从而在很大程度上扭转了延长学校教育生涯的趋势。其次，教育的国际意识和交流增强，但是权力转移到了系统中分散的部分。地方的行动者会提出他们自己的倡议来实现他们认为重要的价值观。学校被定义为与社区和其他地方服务密切联系的地方。这意味着，一方面，系统不再基于统一性，评判学校的标准各不相同，如关闭学校等高风险的决定，可能取决于当地利益相关者之间是否达成了某种程度的共识。另一方面，管理和战略框架（当地所在国家、国际）以及有针对性的、预先分配的投资和技术援助支持当地社区的行动，会在社会基础设施薄弱的社区中发挥关键作用。最后，学校教育的特点是其全面性和文化基础实验性与多样性。广泛的学习来源被认可和重视，正式和非正式学习之间的区别变得模糊。学习是一项全天的活动，由教育专业人士指导，但不一定总是在教室和学校范围内进行。学校活动的规划和设计是在更广泛的教育规划的背景下进行的，这就形成了灵活的结构（物质基础设施，时间表）以适应数字信息系统支持的混合学习活动。从这个意义上说，学校是更广泛、动态发展的地方教育生态系统的中心，在相互连接的教育空间网络中规划学习机会。通过这种方式，不同的个人和机构参与者提供了各种技能和专业知识，这些技能和专业知识可以用来支持学生的学习。学习建立在集体和学习者特定需求和当地发展所定义的"可教时刻"，而不是统一和僵化的课程。教师是不断发展的学习活动的工程师，对教师专业精神的信任度很高，具有丰富的教学知识和与多种网络密切联系的教师至关重要。同时，学校对非教学专业人员参与教学是开放的。除了教师、社区演员、家长和其他人，其他专业人士也可以在学校教学中扮演重要角色。

图景4：以技术支持的无边界学习为特征。在 OECD 预想的图景4中，教育随时随地发生，随着社会完全依靠机器的力量，正式学习和非正式学习之间不再区分。首先，这种情况建立在人工智能、虚拟现实以及物联网的快速发展之上。广泛而丰富的数字基础设施和丰富的数据支持的巨大连接彻底改变了我们对教育和学习的看法。免费学习的机会广泛存在，标志着既定课程结构的衰落和学校体系的瓦解，数字化使得以深度和几乎即时的方式来评估和认证知识、技能和态度成为可能，因此可信赖的第三方中介（教育机构、私人学习提供者）的认证不再是必要的。随着正规学习和非正式学习之间的区别消失，以前用于大规模教育基础设施的大量公共资源被解放出来，通过其他方式为其他目的或教育服务。其次，随着物理学校的消亡，可能需要替代性的"托儿安排"。在这种情况下，数字化和智慧基础设施有利于创建安全和学习资源丰富的公共和私人空间。建立在监控系统、数字连接、交互式基础设施上，如智能游乐场，可以在照顾学生的同时建议他们进行学习活动并进行行为培养。再次，在这种情况下，私人化公司对于教育的作用可能高于政府的功能。例如，全球数字公司可能在推动学习系统和新的人机界面方面发挥着关键作用，也可能是这些公司与各种自下而上的、非营利的倡议共同形成的举措。这些举措可以在严格的监管制度范围内发展，例如，通过设计确保算法的透明度和道德规范或建立公共当局赞助或直接运营的平台。最后，在这个到处都有丰富学习机会的社会里，教学专业人员可能消失，个人成为自己学习的生产者与消费者。同时，课堂、讲座和各种形式的辅导可能是司空见惯的，有些是由人类表达的，而有些是由机器创造的。

OECD 在《回到教育的未来》报告中以辩证的视角考察了教育的核心要素，并构筑了 2040 年四种可能的教育图景。报告以国际化的视野与发展的眼光传达的几个强有力的理念值得我们反思与借鉴。其一，未来教育也许并不遵循最大可能性下的线性发展，必须尽可能多地考虑所有情况，即使发生的可能性微乎其微。其二，对于未来教育必须把握好颠覆与保守的适度张力，教育指向未来的变革不一定都是激烈的变革，不一定都是另起炉灶，也可能有些方面是保守地"回归初心"，未来教育必须在变与不变中权衡选择。其三，教育系统必须基于对未来教育的预测，从关键要素入手，即刻展开行动。未来是瞬息万变的，过去的教训不足以指导未来，未来已来，教育必须为变化的世界做好准备。

第四节　后人类时代教育的"人文主义"终结

"人类是近代的发明，并即将走向终结。"① 福柯在《词与物：人文科学考古学》中提出这一论断，在尼采的"上帝之死"后又以"人之死"质疑了人作为绝对主体的至上性与特权，"上帝之死"意味着形而上学的终结，然而人未能占据这一至高的地位，福柯将"人之死"看作主体之死，即作为知识、自由、语言和历史源头和基础的主体之死②，也是人文主义之终结。基于此，自然、人文与社会科学领域开始了对于人的本质与主体性的认识转向，并衍生出后人类（post-human，posthuman）这一概念。自 20 世纪 80 年代开始，唐娜·哈拉维（Donna Haraway）的《赛博格宣言》（1985）、凯瑟琳·海尔斯（Katherine Hayles）的《我们如何成为后人类》（1999）、罗西·布拉伊多蒂（Rosi Braidotti）的《后人类》（2013）等论文与著作的产生标志着早期在人类演化理论中的"后人类"逐渐成为各领域中的重要学术话语，"post-human"中连字符所代表的人类"后人类化"的延续性

---

① Michel Foucault, *The Order of Things: An Archaeology of the Human Sciences* (New York: Vintage Books, 2005), p. 422.

② 〔法〕米歇尔·福柯：《词与物：人文科学考古学》，莫伟民译，上海三联书店，2001，前言第 13 页。

与过程性逐渐走向了存在形态，即"posthuman"①，后人类逐渐成为作为类存在的人的新的演化形态。后人类不仅指代一种更依赖于数字技术、生物技术与智能技术的新人类，还昭彰着以人类为中心的人文主义的终结。现代教育作为一种以人为中心，植根于人文主义精神的生命实践活动，正站在人类与后人类这一巨大的分水岭的一边。② 面临着未来不确定的教育前景，后人类主义正以不可阻挡之势改变启蒙以来的对大写的"人"（Homme）的定义，打破现代教育所持守的人文主义的规范。后人类时代正不断挑战现代教育中的主体形态、教学形式与学习方式，教育被"巨大的数字幽灵强行拽入到一个不确定的数字和智能的未来世界中"③。因此，教育必须识清后人类时代所带来的机遇、挑战与危机，打破人类世以人为中心的传统人文主义神话，重新构建未来教育主体与智能体之间的关联，在人与智能体的"奇点"之上探索未来教育的持守与转向。

不可否认，我们现今仍处于一个被称为"人类世"的生命时代，这是人类成为能够影响地球上一切生命的地质学力量的历史时刻④，但随着技术统治时代的到来，算法和智能正不断攫取人类的主导地位，使我们正面对前所未有的境况——人类不再是启蒙时代下理性的人的样态，以人为中心的传统

---

① 刘悦笛：《后人类境遇的中国儒家应战——走向"儒家后人文主义"的启示》，《探索与争鸣》2017 年第 6 期。

② Francis Fukuyama, *Our Posthuman Future* (New York: Picador, 2002), p. 101.

③ 蓝江：《走出人类世：人文主义的终结和后人类的降临》，《内蒙古社会科学》2021 年第 1 期。

④ Rosi Braidotti, *The Posthuman* (Cambridge: Polity Press, 2013), p. 5.

人文主义精神也逐渐被解构。继后结构主义、后现代主义之后，近年来一种重要的"后学"出现在自然、人文以及社会科学领域，即"post-human"，这一词语既表示"后人类"① 这一新的人类形态的诞生，又指代着启蒙时代以来根植于人类社会的人文主义逐渐走向终结。

向后人类转向一方面标志着在生物技术、数字技术与智能技术发展下新形态的人类的诞生。生物技术革命的发展促使人不断借助技术实现内在的进化。后人类时代技术对于人类本质的改变首先体现在技术对于人的物理形态的影响，即通过生物技术、人体增强技术等打破人类身体的自然性、纯洁性与唯一性。人工智能技术则从外部致力于用与人的自然智力相匹敌的"他者"即智能体来替代人的"身体自然"。元宇宙的建立、人体增强技术的研发与使用，种种案例彰显着，在智能技术、生物技术、数字技术急速扩张的时代，人类的进化已经突破了传统生物学层面上进化论的阈限，在一种新的数字进化论下，人类逐渐从自然人向"赛博格"② 式的后人类形态进化。

后人类转向标志着传统人文主义的终结，意味着逐步走出以人为中心的人类世。一方面，后人类主义中以科学论为基础

① "后人类"（post-human）这一词语由 19 世纪末神智学（Theosophy）创始人布拉瓦茨基（H. P. Blavatsky）在其人类演化理论中最先提出，"后人类"被称作某种哺乳类动物被其当作人自然演化的结果，"post-human"产生之初被作为描述一种超越于当世人的经过千百万年自然演化下的"后人类"形态的词语。随着当代生物技术与科学技术的急速发展，人类向"后人类"形态的进化方式从自然演化走向了技术推动的人工演化。

② 唐娜·哈拉维提出，赛博格就是后人类，或者可称为"电子人"，它是一种控制论的生物，是机器和生物的混合体，是社会现实的产物，也是虚构的产物。

的流派提出，应从本体论层面消除人与非人、人与物、主体与客体、社会与自然的二元对立。其代表人物拉图尔认为，科学与社会的演进与发展是行动者之间的互动及其组成的网络所决定的。行动者（actent）不但指称人类，还包含组织、观念、思想、技术等非人类行动者。在这一行动者网络中，人类与非人类均处在一个非等级制的"平等本体论"中①，尤其强调在科学发展与知识生产中打破人与非人、自然与社会的二元对立，构建一种平等互生的关系网络。另一方面，哈拉维则从社会学与女性主义角度提出构建一种"赛博格后人类主义"（cyborg posthumanism），既然传统人文主义在数字技术、生物技术发展的紧逼之下不可避免地走向崩溃，那人类不妨向前一步，通过主动地与技术融合实现自身的"升级"，通过智能、机械与数字运转方式与有机生命的结合，脱胎为一种新的智能体与生命体。在这一情况下，人类不再是至高无上的存在，甚至不再需要划定人与非人的界限，社会秩序的等级性也需要重新审视。这一看似具有科幻色彩的构想却逐渐开启了面对不确定的后人类未来的巨大可能性。

对后人类本质的认识为未来教育的发展提供了思考空间。自启蒙时代以来，人文主义的观念为现代教育给出了明确的系统性认识，并划定了同一性标准，将具有自我意识、理性精神、自由意志等作为受过教育的人的规范性约定，基于此标准通过教育等手段将人规训为一个理性的、自律的主体，并将这一规

---

① 吴冠军：《后人类状况与中国教育实践：教育终结抑或终身教育？——人工智能时代的教育哲学思考》，《华东师范大学学报》（教育科学版）2019年第1期。

范的大写的"人"凌驾于诸多"不正常的人"① 以及其他生命体与无机物之上。后人类主义则强调通过技术等手段促使生命体僭越人文主义对规范性的人的管制，重新构造人类与非人类的价值关系。因此，后人类时代"人文主义"的终结向教育提出了巨大挑战，作为教育对象的人类形态被改变，人类与智能体的主体性关系被颠覆，人类知识生产的形式被变革。在走出人类世的新世代，教育将面临一种前所未有的不确定的境况，若现代教育不能因势而变，便可能走向终结的命运②。因此，应将后人类主义作为未来教育变革的重要立场，考量现代教育的持守与转向。

后人类时代生物技术与信息技术的发展正在改变作为碳基生物的人与作为硅基生物的机器的演化规律与演化节奏，对原有的"人性"与"人的本质"产生冲击。教育作为"培养人"的活动，必须重新构想"人是什么""人向何处去"等问题。急速发展的技术水平与传统人文主义被颠覆的文化境况下，教育面临着技术、文化、制度的猛烈冲击，具体来看，教育主体的形态、各要素之间的互构形式、知识生产方式都可能产生激进式的更新与变革。

后人类时代最为显著的特征便是人与机器的交互甚至融合，

---

① 福柯语。"不正常的人"有三个源头："畸形人"（monstre）、"需要改造的个人"（individu acorriger）和"手淫的儿童"（enfant masturbateur）。人文主义所提出的规范且理性的大写的"人"作为凌驾于"不正常的人"之上的特殊力量，通过管理"装置"和技术，将"不正常的人"规训和矫正为"正常的人"。

② 吴冠军：《后人类状况与中国教育实践：教育终结抑或终身教育？——人工智能时代的教育哲学思考》，《华东师范大学学报》（教育科学版）2019 年第 1 期。

非人的机器不仅仅作为工具、客体的形式而存在，而且是越来越多地作为目的、主体乃至本体的一部分。后人类主义的思想浪潮已经通过在线教育、元宇宙教育等形式在教育实践中掀起波澜，但大多数教育相关者对技术手段的关注往往大于对技术所带来的本体性问题的关注，事实上，技术对教育的重要挑战不仅在于数字教育的实现，更在于技术所带来的对"人是什么"这一问题的新解答。

后人类时代，生物技术、智能技术的参与导致教育的主体从"自然人"走向"电子人"。后人类时代的到来直接颠覆了人类在教育中的权威性与至高无上的中心地位。智能设备作为一种可扩展的外部辅助工具，凭借其丰富的信息资源和强大的功能特性，构成了学生在学习历程中可以实时发挥作用的"外置大脑"：这些功能包括但不限于即时知识检索、高速虚拟教师讲解以及精准的人工智能互动。这一"外置大脑"在内容库的广度与深度、响应速度以及个性化教学策略的实施上，展现出了超越传统教育环境中真实教师的能力，同时也超越了自然人自身"内在大脑"的局限。而随着科技的持续进步，此类"外置大脑"可能逐渐演变为一种更为内在且透明的形态，如通过芯片植入学习者的生物体内，实现与人脑的直接连接与互动。由此，信息在迥异的物质基础（人工智能基于硅基架构，人类则基于碳基架构）间无缝流转，且具有一致性传递的特征。在此背景下，"智力"变成了一种正式的符号操作性，而不是人类生活世界的设定。① 自此，教育对象的生命形态经历了根本性的重新界定，其身份不

---

① 〔美〕克里斯·哈布尔尔斯·格雷：《后人类的可能性》，载曹荣湘选编《后人类文化》，上海三联书店，2004，第 121 页。

再局限于纯粹的自然人范畴，而是演化为一种具备赛博格特性的存在——一种人与机器深度融合的复合体。教学过程被机械地重构为一系列物质符号的组合体，通过嵌入并执行复杂的社会技术关系来调控与转换不同有机体、技术工具、自然元素及文本资料间的联结与交互作用来实现其运行逻辑。基于此，"外脑"所储备的知识与功能能否被接纳为受教育者的本体知识与能力，在"外脑"的技术演化之下，人的"本脑"是否会沦为可有可无的"外脑"，而传统教育的对象——自然人——是否可能沦为人工智能所替代的存在值得我们思考。

　　机器"人化"并在教育中的深度参与对教育中"人"这一主体的唯一性提出了挑战。在技术层面，机器人在功能上开始具备自我意识与自主学习能力，在现实中机器不仅能够通过深度学习与人类棋手对战并获得胜利，在艺术创造活动，如诗歌创作上机器所创作的诗歌与人类作者也难分轩轾；而从伦理与权利层面上，人类机器人索菲亚被授予了公民身份并被聘请为人类历史上首位 AI 教师。机器的"人化"从伦理上对教育的主体界定提出了挑战——是否能够将机器作为教育的重要主体之一，若将机器作为教育的主体，其与作为教育者与受教育者的人的分界需要被进一步明晰，即机器与人在职能上如何分界，在哪些教育实践活动中机器作为手段、工具、客体，而在哪些教育实践中作为与人交互的活动主体发挥作用。另外，机器对人类行为的模拟乃至超越，引发了个体自我认同的深刻焦虑。机器，作为人类智慧的产物，虽源于人手，却日益展现出对人类角色的替代趋势。在这一过程中，人类自身趋于物化，而其所创造的产品在品质层面已然超越了这种物化状态的人类，从而导致了一种"创造者与其创造物角色颠倒"的现象。机器所具备的完善性与再生性潜能，和人类自身的有限性与不完美性形成了鲜明对比，这进一步促使那些感受到自身被物化的人类产生了一种类似于"普罗米修斯的羞愧"① 一般的情感体验——对于自身被自己所创造之物超越的深切羞耻与不安。人被自己所创造的机器的优越性与权威所震慑，人的眼光变成了机器的眼光，人的标准变成了机器的标准，人的感情也被机器化了②。因此，当教育中的人自感在知识储备、学习能力上逊于机器时，不免对教育的价值与意义产生怀疑，甚至质疑自我的生命价值。

后人类时代的重要特征在于对具体生活世界的抽象与存在空间的虚拟化压缩，物质世界风景突然透明，立体的生活世界被扁平化。在后人类时代，远程在场是人的重要存在形态，其不存在于真实的空间—时间之中。因此，通过即时传输的革命，在虚拟的存在中，人们接受了"普遍化了的到达"，一切到达的事物不需要出发，因此，旅程也就丧失了构成它的相互连续的组成部分，而仅仅顾及到达。③ 在"普遍到达"的时代，教育面临着过程性丧失的危机。

教育的过程缺失可能导致人类认识活动的真实性危机。在后人类时代，在线教育逐渐普及，远程在场的教育形式将

---

① 安德斯所提出的"普罗米修斯的羞愧"这一论点。普罗米修斯是希腊神话中的巨人，他用泥土和水照神的模样塑造了人，并盗来天火送给人类。安德斯用这一形象隐喻人类与人类的创造精神，并以"普罗米修斯的羞愧"描述人如何在他所制造的机器面前感到惊叹并由此感到自愧不如。

② 〔德〕安德斯：《过时的人——论第二次工业革命时期人的灵魂》（第一卷），范捷平译，上海译文出版社，2010，中译本序第 14 页。

③ 〔法〕保罗·维利里奥：《解放的速度》，陆元昶译，江苏人民出版社，2004，第 22 页。

逐渐挤压真实的课堂发生，在线教育不仅仅止步于知识的传递，而可能通过脑机接口（BCI）等技术使个体身体的感知能够被转移到一些机械上，如转移到传感器、感觉器与其他探测器上，以此填补远距离触觉的缺席。因此，后人类时代的教育活动可以不再是在现实世界的"具体在场"，而是一种"谨慎的远距离在场"。这种技术的便捷性特征导致现实世界中身体动态行为与感官体验被转化为视听信息的静态传输形式，从而可能诱发主体的行为惰性——个体将其运动与空间位移的能力委托给探测器等装置，这些装置随即向主体即时反馈远端的真实情况，从而可能削弱主体自身对直接感知真实事物并理解其内涵的能力，进而对其认知与体验的真实性和深度造成不利影响。主体自愿地限制着他的身体对于某种动作、某些冲动的影响范围，他便从可动的人，变为自动的人，并最终变为机械的人。① 后人类时代的教育必须警惕，防止人类从机器的控制者沦为被机器奴役的存在物，警惕被技术剥夺对真实世界的感知能力、判断能力与敏感度。

过程性缺失可能导致知识生产过程中对路途与景深的遗忘。后人类时代构筑了全世界都全程在场的社会图景，是一个没有未来、没有过去的直接性事物的社会。当客体性事物通过远程通信以光速直接地呈现在教育主体面前时，主体与客体之间便会失去本应存在的"路程性事物"，而失去它，主体便不可能深刻理解随着年月流逝而相互接替的各种不同的世界观体系，因为正是传输所承载的速度的本质导致人类环境的"景深"

---

① 〔法〕保罗·维利里奥：《解放的速度》，陆元昶译，江苏人民出版社，2004，第23页。

的——人类环境光学厚度的一场衰变①。因此，后人类时代以远程在场为主导的教育形式在认知内容缺乏历史的厚度、缺乏本土的特色、缺乏个体的感受，在认知情感上是模糊的、含蓄的、缺乏共情的，技术直接提供结果的便捷性导致了教育主体的惰性，即只需要在原地等待三维具体而丰富的世界被算法数据化后"冲进"自身，而客体事物在被取来匆忙应用过后便被丢弃，并不在教育主体内部留下痕迹，教育主体成为信息流动的中转站，或是信息的处理器，在教育中失去过程性的人也将失去感受性、失去主体性。

在人工智能的急速发展下，机器人难以突破的边界在于两点：一是人类心思的奇异性/创造性，即自然人类所具有的创造奇异和神秘的能力；二是未来性/可能性，即自然人类具有指向未来的大尺度筹划能力。② 不确定的技术时代可能指向人类发展的二条迥异之路，当算法、数据接管繁杂的人类事物，人类或是主动退守到狭小而惬意的数字囚笼之中，温和地走入"奇点降临"的良夜之中，或是乘技术之便，走上自由全面发展与终身教育的理想之路。

技术乐观主义者与赛博格的支持者倾向于，后人类时代的到来可能为实现人的自由全面发展提供机遇。首先，人工智能作为一种关键性的生产力要素，具备革新生产方式并提升生产效率的潜能。这一变革性力量能够促使一部分劳动者从重复性高、危害性大、体力消耗重的劳动任务中解脱出来，使人类拥有更多的可支配时间，以投身于"自由自觉的劳动"之中，如

---

① 〔法〕保罗·维利里奥：《解放的速度》，陆元昶译，江苏人民出版社，2004，第 33 页。

② 孙周兴：《人类世的哲学》，商务印书馆，2020，第 285 页。

互联网中各种性质的非营利的、分享性的创造性劳动①，这一劳动则以终身性的学习活动为基础。其次，以共享性为原则的智能技术的发展为信息、知识的获取提供了更加便携的条件，从而可能使人类摆脱对物的依赖性，走向人的自由个性，促使创造性活动的发生，同时，万物互联的技术发展促进了人与人之间的直接交往，借助人工智能平台超越地理空间的限制，可能建立一种网络的自由人联合体形态，促进人们在"网络公社"的交往学习中实现人的发展。最后，赛博格的策略则提出拥抱技术所带来的对人类主体形态的颠覆，机械与有机生命的结合所产生的新的智能体与生命体，即赛博格，能够使人，尤其是被人文主义边缘化或排除在外的人摆脱自然身体的痛苦与社会关系的压制，走向一种更加平等、个性化、自由的发展之路。

但面对另一条路径，技术对人类主导地位的攫取使我们不得不抱有警惕与思虑。被技术宰制可能导致人类在智能活动、创造活动（包括教育活动）中的退场甚至湮灭。一方面，技术宰制之下要求尽可能排除具有偶然性的人的因素，构建人与机器肯定性统一的关系。生物技术的发展推进了人的机器化，力图使人的身体超越自然性、生物性、偶然性，通过人工改造实现对人的生物数据的掌控与主宰。人工智能技术与人机互联技术的发展则力图从内到外使人的灵魂数据化，使算法成为解释和认识人与世界的基本法则与思维方式。教育实践中，多模态数据采集，通过面容、表情、姿势等生理数据对学习者进行情

---

① 陈高华、赵文钰：《人工智能与人的未来：一条马克思的路径》，《江汉论坛》2022 年第 4 期。

感分析，实时监控学习者的智能纸笔，教育中技术手段的发展致力于监控、量化、精确化、数据化学生的学习活动，记录外在学习行为，挖掘内在情感活动，"我们的脸部表情、动作和行为习惯已经习以为常地被读取，成为对我们个体进行性格描绘的工具"[1]。因此，在后人类时代未来教育图景中，自然人可能成为一种稀少的偶然，而后人类则是人造的、被数据化及算法所规定的，其存在、认识与行为被设定，成为一种确定性的存在。在这种图景下，可能带来一种新的不同于人文主义规范下的，技术宰制下的人的正态、常态、规范性统一标准，从而产生新的技术对人的"管制"，或借助技术构建更严苛化的教育量化评价藩篱。在此图景下，自然人的自由精神、偶然性、个性所能创设的非逻辑思维、灵感、顿悟等创造性活动可能被压制，人类可能在数字全景化监狱中丧失创造与规划未来的主动权。

另一方面，后人类时代网络认知内容同质化、环境的封闭化可能导致人们进入了一个丧失思维能力、无差异重复和绵延不断的忧郁时代。[2] 后人类时代技术所带来的"脱域"仿佛给予人类脱离时间与空间限制的自由，瞬时的信息传导与无阈限的虚拟世界仿佛为人类构建了理想化的精神世界，能够从最高程度上给予创造性活动的文化环境与技术支持，但这一设想是过分理想化的。首先，技术作为一种新型的资本载体，在一定程度上难以避免资本的逐利性[3]，而在大数据、自动化的技

---

① 蓝江：《走出人类世：人文主义的终结和后人类的降临》，《内蒙古社会科学》2021 年第 1 期。

② Rosi Braidotti, *The Posthuman* (Cambridge: Polity Press, 2013), p. 5.

③ 张敬威、于伟：《从"经济人"走向"教育人"——论"教育人"的实践逻辑》，《教育与经济》2021 年第 3 期。

术掩盖之下，人的兴趣、需要与偏好在无意识下可能被资本主导下的数据所包围、引导甚至塑造，技术发展给人们带来的自我优越感使人自以为掌握了更加丰富、全面的信息，但实际可能被围困于"信息茧房"之中，从而迷失于资本所构造的虚拟世界中，创新所依赖的要素——新颖、独特的材料可能被设定好的数据选择标准所筛除。其次，在后人类时代，人类发展的可能图景是，常人的存在形态与创造者（精英）的存在形态两极化区隔愈加显著。在技术支配下，"常人"形态是个体被极端普遍化，因而极端虚空化，成为虚拟空间中一个无所不在的先验形式因子，也正因这种普遍主义的同一化进程，个体也淹没于虚无①，常人在技术、媒介与信息的交换中"娱乐至死"。而少数作为技术创造者的精英掌握了文化、政治、经济等多个领域的绝对控制权，从而对于教育应培养何种创造者提出了挑战，对于"培养什么人"这一问题的定位不清容易导致常人与精英的区隔性加强，不平等问题愈加突出，导致社会群体的创造能力极端化的问题。最后，后人类时代生物技术的发展，尤其是基因技术无节制地发展，可能造成人的确定性发展的隐忧，从而可能导致人类群体创造性的终结。哈贝马斯认为，基因干预可能会影响未来教育的发展，而二者的意向性是完全不同的。教育是一种人的"自然—文化"的完善过程，指向人的自我克服、自我超越，其指向是不确定的、充满偶然性的，因此为创造迸发提供了充分的空间与机会，而基因干预则在自然人发展的生物要素上加码，从而挤轧了人的后天发展的习得性因素，甚至基因干预与生物技术对人的改造可能造就一批完美的、相

---

① 孙周兴：《人类世的哲学》，商务印书馆，2020，第89页。

似的、确定的人，作为类的否定性、创造性与个性在这一过程中可能被抹杀。

在后人类时代，生物技术对人的"身体自然"的"替代"与智能技术对人的智力的"替代"，使自然人的独特性与至上性受到威胁，"维特鲁威机器人"① 的画作表达了后人类主义颠覆人类中心论、理性中心论等观念的隐喻。后人类时代对于未来人的本质、人的尊严、人的权利以及人与非人关系的预测与观念要求教育必须走出人类世，超越技术哲学、行为主义、工具主义等方法论上的认知，而以哲学为视角，考察后人类时代的教育本体论、认识论与价值论问题②，将后人类时代"人的本质"作为实现"教以成人"的基本参照系。后人类时代要求我们在展望现代科技的发展前景时，必须处理好人类中心的矛盾，唯其如此才能遇见危机、破除危机。看似悖论，实则教育必须以此为原则，在推进教育发展的同时持守"教以成人"的本质。

首先，人机相揖别的创造性为奇点指向人类智慧培养。在后人类时代，人与非人尤其是技术人工物的界限逐渐模糊，当后人类时代能够发展到人机互联甚至人机互融的形态下，人体增强能够实现对人类的身体、智力、情感、道德进行增强以突破自然人所能够达到的阈限，比如将芯片植入人脑中便能够从网络获取知识，那么人类还需要教育吗？抑或，未来的社会还需要经过后天教化的自然人吗？如果教育在后人类时代仍具有

---

① 达·芬奇于 1487 年前后创作了素描《维特鲁威人》，画面中央位置呈"大写姿态"站立的人是科学尺度测量和描摹的对象。1989 年，有画家依样绘制了一幅《维特鲁威机器人》画像，它与达·芬奇的原画比例完全相同，但其人物骨架是金属的。

② 刘复兴：《论教育与机器的关系》，《教育研究》2019 年第 11 期。

存在的必要，其必然不仅具有知识的传递性职能，而且发挥着技术人工物所难以替代的教化功能。

后人类时代的教育仍需坚守对人类本质的认识与对人类创造性智慧的培养。科学论视角下的后人类主义主张以技术手段实现人类向后人类的形态演化，其在本质上隐性的是建立一种新的后人类中心主义。批判后人类主义则提出在本体论层面消除主体与客体、人与物、自然与社会之间的二元对立①，其仍是从人的立场出发构建一种新的主体内在性的互动关系网络。二者是针对人类"排他性"而提出去人类中心的理念，但教育在后人类时代仍需以"人的发展"作为精神内核。就教育的本质来说，教育是人类所独有的遗传形式和交往方式，是人类自身的再生产和再创造。基因干预与人体增强看似以更加确定、更加快速的手段实现人的再生产，但其技术的不可逆性剥夺着人的主体性与能动性，技术伦理上的"善恶对价法则"可能对绵延数百万年的稳定的人性产生威胁，而正是这种通过持续的自然演化与后天习得所形成的人性决定了人之为人，也正是人性的紧密相连，才使人以群的形式站在一处，始成人类。因此，未来教育的重要目的一方面在于人类智慧的培养与发展，另一方面则是人作为类存在，其文明的传承与建构。而前者是实现后者的途径与基础。因此，后人类时代的教育应明确以人为对象，以人类的发展为目的，将人的权利、人的天性与人的尊严作为教育的基础，将人类的抽象能力与想象能力作为思维培养的核心，将人的偶然性、个性、否定性作为区别于机器学习的人性奇点，将人类智慧中所特有的创造性、奇异性、规划性作

---

① 王行坤：《"后人类/人本"转向下的人类、动物与生命——从阿甘本到青年马克思》，《文艺理论研究》2018 年第 3 期。

为培养重点,将人类世界路途与景深的呈现作为教育的重要方式。"人的记忆力、读写算这些基础性能力不应因智能工具的发展而受到冷落,不能因智能工具运用降低人的视力、弱化人的体魄,不能让计算思维代替人的文化想象力,不能因为智慧课堂的普及减少人类生活中的自然风光、文化符号、诗歌和吟唱。"[1]

其次,打破人类中心主义构建人机交互教育网络。后结构主义认为,人是一种被建构的存在,他既有诞生,也有终结。而这里所指的人既非生物学物种的人类,也非人类的心理学和社会学实在,而是指人类表象力量对特定的时代来说是或不是知识客体[2]。在后人类时代,世界从"人类世"向"人机世"转变,认识的主体、客体及其过程性发生了本质的改变,我们难以脱离智能技术所创设的新世界,因此应审视并重构教育中与机器的互动关系,适应新的知识生产方式。

在教育中构建"人是目的"的人机互动关系。教育必须将人作为认识的主体与客体,将真实的经验内容作为认识的先决条件,将技术条件下的虚拟体验作为认识的关键辅助。第一,后人类时代的教育必须将人作为重要的学习对象与研究客体。人的具体存在是由生命、劳动和语言所决定的,而在后人类时代,生物技术、人工智能对人类的"替代"可能使人的本质存在条件发生改变,因此,对构成性主体的人的研究是后人类时代生命科学、信息科学与人文科学的主要任务。另外,"学会做人"仍是后人类时代教育的重要目标,在智能教育环境下应

---

[1] 张务农、贾保先:《"人"与"非人"——智慧课堂中人的主体性考察》,《电化教育研究》2020年第1期。

[2] 莫伟民:《主体的命运》,上海三联书店,1996,第135页。

接纳人类与非人类的相互触动，但要注重人与机器的"平等主体性"，确保在人机交互甚至融合的形态下人能够不被技术所奴役，保持人类主体的理性与自我意志。第二，后人类时代的认识论的重要威胁在于伴随着理性与科学的膨胀而来的人类经验的枯竭。后人类时代技术的发展可能改变限制人类知识的因素——时空形式与范畴框架，因此，在教育中，即使某些认识过程能够被技术所替代，但涉及人的想象能力与抽象能力的认识过程是不能被替代与省略的。教育必须提供给教育者真正的经验内容，首先应是具身的，即通过人的真实身体来感知，而非通过传感器；其次应是多元主体互联的，关涉人与机器、人与他者、人与自身的多重关系，构建多点、互联、真实的聚合性关系网络；最后应是过程性的，通过协同虚拟世界与现实世界的关联性以确保学习者认识世界的路途与景深，使主体的经验具有感受性、文化性与凝厚性。第三，后人类时代的教育需要警惕隐藏在技术因素下的权力意志的影响。一方面，教育作为一种公益性事业，需要对技术发展下良莠不齐的教育形式与内容进行法律与政策上的规定，防止教育被资本意志所裹挟与操纵；另一方面，教育的重要培养目标是唤醒与培养的人的否定性，即"能对获准作用于我们身上的知识和权力进行永恒挑衅"[1]，在否定与自否定中实现人类永恒的创造与超越。

在知识生产过程中需重构"后人类观"，以开放的态度构建一种聚合性的互动关系网络。后人类主义提出应摒弃传统人文主体中人的"排他性"，人们将不再理所当然地认为自己凌

① 莫伟民：《主体的命运》，上海三联书店，1996，第 165 页。

驾于一切之上（包括技术、自然物等），因为二者是共存的，而且人是被形塑的①。因此，在后人类时代的教育中，需要建立一种思维范式的心灵生态，人类不再作为世界的特殊观察者和解释者的身份游离于世界之外，而是认识到世界参与了它自己的"内部活动化"②。知识生产不再是传统人文科学下的孤独的天才的创造，而更多的是群体的、分工明确的、模块清晰的"数字人文"团队的创造，人必须认识到"我的知识是更广泛的综合知识的一小部分，而综合知识编织了整个生物圈或造物"③。知识生产的主体应该是在聚合性网络中流动的，具有主体间性特征，人与非人都应被承认为行动者，而人的主体性与自我身份则是在共同体的行动中被建构与形塑。因此，教育应积极构建人与非人类相互触动的行动者网络，并形成"网络公社"等形式的自由人联合体，借助网络平台促使人的自由全面发展。

再次，基于"善恶对价法则"划定教育技术伦理红线。技术乐观主义者对科学技术一直给予褒义的解释，认为技术在本质上是中性的，服务于善的目的便会产生善的后果。但现实却是，技术有多大能力服务于善，便有多大能力服务于恶的目的，产生恶的后果，这便是技术在后果层面的"善恶对价法则"④。

---

① 左璜、苏宝华：《"后人类"视阈下的网络化学习》，《现代远程教育研究》2017 年第 2 期。

② K. Barad, *Meeting the Universe Halfway: Quantum Physics and the Entanglement of Matter and Meaning* (Durham: Duke University Press, 2007), p. 171.

③ G. Bateson, *Mind and Nature: A Necessary Unity* (London: Wildwood House, 2002), p. 82.

④ 李河：《从"代理"到"替代"的技术与正在"过时"的人类?》，《中国社会科学》2020 年第 10 期。

因此，在教育中，后人类时代生物技术所进行的人体增强、基因干预可能使人性陷入一种不确定的危险之中，人工智能等技术的发展也可能造成教育的不平等加剧等价值问题，因此，后人类时代的到来要求教育在价值论上有所思虑。在后人类时代，"何以成人"的内涵发生了价值的转向，一方面，传统人义主义教育中人的至上性被挑战，人与非人的地位需要被重新考量；另一方面，教育的价值指向仍需以人的天性、人的权利与人的尊严为价值衡量的基本参考单位，培养后人类时代的"新人类"。

教育的重要价值在于给予人情感体验，实现人的社会化发展。人类存在的最重要的意义，并非由于物质性设计，而是人类所独有的全部情感，让人产生了生存意向、欲望、情感、动机等意识，这是人类生存价值的重要源泉。情感是后人类时代人机相揖别的重要奇点。因此，在未来生物技术对人的"增强"中，教育必须保护人类的全部复杂性、进化而来的禀赋，关注人的情感、个性、偶然性与创造性。后人类时代的教育必须以"完整的人"为教育目的，保护学生的天性与自然权利不受到基因干预、人工增强等技术滥用的影响，而是通过教育实现学生天赋潜力的激发，培养人的认知、理性与情感的整全发展。

教育需要警惕后人类时代技术所带来的新的平等问题。第一，教育需要警惕基因编辑所带来的平等问题。后人类时代技术在赋予人前所未有的能力的同时，可能是富人与穷人之间产生生物学意义上的鸿沟：富有的精英能够将其自身或其后代设计成为生理和心理能力都更高等的"超人"，人类由此分裂为不同的生物阶层，先前的社会经济阶层系统可能转化为生物阶层系统。① 对于这一预测,一方面需要在政策上为技术划定伦理红线进行管制;另一方面,教育需要在平等问题上进行平衡与调控的职能,而不是成为阶层再生产的手段与工具。第二,教育需要关注现已出现的技术格差所造成的数字鸿沟问题,对于信息素养与认知能力不同的受教育者进行有针对性的技术引入,建立人与机器深度的、密切的交互与融合,以技术赋能填补信息沟壑。

---

① 〔美〕弗朗西斯·福山:《我们的后人类未来》,黄立志译,广西师范大学出版社,2017,第 x~xi 页。

第四章

指向"育人"的教育景观构筑意向

　　意向性不仅标识出人与世界的理论关系，而且还标识出它们之间的实践关系。

——黑尔德《世界现象学》

引　言

　　本章提出，教育景观的构筑应避免功绩景观社会下的"经济人"意向，这并不是指向结果的技术意向，而应是指向"育人"的教育过程性意向。具体来看，新时代对人才要求的提高，致使现有的"经济人"逻辑下教育育人意向与社会需求不适应，伴随着反馈滞后期内的"经济人"逻辑教育实践结果指向失效，教育的投资收益规则改变，"经济人"逻辑下的反馈体系进而崩塌。"教以成人"不仅是以"人"为中心的教育实践指向，更是新时代走向繁荣的战略选择。但教育实践的反馈机制应结合滞后性特征。教育意向直接指向对学生发展的未来预期，同时教育效果也具有滞后性特征。教育并非历史的塑造与改变，而是人的生成与发展，滞后性导致了教育实践出现两个困难环节：第一，教育方向选择的预测性困难环节；第二，教育反馈对教育实践延迟性验证所带来的修正性困难环节。忽视这两个由滞后性带来的困难环节则会使施教者造成错误的教育实践因果关系假象。因此，应采取教育实践的反馈机制，应遵循递进性原则，教育评价体系应结合人的发展特征与人性选择偏好，教育评价应遵循教育目标的协整性原则，技术使用意向应与教育"培养人"的意向相统一，将培养"经济人"的逻辑转变为培养"教育人"的逻辑。

"建设教育强国是中华民族伟大复兴的基础工程，必须把教育事业放在优先位置，深化教育改革，加快教育现代化，办好人民满意的教育。要全面贯彻党的教育方针，落实立德树人根本任务，发展素质教育，推进教育公平，培养德智体美全面发展的社会主义建设者和接班人。"[①] 新时代需要新的人才累积与释放形式，以孕育新的发展机会与发展模式[②]，从而更为突出了培育怎样的人、如何育人的重要性。将人看作他者手段的教育逻辑不仅忽略了人的主体性价值，同样违背了新时代对人才培养的要求。

---

① 习近平：《决胜全面建成小康社会　夺取新时代中国特色社会主义伟大胜利——在中国共产党第十九次全国代表大会上的报告》，人民出版社，2017，第 45 页。

② 厉以宁、蒋承：《人力资本释放与深化改革》，《北京大学教育评论》2020 年第 1 期。

第一节 指向全面发展：教育育人 意向性的持守

新中国成立 70 多年来的教育实践已经取得了令人瞩目的成就，并积累了宝贵的"人口红利"，我国的经济改革分为两个阶段："第一阶段是通过改革，早日使经济脱离第二类非均衡状态。第二阶段是通过改革，使非均衡程度不断缩小。"[1] 这两个阶段时刻影响着人才需求指向与教育指向。脱离第二类非均衡状态[2]的目标指向培育更多活跃的市场参与者，而缩小非均衡程度的目标则指向了高精尖人才的培养。"没有大批科学研究人员、专业人员、熟练技工，就谈不上科技领域的新突破，也就不会出现新的资源红利。"[3] 在知识经济和信息社会背景下产业升级与经济发展质量提升的迫切要求直接对教育提出了诉求。进入新时代，中国加快向创新型国家前列迈进。当前，新一轮科技革命和产业革命正在孕育兴起，重大科技创新正在引领社会生产新变革。把握新机遇，迎接新挑战，必须着眼未来，推动教育变革，抓紧培养能够适应和引领未来发展的一代新人，

---

① 厉以宁：《非均衡条件下的中国经济改革》，《改革》1991 年第 2 期。

② 非均衡是与瓦尔拉斯均衡状态（Walrasian equilibrium）相对应的概念，瓦尔拉斯均衡是一种假设存在着一种完善的市场在灵敏价格体系条件下所达到的均衡状态，恒等式 $\sum P_i D_i = \sum P_i S_i$ 被称为瓦尔拉斯定律。厉以宁认为非均衡状态不是单一类型的第一类非均衡状态的特征是市场不完善以及价格信号不灵敏，第二类非均衡状态的特征则是同时还指市场缺乏具有活力的、能够自主经营自负盈亏的，具有独立市场决策权力的企业或个人。

③ 厉以宁：《中国经济双重转型之路》，中国人民大学出版社，2013，第 283 页。

特别是培养集聚大批拔尖创新人才，加快实现我国整体科技水平从跟跑向并行、领跑的战略性转变。随着"用人"与"育人"的密不可分，人的终身学习、全面发展以及非生产性技能培养等问题都变得愈加具有现实意义。无论立足经济、科技发展角度还是教育实践角度，都应重新将探讨的焦点回归到"人"本身的问题上。

随着新时代的到来，社会对人才标准要求的显著提升致使当前基于"经济人"假设的教育实践成果难以有效契合社会发展的实际需求。在反馈机制的滞后期内，"经济人"逻辑指导下的教育实践成效趋于失效，教育投资回报率的既有规则因而发生转变。在此背景下，构建于"经济人"理论之上的教育反馈体系将面临解构与崩溃的风险。无论从教育原理角度还是社会需求角度，教育的实践逻辑都亟待变革。应以顶层设计推动教育实践的变革，"教以成人"不仅是以"人"为中心的教育实践指向，更是新时代走向繁荣的战略选择。

应大力推进教育理念、体系、制度、内容、方法建设，着力提高教育质量，促进教育公平，优化教育结构，更加注重以德为先、全面发展、面向人人、终身学习、因材施教、知行合一、融合发展与共建共享。① 明确中考与高考的教育考核与人才选拔的双重属性中育人的核心地位，通过综合评价的顶层设计导向基础教育中的教育实践，使教育实践的应试方向与"教以成人"的育人理念相统一。通过教育考核属性促进教育实践回归"人"的中心点，通过人才选拔属性倒逼教育实践确立培

---

① 中共中央、国务院印发《中国教育现代化 2035》（2019 - 02 - 23），https://www.gov.cn/zhengce/2019 - 02/23/content_5367987.htm，最后访问日期：2025 年 3 月 21 日。

养"人"的教育目标。

在教育实践中可以分为两类教育群体，少数一类是明确自主性教育目的的群体，多数一类则是教育目的盲从化的群体。教育目标的确立不应仅停留在理论层面，也不应仅作为少数精英阶层通过稀有的"真知"而选择的"灼见"，大众的教育应该为大众所接受，通过合理的反馈制度对教育参与者进行引导与修正，使施教者回归"教育人"逻辑的行动主线。人们在进行实践选择时往往具有反身性（reflexivity）[①] 特征，第二类群体的教育实践选择往往取决于更直接的反身性刺激，因此完善教育实践的反馈制度应根据教育的长远目标合理设定体系性短期目标，从而使参与者在进行实践中不脱离教育指向。增强教育实践中符合"教育人"逻辑导向的反馈制度，使施教者能够在教育实践中及时得到反馈，对自我效用认同的同时明确教育方向。

教育实践的反馈机制应结合滞后性特征。教育目的直接指向对学生发展的未来预期，同时教育效果也具有滞后性特征。教育并不是对历史的直接塑造或改变，而是着眼于人的内在生成与全面发展。教育实践中的滞后性特征引发了两个显著且复杂的困难环节。其一是教育方向选择的预测性难题，即难以精确预见并确定最适宜的教育导向；其二是教育反馈对教育实践延迟性验证所带来的修正性困难环节。这两个由教育的滞后性所带来的困难环节可能导致教育者对教育实践因果关系的错误

---

① 由索罗斯（George Soros）提出，指投资者根据掌握的资讯和对市场的了解，来预期市场走势并据此行动，而其行动事实上也反过来影响、改变了市场原来可能出现的走势，二者不断地相互影响。这是一种主观选择与客观环境互动影响的理论。

理解，形成虚假关系假象。应使教育实践参与者明确教育的滞后性特征，理解教育中的生成性规律，不以短期的量化评定作为教育评价的唯一依据，将教育评价的周期与人的成长周期相契合、考核反馈与人的成长反馈相结合。人们对教育的滞后性理解程度直接关乎对"教育人"逻辑的接受程度，评估不确定性的未来无法得到确定性的结果，面向未来的教育是人的教育，而非获取评价等级的教育。教育培养人适应未来的不确定性，而非以确定性的方式规定人的发展空间与方向。规定性的评价系统是基于人的发展的长期目标而设定的短期目标，对人的评估是培养人的手段而非目的。应使教育参与者明确教育的滞后性特征、人的发展规律以及阶段性评估的产生缘由，将教育的聚焦点从短期目标转移到人的发展长周期中来。明确教育的短期目标是为"教以成人"的长期目标服务的，是辅助性措施而非终极目的。

教育实践的反馈机制应遵循递进性原则。此处的递进性不仅指知识考核难度与范围层级角度的递进，同时包含教育引导的关联性递进。反馈机制的递进性不仅局限于考核难度本身，还涉及对教育参与者的生态黏性（ecological stickiness）①，使受引导者更为自主地在递进的关联性中接受且遵循引导。"在这种情况下，虽然结果也是事实，但它却不能作为判断参与者的思想是否正确的独立标准，因为它依赖参与者想什么和做

---

① 生态黏性原指由于具有互联性数字化产品所形成的数字化生态圈对产品选择偏好的影响作用，即使使用者选择其已使用互联系统内的其他数字化产品的意愿持续性加深。在此指教育的选择偏好会受到实践者所处教育生态圈的影响与引导，并且在沉没成本与已获得的其他配套性资源的共同作用下，坚定偏好且持续付出。

什么。"① 在教育实践参与者的看来,其所判定的事实已包含了其前提性的认知,关联性的递进式反馈机制则承担着两方面任务:第一,教育实践参与者的前提性认知塑造;第二,教育实践参与者对教育实践的方向性引导。从而关联性的递进式反馈机制能够塑造教育实践的良性生态,并且使参与者自愿遵循教育生态内的基本原则且认同教育培养的基本目标与方向。多层级的频繁反馈会降低单一反馈的影响力,从而遏制某一单一反馈(如中考、高考)带来的部分违背教育本意的衍生现象(如应试性教学)。通过具有指向性设计的教育实践反馈,时刻明晰教育实践方向,使教育不致成为一种营利性商品。从而,以系统化、导向化的教育反馈机制冲击市场化投机反馈,聚焦人的终身培养。

马克思把片面发展的人称为"只承担一种社会局部职能的局部个人",而把全面发展的人称为"把不同社会职能当作互相交替的活动方式"的个人。② 人的全面发展作为一种理想、追求和信念涵盖了教育对人的综合性指向,包括完整发展、和谐发展、多方面发展和自由发展多个维度。③ 片面化、单一化的教育目标虽然有利于更清晰地导向教育实践,但是脱离了人的综合性与全面性,也违背了教育的根本目的。教育的考核内容直接决定了教育实践的发展方向,引导教育实践参与者以"教育人"逻辑进行教育实践需发挥正确的认识考核的指向作

---

① 〔美〕乔治·索罗斯:《开放社会——改革全球资本主义》,王宇译,商务印书馆,2001,第28页。
② 陈桂生:《全面地历史地研究马克思主义关于人的全面发展的理论》,《教育研究》1984年第8期。
③ 扈中平:《"人的全面发展"内涵新析》,《教育研究》2005年第5期。

用且合理利用考核带来的教育衍生范围。单一的考核方式是以知识性内容为出发点的教育指向，致使教育参与者为追求更好的考核绩效而选择片面的培养方式，致使受教育者脱离人的全面发展的教育主线，成为"只承担一种社会局部职能的局部个人"。所以，使人全面发展的教育应该利用考核方向的制定作为引导策略：解构教育的综合性，将复杂的教育目标在教育导向下分解为相互作用的子目标，以教育评价为主要手段构建教育实践分阶段、分方向的发展路径，使教育的综合性与导向性得以兼顾，才能使教育实践参与者更进一步接受与清晰把握教育的导向。

教育评价体系应结合人的发展特征与人性选择偏好。教育评价"所蕴含的价值是多元化和多样化的，但在本体论的思维方式和理性的绝对化的作用下，教育评价中激励、调节、发展、育人等多元价值不断受到排斥和消解，其甄别选拔的一元价值备受推崇和发扬，而甄别选拔价值的实现目前只有借助分数这一中介才能更好完成，这在一定程度上催化了'唯分数'评价的产生"①。教育中多元价值的失落与"唯分数"评价的倾向直接局限了教育与学习内容的范围。教育考核内容具有延展性，应对考核而学习的内容范围往往会涵盖考核的规定范围，且在考核方向上有所延伸。教育参与者在自我机会收益（opportunity benefit）② 的牵引作用下与他者机会收益的比较激励下，为了获取更优异的成绩会对考核的内容与意向进行预测，从而扩大受

---

① 刘志军、徐彬：《综合素质评价：破除"唯分数"评价的关键与路径》，《教育研究》2020年第2期。
② 由失去或放弃某个收益才能够取得的某种收益，在此指教育内容的选择与分数的提高之间的关系。

教育者的学习范围以应对范围内的不确定考核内容。所以考核的方向性引导需要重点考虑两个方面，一个是直接考核的内容本身，一个是由直接考核内容所衍生的间接考核范围，间接考核范围直接决定受教育者的学习范围。合理地设置考核模式，才能引导教育实践参与者以"教育人"逻辑参与教育实践，将理论层面的倡导性教育目标转换为实践层面的牵引性教育目标。人是对象性的存在物，"五官感觉的形成是以往全部世界历史的产物"[1]，"人的对象性关系的全面生成，就是人通过与世界多式多样的关系，全面地表现和确证自己的本质的完满性"[2]。只有综合性的教育才能为作为对象性的人提供更为全面且多样的关系网络。然而在单一的教育目标下，教育实践往往选择知识性目标作为主要的培养与考核方式而忽略了同样极为重要的非知识性目标。单一的知识性目标或知识性考核形式都是对人的心智与道德的忽视，对教育片面化解读。只有将教育的综合性明晰化、系统化地呈现，才能使教育的逻辑更为清晰地展现，使教育实践有章可循，在促进人的全面发展的方向上不断前行。

　　教育评价应遵循教育目标的协整性原则。协整性要求教育综合评价的设立需要遵循多重原则：第一，遵循以"教以成人"为中心的目的性原则，强调教育是培养人的核心目的；第二，遵循可考核性原则，尊重教育考核的竞争性与选拔性作用，在对教育实践进行有效引导的同时保障教育公平与选拔公平；第三，遵循教育目标之间的关联性原则，教育使人全面发展而非单一发展，通过考核的倒逼作用与辐射作用，预测教育实践

---

[1]　《马克思恩格斯全集》第 42 卷，人民出版社，1979，第 126 页。

[2]　丁学良：《马克思的"人的全面发展观"概览》，《中国社会科学》1983 年第 3 期。

的开展方向。通过教育综合评价的体系性设立，结合教育实践中的期望效用规律，有效利用教育综合评价的考核性质与引导性质，通过可见性的目标设立引导不可见的综合素质教育。

第二节　重审人技关系：技术意向性与教育目的性统一

技术使用意向应与教育"培养人"的意向相统一。后人类时代是充斥着技术人工物的时代，而技术人工物的功能是被设计出来的，其拥有"被认为应该作……之用"的指向。技术人工物在诞生之初便被赋予了一种确定的意向性，即"脚本"。①技术人工物的意向性一般以有用、合用、便捷为特征，更多指向结果性的迅速获取，如通过网络实现信息的上传与下载，通过算法进行数据处理与输出。而当技术无节制地涌入教育领域，技术的结果性意向可能会打乱教育的过程性意向，造成意向性割裂的问题，甚至使教育的意向被技术意向所压制、所替代。因此，在后人类时代的教育技术应用层面，必须以教育"培养人"的意向引领技术的使用意向，明确技术的居间作用，厘清技术的居间关系，避免技术的膨胀对世界与主体的两极侵蚀而导致主客体虚无。基于此，教育中的技术使用必须为人的主体性与教育的过程性服务，教育中技术人工物的意向应直接指向学习的过程性呈现、思维的发展呈现、主体的经验呈现、反思的呈现。

近年来，教育现代化的战略安排、社会需求的日益强烈以

---

① 苏慧丽、于伟：《路途与景深：指向过程性的教育技术意向变革》，《电化教育研究》2021 年第 7 期。

及技术的迅猛发展，均在不断变革教育中的技术作用模式，技术日益成为教育发展的新引擎。而在教育领域中技术的盲目引入、滥用与误用导致了现实教育实践中技术的异化，究其根源在于对技术意向性与教育意向性的混淆与割裂。意向性一词最初由胡塞尔从布伦塔诺（F. Brentano）与笛卡尔（René Descartes）的哲学中移植并进行了进一步解释，"意向性，它构成自我学的生命之本质……就是'思维活动'，例如在进行体验，思想，感觉等等时，意识到某物等等，因为每一个思维活动都有它的所思对象。每一种思维活动，从最广义上说，都是一种以为"①。意向性作为一种心理现象的决定性要素，其将对象包含于自身之中②，主体亦通过意向性对客体进行认知、定义与运用。"意向性的'构成'功能表明，意向活动和意向对象之间的相关性并不是静态的，而是相互的和共同发生的；'主体'的'世界'是在这种构成中形成的，而'主体'自身也是在这个过程中构成的。"③ 意向性是哲学世界，尤其是语言分析与认知主义近年来讨论的重要概念。唐·伊德首次将意向性的概念应用于技术与人工物之中，提出技术意向性的概念，技术意向性包括双重意义：一方面代表技术产生之初被赋予的使用性意义，一方面代表技术在被使用时的导向性意义。教育中的技术意向性不等同于一般的技术意向性，技术不仅发挥着创造之初被赋予的使用性意义，还承载着指向"人的发展"的教育的导向性意义。因此，厘清教育中技术意向性的含义与功能是实现

---

① 〔德〕胡塞尔：《欧洲科学的危机与超越论的现象学》，王炳文译，商务印书馆，2017，第108页。
② 〔美〕赫伯特·施皮格伯格：《现象学运动》，王炳文、张金言译，商务印书馆，1995，第79页。
③ 韩连庆：《技术意向性的含义与功能》，《哲学研究》2012年第10期。

教育实践中技术应有效用的前提与基础。

在教育实践中，出现了技术失效与异化等现实问题，教育中的技术意向性异化可归结为三种原因：其一是教育中技术本身的意向性含混，其二是教育中技术产生与使用过程中由经验脱离而产生的意向偏置，其三是由资本的渗透导致的技术意向的价值偏离。

直接原因在于教育技术意向的居间作用含混。技术意向性的累积与意向性体系的形成，为教育构建了一种具有指向性的技术情境。这种情境具有双重含混性：一方面任何一种技术人工物都可以置于多重使用情境之中；另一方面任何一种技术意图都可以由各种可能的技术来满足。① 这种含混性直接导致了教育情境指向的不确定性，因而教育目标对技术的选取、组合与使用提出了更高的要求。在当前的教育技术应用中，存在着纵向的教育技术意向割裂与横向的教育技术意向混淆的问题，不可避免地导致了教育技术意向的异化。

纵向上，不同的教育技术主体的意向具有单一的偏向性，从而导致了不同层级主体教育技术意向的割裂，从而使教育技术的实效性被大大消减。在当前的教育技术中主要存在三重主体的意向性：技术制造者的意向、技术使用者的意向以及技术接受者的意向，这三种意向如果没有得到统一，则会出现纵向的教育技术意向断裂的状况。在教育技术应用实践中可以发现，技术制造者的意向依据技术产生的目的——"为作……而产生"，其带有鲜明的目的指向性，却往往欠缺对应用环境复杂性（包括使用情境复杂性与技术组合复杂性）的全面预测；技

---

① 〔美〕唐·伊德：《技术与生活世界》，韩连庆译，北京大学出版社，2012，第146页。

术使用者的意向以实际使用为目的——"完成……任务",其核心在于在复杂的环境中借助技术提高任务完成效率;而技术接受者实际接受的意向则源自综合感官与已有经验,是目标指向与环境偶然性的结果。以教育实践中最常使用的 PPT 为例,PPT 技术的制造者以使用者便捷展示、图文结合与增强观看者的视听感受为制造目的;而教师作为使用者则可能以方便重复播放、以图文代替板书提升效率、吸引学生注意以便完成教学任务为使用目的;作为技术接受者的学生则可能由于信息流过大而难以筛选有效信息,或由于感官受到冲击忽略过程性信息,PPT 有可能在视觉感官冲击加强的同时削弱学生主体思维的意向性。由此,便出现了导向性(directionality)的异化,并出现了导向性之外的轨迹(trajectory)。多媒体技术的设计者对该技术铭刻了感官加强的功能,并以此希望这种铭刻的功能能够对使用者进行目的导向与牵引,但是技术使用者与接受者所处情境的复杂性,容易使这种牵引脱离其原本的设计轨迹,导致效果的消减甚至缺失,而各自意向性的断裂导致技术的功能性在教育实践中被弱化。

横向上,主体对关系性的混淆导致了意向性的价值含混与技术错置。技术并不是中性的,技术在设立之初,便已经对其"作为……的技术"有所限定,也规定了人与该技术之间的牵连形式,这种关系形式直接指向其作用与价值。技术所发挥的居间作用能够清晰地揭示其使用的方向与所需解决的问题,但是在教育实践中由于身处技术生态之中,施教者与学习者可能形成技术选择者与技术体验者的割裂,技术选择主体常常忽视对技术关系的明晰把握与批判反思,选用技术时对关系性的疏离不清直接导致了技术功能重复、低效与技术适应性的欠缺。

例如，当人工智能作为一种他异关系的技术出现时，人工智能的准生机与准他者性的特性决定了其意向性体现在其与学生的互动关系上，人工智能能够对学生的主观活动进行相应的反馈与指引（其中同样包含了部分的诠释关系与具身关系），但是在现实的教育实践中，当使用者不明晰这种技术的使用指向时，常常出现在教育中将人工智能单纯地作为一种以诠释关系为主要方向的技术存在，从而使人工智能的技术功能弱化，人工智能与学生原本他异的互动性关系由于使用者对其价值定位的模糊而边缘化，其教学效果必定有所折扣。当本该承担某种特殊居间作用的教育技术未能承担其职责之所是，诸多教育技术形式所构建的教育场域也变得弱化与片面化。

深层原因在于经验脱离的意向偏置。教育中的技术为学生提供了一个多重意向性构成的拟真碎片世界，以突出有助于学习的正相关要素、削弱阻碍学习的负相关要素为指向，促进学生更为高效地学习。然而学生的真实生活与技能运用均处于一个丰满的完整世界之中，并且以自身的全部经验构建其判断、决策以及认知。学生的身体本身是一种作为经验存在的"活的身体"（corps vecu）[1]，意向化的教育场域能否适用于培养学生在真实生活中的能力是重要的挑战，技术在使教育高效的同时也为自身设定了局限，"小孩的推断和他的实践思维则首先具有实践和感性的性质。感性的禀赋是把小孩和世界连接起来的第一个纽带。实践的感觉器官，主要是鼻和口，是小孩用来评价世界的首要器官"[2]。不论是成人抑或学生，都通过所处的世

---

① "活的身体"指作为身体的经验存在，区别于政治、文化与社会构建而存在的身体。

② 《马克思恩格斯全集》第 1 卷，人民出版社，1995，第 142 页。

界来完成自身,"人的对象性关系的全面生成,就是人通过与世界多式多样的关系,全面地表现和确证自己的本质的完满性"①,而技术在教育中的不当使用则容易引起学生因经验脱离而产生的教育意向偏置。

教育中的技术是无法脱离真实生活经验的技术。"一切技术都是'身体技术'(technique du corps)。它使我们的肉的形而上学解构具象化并予以扩大,其既是可见他者的又是他者可见的,每个人都是每个人的镜子。"② 人类对外部信息的接收,约65%通过视觉通道,20%通过听觉通道,10%通过触觉通道,2%通过味觉通道。③ 人作为一个多感官面对综合材料的接受体,直接规定了教育对技术的要求。技术应服务于真实生活,应服务于真实的人。教育中的技术应是手段,受教育的人才是教育的目的。教育中的技术区别于生活中的其他技术,其具有预测与培育的功能,是具有超前意向性特征的。教育中的技术无法以真实生活为基础,且无法反映真实生活,则会使学生出现认知的断裂。当学生处在架空的技术场域中进行学习时,现实地由感性给予的世界,总是被体验到的和可以体验到的世界——我们的日常生活世界便被暗中替代了。④ 在传统教育的技术应用中多使用诠释学关系的技术,即仅仅将技术作为一种符号呈现与传递的载体,伴随着现代技术的发展,技术在教育

① 丁学良:《马克思的"人的全面发展观"概览》,《中国社会科学》1983年第3期。

② Ted Toadvine, *Leonard Lawlor: The Merlean-Ponty Reader* (Evanston, Illinois: Northwestern University Press, 2007), pp. 354-359.

③ 陈月华:《传播:从身体的界面到界面的身体》,《自然辩证法研究》2005年第3期。

④ 〔德〕胡塞尔:《欧洲科学的危机与超越论的现象学》,王炳文译,商务印书馆,2017,第67页。

中的应用则更为广泛，具身关系的技术已经得到了充分的发展与利用。但是出现了一种技术脱离真实经验而存在的教育异象——为使用技术而选择技术，而非为完成教育目的而使用技术，教育中的技术使用扭曲为一种"炫技"的手段，手段反而取代了目的。

外部原因在于资本倾向对教育技术意向性的渗透。技术诞生伊始所具备的指向结构便规定了其居间（mediation）的意向，而这种指向结构则源于技术发明者的初衷。当技术创造者的初衷在于解决教育问题、遵循教育规律、达成教育目的时，技术本身便具有了教育的"台本"（scenario），这种台本在设计者设计人工物之初便已经预设了该技术的用途、技术使用者的偏好及行为方式。这种台本具有强烈的使用目的性，所以技术是否适用于教育，台本的直接指向是前提性问题。

根本取决于立场，教育立场与资本立场博弈于当下的教育实践之中。当以教育立场设计技术台本时，则该技术或人工物便具有了拥有教育目的倾向的指向结构或技术意向；当以资本立场设计技术台本时，便出现了具有资本目的的技术指向。以STEAM 为例，其教育初衷是通过多元综合的多学科交叉模式培养学生解决现实问题的能力，在此种台本指引下的教学设备与教学技术设计则铭刻了教育目的的指向——技术与人工物被"托付"了培养学生的功能性意义。当其技术的设计初衷掺杂资本目的时，则被托付了收益的指向，资本指向一种短周期的反馈形式①，评价其功能性的根本指标也相应转变：教育效果转变为招生效果、耐用性转变为易耗性、教学成效转变为宣传

① 张敬威、于伟：《从"经济人"走向"教育人"——论"教育人"的实践逻辑》，《教育与经济》2021 年第 3 期。

成效等，基于此，技术的台本也发生转变。

当人—技术—世界的关系中技术的折射被改变，在这种技术居间情境下人对世界的认识也会有所改变，在教育中更是如此。当教育中的技术意向向资本收益目的转变，不仅教育实践本身遭到变形，教育的对象同样面临认识论的危机。意向活动与意向对象具有互构关系，技术的意向性在使用的同时被构造，使用者自身也在技术的意向中重塑其"主体性"。所以技术人工物的居间能力不在于物本身之属性，而是从物及其情境的相互作用中出现，并在人与人工物的关系中发挥人与世界的互构、居间作用。教育中的技术同样是在人与世界的互构中发挥其居间作用，当这种居间作用指向"使人成为人"的教育目标，则发挥其"培养人"的主体构成功能；当这种居间作为收益的指向，则发挥其增加收益的功能，其对使用者主体性的构建并未停止，却脱离了教育目的的轨迹。在教育被资本力量不断冲击的当下，教育的实践运营形式逐渐向资本运营逻辑靠拢，收益取向已经成为诸多教育机构的重要评价指标——从机构与技术生产者角度更为注重资本的投资与收益，从个人的角度同样受到个人收益反馈的牵引，资本渗透导致的台本改变可能使教育中技术的意向偏离教育的本体指向。

随着技术的发展，意向性的概念范畴从生命主体的施动扩展到人工物的意向性，广义的技术意向性作为人与世界互动的居间关系而存在，一般是结果取向的，而在教育中，技术的居间关系不仅体现在其被赋予的工具性价值上，还体现在其居间作用下塑造主体与世界的导向性意义上，因此，其意向性的指向必须服务于教育的意向性，即人的发展，而教育活动中的技术意向性则应聚焦培养人的过程性。

为此应明确教育中的技术定位。技术与工具的存在与其所在领域具有牵连性（involvement），这种领域内的复杂牵连性构建了工具与技术的意向性，使技术与用具成为"为了作……"或"作为……"而存在的形式，从而在技术与工具产生伊始便拥有了被指派（assignment）的性质。拉图尔所阐释的"脚本"（script）的概念便说明了这一性质：脚本是设计者对设计物根据行为者的特殊定义，将定义的愿景"铭刻"（inscribing）于设计物之中，这种设计物被定义为脚本。① 被铭刻有特殊愿景的新工具给予了使用者新的知觉，体系性的工具甚至构建了具有意向性的场域与连续统（continuum）②。正如钟表在设计之初便被指派了使人感知时间的性质，当人们习惯于通过钟表来感知时间，便进入了钟表工具所意向的连续统，人们便习惯于将时间与钟表进行对应性的联系，而淡化了通过太阳、雨露等环境对应时间的逻辑联系。技术的意向性并非技术的本质属性，而是在人应用技术与对象进行交互时生成的，因此，技术的应用主体、作用对象与所在情境都决定着技术的意向性。教育是一种最具生命特质的社会实践活动，相比于其他的行为与活动，教育更倾向于在人与世界的互动中对人的内在精神与完整人性的塑造，具有更强的内在性、价值性与生成性，因此，教育中的技术意向性不仅仅是一种"为作……之用"的形式指引，更具有"塑造、承载……"的价值指引，技术意向性的价值性指向必须服务于教育的意向性，即培养人，因此在考量技术在教育中的应用时，必须明确教育与技术的关系与定位——技术作为教育的手段，教育引领技术的意向。

---

① 韩连庆：《技术意向性的含义与功能》，《哲学研究》2012 年第 10 期。

② 原为数学概念，指连续不断的数集，伊德将该词引入技术哲学领域。

"教育意向性关注的不是个体所接受的何种教育内容,也就是发生在个体意识之中的具体教育活动是怎样的,而是这种教育活动的前结构,也就是个体是以何种方式朝向此种教育活动,这种教育活动究竟是如何发生在个体意识之中的。"① 在教育中技术应服务于教育的主体——人。当技术聚焦"培养"人,则区别于一般技术的"便捷"于人,技术意向性在教育意向性的规定下更为聚焦,它不仅仅需要发挥工具性效用,更重要的是发挥价值性效用。因此,在教育中,技术的制造主体、使用主体与接收主体必须遵循一个统一的逻辑,即教育的逻辑,教育中技术的核心问题不应该是技术问题,而应该是教育问题,如在教学中多媒体技术的核心价值不在于图文制作的精美,而在于其承载的教学内容在多大程度上被学生理解与接受,教育中与技术相关联的主体都必须遵循教育的逻辑,明确技术作为手段而非目的的定位,警惕一种本末倒置的技术错位。

应区分一般技术与教育中技术的指向,究竟是指向过程抑或结果。教育中的技术与广义的技术根本区别在于其意向性指向过程抑或结果。一般技术指向使人的生产生活更为便捷与舒适,在于令使用者更高效地解决真实世界的问题;而在教育中的技术意向则聚焦基于教育目标,在拟真问题设定下使学生生成解决真实问题的能力。所以广义的技术更偏向于结果指向,而教育中的技术更倾向于过程指向。教育中的技术通过甄选与复演具有拟真性的问题使学生在学习的"路程性"(trajectivite)② 中

---

① 刘铁芳:《教育意向性的唤起与"兴"作为教育的技艺——一种教育现象学的探究》,《高等教育研究》2011 年第 10 期。

② 维利里奥用语,此处指存在论意义上的"路程性",并非常规所指的路程性。

生成问题解决的能力，获得内在的价值与意义。若没有路程性，"我们永远也不可能深刻地理解随着年月流逝而相互接替的各种不同的世界观体系，这是一些与迁徙和远距离交通的技术和模式的历史紧密相连的表象的可见性的体系，因为运输和传输运动的速度的本质导致人类环境的'景深'的——人类环境的光学厚度的一场衰变"①。一般性的技术在其意向性指引下旨在使使用者更快捷地达到目标，却由此忽略了过程，这显然是与教育的逻辑相冲突的。

教育中的技术服从于教育培养人的向度，而教育培养人的过程是具有复杂性、生成性、整全性与价值性的，技术在这一过程中的意向并非为了缩短这一过程，而是拓宽、丰满这一过程。因此，在教育中的技术意向性必须聚焦学生学习的过程性——尤其是自我同一性的发展过程，即通过多种技术的多元组合，从而生成一个更为丰满的教育场域，使学生在场域中能够调动经验，按照教育者的意向凸显其教学的主旨，而非使学生便捷地解决问题。例如，计算器能够作为一种技术出现在生活中的计算场景中，其目的在于帮助使用者迅速地完成计算并解决问题，但是其在教学中的应用却极为少见，因为其弱化了计算的过程性。在小学的算术学习中，往往将小木棍与小珠子作为十进制加减法教学中的教具，其原因在于将抽象数字具象为实体物品，通过可触可感的方式加强了学生运算的过程性，使学生能够完成对计算的"路程性"与"景深"的感知，从而更好地培养计算的能力。所以，在对教育中的技术意向性进行规定时，应遵从教育规律、符合教育目的，以"培养人"为原

①〔法〕保罗·维利里奥：《解放的速度》，陆元昶译，江苏人民出版社，2004，第33页。

则、以意向性关系为脉络对技术进行创造、选取、运用及组合。

第三节　从"经济人"到"教育人"：
对资本意向的反抗

人性假设是一个学科理论传承性延续、阶梯性深化的重要手段，其核心指向代表了该学科的共同认知特征，并在该学科的逻辑框架下剔除影响较小的变量，从而突出学科所研究的重点，为学科思想的模型化表达提供前提。在社会科学研究中，有多种经典假设——"经济人"假设、"社会人"假设、"宗教人"假设等，这些假设都在多个方面支撑着本学科的发展。由于假设的不同，各学科分析问题与理论建构的发展方向不同。以"经济人"假设为例，"经济人"的行为由工具理性引导，受到回报的拉动而主动适应环境的变化，被描绘为一个能够自我约束的社会原子[①]，强调个人利益最大化的个体主动性。"经济人"假设以其学科独特的视角解释着个人行为的逻辑演绎方式，即从一定的假设与前提出发，经过因果链条的推理而得出相应的结论，这种推演逻辑与作为行为科学基础的心理学相异，并非以实验及观察的方式来考察人行为的心理机制，而是以人际互动的视角考察人的行为。[②] 在现实社会中并不存在纯粹的"经济人"或"社会人"等，只存在更具复杂性的"一般人"或在复杂意义上的"自然人"，但是"经济人"等假设形式代表了其所在学科对自然人的认识视角，也代表了一种"自然

---

①　J. Elster, "Social Norms and Economic Theory," *Journal of Economic Perspectives* 3(1989): 99.

②　张维迎：《博弈与社会讲义》，北京大学出版社，2014，第 12 页。

人"的行为方式与人际互动逻辑。这种对"自然人"的假设方式显然是将一个整体化、复杂化的对象选取某一特殊视角或抽取某一特殊部分进行超脱复杂性的深入探讨。这种具有功能性的参考框架一方面更为方便于深入说明其探究目的和准备探讨的方向，一方面又在某些情况下是唯一可行的方法，从而找出那些零散的社会行动过程之间的关联性。① 即通过构建一个"理想类型"（ideal type）②，从主观思维构建的非实在因果关系去透视实在的因果关系。一门带有科学性或数学性的社会科学学科的发展，往往是从控制变量起始，在有限的变量中探索规律，在实践的应用与理论的发展中增加变量与常量，从而使该学科的假设框架逐渐丰富完善、更贴合实际的境况。若是在学科发展的起始便从现实的复杂性出发则更贴合依赖于经验的人文逻辑，而非科学逻辑。"经济人"的确立标准源于经济学的学科特性，将真实的复杂世界简化为带有学科视角的片面化的理想世界，从而在假设的限定中实现理论的深入。而假设的根据是学科本身"从哪里来，到哪里去"的建构逻辑。"经济人"规定了追求个人利益最大化的经济逻辑起点，明确了受到回报的拉动而主动适应环境的变化发展方向，并以此为基本分析框架分析实践问题。以"经济人"的假设为分析的基本框架，必将得到经济学范畴的结论以及具有经济学学科倾向的理论指引。

---

① 〔德〕马克斯·韦伯：《社会学的基本概念》，顾忠华译，广西师范大学出版社，2011，第37~38页。

② 又称"纯粹类型"（pure type），"理想类型"既不是一种经验的概括，也不包含任何主观价值判断，而是表示某种接近于典型的现象，其作为一种认识论方法，核心在于通过"可能性"认识"现实性"。详见〔德〕马克斯·韦伯《社会科学方法论》，韩水法、莫茜译，商务印书馆，2013，第198~202页。

现实中教育实践的分析往往是基于"经济人"的假设起点进行研究的，致使对教育现象的研究丧失了教育本身的推演逻辑，教育问题更是沦为在经济学指向下的异逻辑域问题。教育问题被当作一种经济现象进行分析时便拥有了经济逻辑指向，当其作为一种社会学问题被分析时便拥有了社会学逻辑指向。例如，在经济学中，往往将教育看作一种人力资本投资。在传统的西方经济学探讨中，教育的人力资本投资和物理资本投资的机会成本（opportunity cost）① 以及外部性（externality）② 影响是其关注的核心议题。以经济学的视角分析教育问题，教育能否带来正向的外部性是对教育评测的核心指标，但是对人本身发展的关注却受限于对收益的求逐，分析与评价的核心集中于投资收益率与收益风险等问题。以"经济人"假设为基础对教育进行分析，教育只是作为一种投资的手段，受教育者成为投资的对象；而以教育学的视角分析，教育应是一项"培养人"的活动，人只能靠教育才能成为人，只有受教育者成为主体时人才能摆脱作为他者的手段而存在，从而作为自身的目的而存在。所以，以"教育人"的逻辑进行观察与分析教育实践则显得尤为重要，这就需要对教育实践中的"教育人"与"教育人"逻辑进行界定和分析，从而在分析教育实践问题时达成

① 指为从事某项活动而放弃另一项活动的机会，或利用一定资源获得某种收入时所放弃的另一种收入。另一项活动应取得的收益即为正在从事的活动的机会成本，如学生上学时放弃了本可以作为劳动力赚到的收入。

② 指一个人的行为对旁观者福利的影响。例如，一个受过教育的人会产生一些有关如何最好地生产物品与劳动的新思想。如果这些新思想进入社会的知识宝库，从而每一个人都可以利用，那么这些思想就是教育的外部收益。详见〔美〕N. 格里高利·曼昆《经济学原理（宏观经济学分册）》，梁小民、梁砾译，北京大学出版社，2015，第62页。

符合教育学的价值判断。西方学界多从经济学与社会学等整体性视角探讨相关问题,有学者从人力资本视角提出学校教育是对人力资本的最大投资,人通过对自身的投资以提高其作为生产者和消费者的能力;① 也有学者从教育社会学的视角将教研人员认定为重要的文化生产与再生产者,并提出"学术人"的概念,强调"学术人"对教育再生产与教育自主性确立的作用。② 国内学界则更注重人性问题本身,有学者从人性的实然与应然两个方面论证了教育学的人性假设,并且提出"失掉一半的人性,失掉一半的教育"的观点;③ 还有学者提出以"比较利益人"为教育学的人性假设的观点,认为"比较利益人"是直面人性现实的假设,为实践教育学研究范式的建立提供了一种有价值的思路。④

"教育人"假设既为教育学学科的发展提供了一个能够在"理想类型"中深入的前提,又为教育实践提供了一个可参考的方向性指引。所以"教育人"假设的提出应在遵循学科理论建构逻辑的同时尊重实践的现实性与"合理性"。

由于施教者是受教者接受什么样的教育与怎样接受教育的决策体,所以"教育人"在此专指一种广义的施教者或施教团体,并非局限于直接施教的群体,也包含间接的施教群体,包括教师、校长、家长、社会教育工作者、教育决策者等。"任

---

① T. W. Schultz, *The Economic Value of Education* (New York: Columbia University Press, 1963), pp. 10-11.

② Pierre Bourdieu, *Homo Academicus* (Redwood: Stanford University Press, 1988), pp. 36-61.

③ 鲁洁:《实然与应然两重性:教育学的一种人性假设》,《华东师范大学学报》(教育科学版) 1998 年第 4 期。

④ 余清臣:《"比较利益人":实践教育学的人性假设》,《教育研究》2009 年第 6 期。

何有教育意图的实践行为，不管其具体的行为内容有多大差别，都有其自身的一般结构或生成原则，亦即都有其自身的逻辑"①，无论是教育理论研究还是教育实践，这一逻辑都不应该是"经济人"逻辑或是"社会人"逻辑等其他逻辑形式，而应该是"教育人"逻辑。从"经济人"等学科假设前提可以看出，它们回答了一门学科分析逻辑的两个问题：从哪里开始？向哪里前进？"教育人"假设的界定同样应该从这两个方面着手：在人际互动与个体成长的实践问题分析中，教育学逻辑应该从哪里开始，引导实践向哪个方向发展。

　　首先，"教育人"逻辑的起点。"一般地说，每一门科学都应该有它特有的最基本的范畴，特别是作为逻辑起点的范畴应该是独有的。即使相近的学科有共同的基本范畴，也应该从不同的角度加以规定。"②"教育人"假设依赖于教育学的逻辑起点的同时充当教育行动逻辑的起点，教育的行动逻辑是在教育学逻辑域之内且遵从教育学逻辑的。已有学者指出："学习"是教育学的逻辑起点，一方面"学习"是教育学中必不可少的一个基本范畴；另一方面"学习"在教育学中不以其他范畴为根据、前提。③"学习"是可以独立存在的概念，"学习"可以不以"施教"为前提，但是"施教"则需要以"学习"为前提，否则"施教"就会失去对象、丧失价值。"学"亦绝非仅仅停留在熟悉前人知识的基本含义层面，更具有与自我交融、

---

① 石中英：《论教育实践的逻辑》，《教育研究》2006 年第 1 期。
② 景天魁：《历史唯物论的逻辑起点》，《哲学研究》1980 年第 8 期。
③ 瞿葆奎、郑金洲：《教育学逻辑起点：昨天的观点与今天的认识（二）》，《上海教育科研》1998 年第 4 期。

与社会交融、与历史交融的多个层次。① 丰富的"学习"内涵构成了"教育人"存在的前提性基础，也规定了"教育人"逻辑的起点。

其次，"教育人"逻辑的方向。"教育人"逻辑区别于"经济人"逻辑，并非追求投资收益率的资本逻辑，而是基于教育目的的教育逻辑。教育的职能在于培养人所属的那个社会要求其所有成员必须具备的某些生理与心理之特性，只有社会成员之间充分存在这种共同性时社会才能存在下去，教育的社会职能便是通过使人们具有这种集体所要求的根本的共同性，从而维护和强化这种共同性。② 这种共同性需要建立在人的主体性价值之上，使人在"类"中得以价值凸显与自我解放。"人发现并证明了一种理论：建设人自己的世界的力量，建设一个'理想'世界的力量"③，在理性的框架内达成个体与群体的统一，使个体价值在类价值中升华，使人在类中成为人。从本质上说，"教育是培养人的一种社会现象，是传递生产经验和社会生活经验的必要手段"④。教育应该培养什么样的人，是教育活动的根本性和方向性问题。被教育者的状况是不断变化发展

---

① 赵敦华认为孔子论"学"可被分析为循序渐进的五个阶段：第一阶段是初学阶段，在熟记消化前人知识的基础上"举一反三"；第二阶段是认识自己；第三阶段的"从善之学"是向他人学习；第四阶段是"成人"之学；最高阶段是"修己安人"。详见赵敦华《学以成人的通释和新解》，《光明日报》2018 年 8 月 13 日。

② 〔法〕爱弥尔·涂尔干：《道德教育》，陈光金等译，上海人民出版社，2001，第 308~309 页。

③ 〔德〕恩斯特·卡西尔：《人论》，甘阳译，上海译文出版社，2013，第 6 页。

④ 董纯才、刘佛年、张焕庭：《教育》，载瞿葆奎主编《教育与教育学》，人民教育出版社，1993，第 3 页。

的，所以被教育者的状况应该是一个"人"与"类"的基本框架下的因变量而非常数项，"经济人"与"社会人"作为被教育者的假设形态是违背发展着的人的逻辑的，所以"教育人"是教育学学科向标下的前提性人性假设。

"教育人"是使人通过学习达成所在社会要求其所有成员必须具备的某些生理与心理之特性的施为者。"教育人"是兼具主观意愿与客观行为，以使人"学以成人"为目的的行动主体，"教育人"逻辑的核心思想是"教以成人"。

逻辑产生于完整生活的"合理性"。人的生活是具有非理性特征的，具有某种合理性（reasonablness）与可理解性（understandingable），而一切既定的程序、结构、逻辑以及语言、思维都是从这个"合理性"的活生生的经验生活中涌现和产生出来的。[①]"经验的知识便在主观方面得到一坚实据点，这就是说，意识从知觉里得到它自己的确定性和直接当前的可靠性。"[②] 经验的合理性与可靠性经过逻辑的归纳抽取出可解释的特征，并以此特征可以对同质的实践进行大概率的预见性指导，便产生了学科的逻辑。

具有学科视角的片面化的世界构成了学科的视野——既包含广度层面的又包含深度层面的。一门社会科学的逻辑必然是源于生活且抽象于生活的，学科的逻辑是生活的简化，是片面化的理想生活情境或社会情境，学科的逻辑指向直接决定了学科的片面化倾向。而学科的片面化框定了内容的范畴，从而增强了逻辑的合理性——在某一框架内的合理性，并且降低了在

---

① 李泽厚：《历史本体论·己卯五说》，生活·读书·新知三联书店，2008，第39页。

② 〔德〕黑格尔：《小逻辑》，贺麟译，商务印书馆，1996，第111页。

框架内可证伪的概率，从而达到学理的价值性目的："内容的偶然性只有借助于命题形式才能具有普遍性，才能表达出普遍性。"[①] 学科的命题源自可证的类型化的经验与类型化的实践，从而形成类型化世界的"合理性"——学科的"合理性"。

具有指向性的视角与可观察的样本决定了学科逻辑的两个源头：样本与命题形式，"就其有别于单纯的个别事实的个别知觉而言，它有两个成分。一为个别的无限杂多的材料，一为具有普遍性与必然性的规定的形式"[②]。而所谓"无限杂多的材料"直接取决于其所在的历史时期与所在地域，而其"规定的形式"则代表了学科的意愿、目的与指向。所以，"经济人"逻辑与"教育人"逻辑都是由于其独特的"无限杂多的材料"与"规定的形式"而成立的，它们"作为种类的含义是通过抽象而在被标明的底层上形成的"[③]。不同学科的逻辑与概念源于不同的样本与命题形式，所抽取的"合理性"也具有其学科的倾向性特征，其应用的范畴与预测的指向也被规定于其学科的局限性之中。所以，以源于异质化样本与命题形式的学科逻辑直接指导本领域的实践是具有逻辑冲突的——实践的合理性的维度决定了理论的倾向与适用性，理论的适用性也规定了可通过其分析的实践类型。

无论是"经济人"逻辑还是"教育人"逻辑都脱胎于生活的"合理性"之中，其区别则在于不同理性所重视的倾向——功能（function）抑或实体（substance）——不同，所产生自的

---

① 〔德〕黑格尔：《精神现象学》，先刚译，人民出版社，2013，第257页。
② 〔德〕黑格尔：《小逻辑》，贺麟译，商务印书馆，1996，第115页。
③ 〔德〕胡塞尔：《逻辑研究》（第二卷·第一部分），倪梁康译，商务印书馆，2017，第466页。

"合理性"区间——历史区间与地理区间——不同。"合理性"的采集区间直接决定了我们的观念与认知,"我们所有的知识,不能超过我们所有的观念之外……我们的知识不能超过我们对那种契合或相违所有的认知以外"[①]。"经济人"逻辑的"合理性"是出自相较短期的时间区段总结,具有实用性倾向的选择:显性的结果、频繁的反馈与单一性直接目标为"经济人"逻辑的"合理性"提供了大量的经验基础与易于接纳的行动指导框架,并且将悬置的理性生活化与功能化,在提高了逻辑本身的接纳度,将逻辑单一化与数字化的同时也限定了经过抽象的"合理性"的适用场域。正如,从本源上看"经济学是关于如何将稀缺的'手段'配置于无限多可能'目的'的科学"[②],"经济人"假设从亚当·斯密(Adam Smith)伊始提出,到帕累托(Vilfredo Pareto)将"经济人"这个词正式引入经济学,都秉持着经济学的基本逻辑,将其应用于私利性(self-interest)问题。经济学的内部反思中也早已达成共识:公益性(commonweal)程度越高的产品——如教育、国防等——"经济人"假设的适用程度就越低,"经济人"假设自产生伊始便决定了其对教育问题分析的不适用性。

"教育人"假设则是基于教育学的样本与命题形式产生的前提性假设,具有教育学的学科指向性特征。"教育人"逻辑具有结果的隐蔽性与间接性、反馈的长周期性、目标的多元性与综合性的特征,具备理性的规律性与悬置性的双重特征,在

---

① 〔英〕约翰·洛克:《人类理解论》(下),关文运译,商务印书馆,2017,第570页。

② 汪丁丁:《经济学思想史进阶讲义——逻辑与历史的冲突和统一》,上海人民出版社,2015,第30页。

符合教育规律、人的成长规律的同时降低了逻辑框架的传播力、操作性及可接纳度。"经济人"逻辑在教育实践中基于"可见"经验生成，其逻辑结果的直观可见性在大众进行决策时遮蔽了其逻辑规则的不适用性与结果的片面性。而"经济人"逻辑的实用性与可操作性特征，以及显性且频繁的实践反馈给予了施教者伪回归（spurious regression）的意化假象。所以，"教育人"假设以其为基础而产生的"教育人"逻辑既是教育理论中的理想模型，又是教育实践中的追求方向。

第四节 培养"否定性"：打破绩效崇拜的意向惯性

应以"否定性"为奇点透视教育主体的人机之别。人与机器之间本质差异的核心议题聚焦于人工智能是否具备取代人类劳动及思维能力这一问题。人工智能在众多领域超越了人类，人类的存在价值体现为何？人工智能不可跨越的"奇点"是回答这一问题的关键切入点，也是人类教育发展的核心指向。

以"否定词"为表征的反思是人类意识革命的起点[1]，也是人与机器相区别的重要标志。人工智能的发展虽已能够进行自我复制、自我维护与自我反馈，但其自我意识尚未产生，其本质仍是数学与逻辑组成的符号运算体系。"任何智能的危险性都不在其能力，而在其意识。"[2] 自我意识的神级功能，一方面在于能够能动地使一切事物变为思想对象；另一方面在于能够对意识自身进行反思，这两个功能是人类理性、知识和创造

---

① 赵汀阳：《第一个哲学词汇》，《哲学研究》2016年第10期。
② 赵汀阳：《人工智能神话或悲歌》，商务印书馆，2022，第42页。

力的基础。① 相较于人工智能，人类思维的真正特异性在于否定性，有了否定，才能发展出疑问、怀疑、分析、对峙、排除、选择、解释、创造等功能，这是"动物逻辑"与"机器逻辑"办不到的。因此，教育的关键在于培养主体的否定性与超理性的反思能力。

对学生否定能力与批判能力的培养是应对技术凝视与同质化暴力的有效方式，也是构建教育数字世界道德准则的前提条件。首先，面对数字世界中想象界与象征界的技术凝视，以及技术凝视背后的资本所操控的权力机制，教育者需帮助学生跳脱出数字世界的隐性监控与规训，在真实世界这一"实在界"中为学生提供身份认同与存在价值，如在教育中提供面对面教学所独有的真实交往与情感互动，并为学生在真实世界达成其"理想形象"提供教育支持，使学生基于真实世界的视角对技术凝视背后的权力控制进行否定与解构。其次，技术世界所构造的信息茧房可能造成同质化的暴力，即使用者生活在对同一观点与价值标准表现迁就与认同的网络社群中，而难以接受具有"否定性"的他者意见。教育的重要培养目标是唤醒与培养人的否定性，即"能对获准作用于我们身上的知识和权力进行永恒挑衅"②。因此，教育者可以利用数字技术构建情境变式，促使学生在教育中构建对真理相对性的认识，形成否定的认识方式③；组建具有异质性的学习共同体与网络社群，以他者的否定性介入对抗同者的肯定性暴力。④

---

① 赵汀阳：《人工智能神话或悲歌》，商务印书馆，2022，第 43 页。
② 莫伟民：《主体的命运》，上海三联书店，1996，第 165 页。
③ 苏慧丽、于伟：《否定性——学生批判性思维培养的前提问题》，《教育学报》2019 年第 4 期。
④ 〔德〕韩炳哲：《他者的消失》，吴琼译，中信出版集团，2019，第 1~3 页。

第五章

教育景观重构：漂移、异轨与构境

　　事件是这样的东西，它照亮一个之前看不到甚至无可想象的可能性。

——阿兰·巴迪欧《存在与事件》

引　言

　　本章提出，教育焦虑是功绩性教育景观长期构建与渲染的结果，破解教育内卷化与教育焦虑问题是一个具有复杂性、长期性和综合性的任务，其关键在于通过漂移、异轨与构境等手段重新构建指向"育人"的教育景观。具体来看，从观念上，需以自由看待人的全面发展，以回归教育的育人本质；从评价上，应打破绩效目标的规定，以多尺度的教育评价方式体现教育的长期性、生成性与演进性；从治理上，以政策规定与媒介"反打"破除资本制造"景观社会"下的教育伪需求，减少教育消费的过度叠加投入；从观念上，重建一种"观看的教育"，唤醒否定性精神与教育理性以应对外界刺激，构建一种强调深刻、专注、沉思的教育方式。所以，"双减"政策应先对教育参与者的理念进行减负，这种减负并非口号上的宣传，而是应同构无数个具体与个别教育景观，教育景观的再构境的目的是达成教育实践逻辑与教育学理逻辑的和解。通过教育目的性与技术意向性的统一，打破已有教育景观的圈层性区隔，将"培养人"的教育理念以景观的形式融入微观教育实践场域，通过对叙事逻辑的多样化呈现，使教育实践参与者形成符合教育基本规律的育人理念。

前文已经阐明了"双减"政策实施过程中家长的观念阻碍，那么配合"双减"政策的实施，则应更加注重对教育参与者价值性的引导，而非单纯地进行管制。而价值观的引导核心则在于对诸多教育景观形成的伪构境的破除，使诸多教育参与者将关注点回归真实生活，以"人"为出发点慎思教育问题。

第一节　如何打破教育中的绩效崇拜

教育焦虑的产生具有历史性因素与社会性根源，破解教育内卷化与教育焦虑问题是一个具有复杂性、长期性和综合性的任务，绩效化教育评价方式以确定性的算法度量学习结果，导致教育长期性、发展性育人目标与短期性、功利化教育需求的矛盾，而数字技术的发展与教育市场化的扩张加剧并放大了绩效化算法的规训性，使教育内卷化与教育焦虑愈演愈烈。面对这一问题，从观念上，需以自由看待人的全面发展，以回归教育的育人本质；在教育评价层面，摒弃单一绩效目标的束缚，采纳多维度、多尺度的评价体系，以充分彰显教育的长期效应、生成性特征及其动态演进过程；在教育治理方面，需通过政策规制与媒体监督的"反向作用力"，揭露并消解由资本驱动的"景观社会"中所营造的教育伪需求，从而遏制教育消费领域的过度累积与非理性投入；最终完成教育观念的重塑，倡导构建一种"观看的教育"，唤醒个体的否定性思维能力与教育理性以应对外界环境的各种刺激，进而形成一种注重深度、专注力与沉思特质的教育实践模式。

回归育人本质，以自由视域看待人的全面发展。教育焦虑一定程度上源于人们对高质量教育的追求，但在现代性的演进与数字技术的发展过程中陷入了绩效至上、算法为王的异化形态，导致工具理性置于价值理性之上，偏离了教育的本真存在，忽视了教育的育人本质，最终培养出单向度、作为手段存在的功绩主体抑或是"倦怠者"。对此，教育主体需挣脱出同一化绩效的自我剥削，返还教育的本真存在，导向教育培养自由全面发展的人的终极目的。

人的自由全面发展是使人的各种潜能因素获得最充分的发展，也是人的对象性关系与个人社会关系的高度丰富[①]。首先，从形式上，人的自由全面发展是"人的内在自然里的晶化"[②]，是"人在发展上的自由、自主、和谐、丰富以及流动和变化"[③]。它既不仅仅表现为艺术比赛上的资格证书，也不仅仅代指学生在德智体美劳上的面面俱到，它生发于有过程的、综合

---

① 丁学良：《马克思的"人的全面发展观"概览》，《中国社会科学》1983 年第 3 期。
② 丁学良：《马克思的"人的全面发展观"概览》，《中国社会科学》1983 年第 3 期。
③ 扈中平：《"人的全面发展"内涵新析》，《教育研究》2005 年第 5 期。

性的，以情境／具象、操作／体验、对话／省思为特征的教育实践活动之中①，只有这样才能激发起人的肉体精神方面的多种潜能。其次，人的自由全面发展应基于真实且充足的自由时间。"时间实际上是人的积极存在，它不仅是人的生命的尺度，而且是人的发展的空间。"② 应将教育中的闲暇时间赋予真正使受教育者感到当下的幸福与愉悦，且能够实现其自我价值与尊严的活动之中，而绝非以当下的痛苦换取难以确定的"成功未来"。最后，人的自由全面发展在良好的对象关系与社会关系中才能够达成。教育主体需要通过主动地遭遇否定性的"他者"从而反抗功绩社会下数字化的全联网与全交际制造的同质化暴力③，打破选美博弈下竞争关系所导致的人与人之间的内部敌意、孤立与疏离关系，通过构建丰富、多元、复杂的对象关系与社会关系以实现自由而充分的发展。

人的全面发展以自由为前提，教育应以自由为基本要素，培养使人们过有价值的生活的"可行能力"。有价值的生活并非由规训社会所规定，抑或由功绩社会所强制，而是以个体的自由为前提，它既意味着个人享有的"机会"，也涉及个人选择的"过程"④，它基于个体的否定权、选择权与创造权。因此，个体首先应需要考察构成有价值的生活的"功能性活动"，进而通过教育培养实现这些活动的"可行能力"，而个体可以在可行的各种"活动"组合中，按照自己的标准选择最优组

① 于伟：《"率性教育"：建构与探索》，《教育研究》2017 年第 5 期。
② 《马克思恩格斯全集》第47 卷，人民出版社，1979，第 532 页。
③ 〔德〕韩炳哲：《他者的消失》，吴琼译，中信出版集团，2019，第 4 页。
④ 〔印〕阿马蒂亚·森：《以自由看待发展》，任赜、于真译，中国人民大学出版社，2002，第 3 页。

合。这一过程需基于人自由的心灵，将人的现实生活本身作为目的，并重视人的多维面向。"在我们所珍视的人类的各种功能上，能实现的目标通常是多种多样的，从良好的营养、避免过早死亡，到参与社区生活、培养有利于实现事业抱负的技能。我们所关注的可行能力，是实现各种功能的组合的能力"①，在这一框架下，受教育者才能以多元的、立体的、整全的形象而存在。

打破绩效崇拜，彰显生成价值的多尺度评价。教育应破除唯绩效化评价，以多尺度评价促使教育回归育人本质。教育评价本应作为承载教育结果的手段以彰显教育的育人价值，但在功利化导向下异化为价值本身，其过程性价值变为目的性价值，教育的过程性也随之被消解。教育评价发挥着"指挥棒"的导向功能。抽象还原、定量计算、算法至上的教育评价方式必然催生"唯分数""唯文凭""唯升学"的教育焦虑，以投资收益率衡量教育的结果必然导致教育中人的异化。因此，彰显育人本质的教育评价绝不能把人这个主体单纯用作手段，若非同时把它用作目的。② 为回归教育的育人本质，需将绩效性评价转为生成性评价，强调评价的多尺度与过程性。人作为多尺度的存在③难以被确定性、同一性的标准所度量、规定，因此，需以多尺度的评价方式对学生进行综合性、多元性、整体性的

---

① 〔印〕阿马蒂亚·森：《正义的理念》，王磊、李航译，中国人民大学出版社，2012，第216页。

② 〔德〕康德：《实践理性批判》，邓晓芒译，人民出版社，2003，第119页。

③ 马克思提出，动物只是按照他所属的那个种的尺度和需要来构造，而人却懂得按照任何一个种的尺度来进行生产，并且懂得处处都把固有的尺度运用于对象。参见《马克思恩格斯选集》第1卷，人民出版社，2012，第57页。

评价。

从评价主体看，对人的评价需以人为尺度，人需要用整个身心、整个存在而非冰冷的数据与算法来理解人。因此，教育需将教师、家长、学生自我的多元主体综合性评价作为教育中的主要评价方式，避免确定的单一算法、绩效指标、量化分数对学生的奴役与异化，以发展的评价视角使学生在教育中回归具体的人、整全的人、发展的人。从评价方法来看，应避免数字背景下的"算法为王"的评价方式，利用数字技术构筑多元评价系统。"技术因其本身所固有的单调、平淡、重复而变得令人疑虑重重"①，但也应看到技术存在的生命价值，它作为一种"外移"的过程，可以运用生命以外的技术来寻求生命。②数字技术能够扩展教育评价的范围与深度，应综合运用多模态数据评估、个性化反馈评估、生理数据监测评估等多种技术赋能教育的多元评价体系，以实现人力所不能及的个性化评价、过程性评价、增值性评价，以更为多元完善的评价方式成就教育主体的多样化追求。从评价目的来看，应重新审视评价的内涵与意义，关注教育评价的生成性、增值性、发展性功能，从而淡化评价的竞争、筛选、淘汰等社会功能，更加关注评价的个体发展性与整全性意义。评价应更多体现学生在原有基础上自身的增值与超越，凸显其知识、思维、品格、审美、道德等方面的多尺度发展，并在此基础上由学生自我构筑多样化的学习意义与生存意义。

---

① 〔法〕让-伊夫·戈菲：《技术哲学》，董茂永译，商务印书馆，2000，第3页。
② 〔法〕贝尔纳·斯蒂格勒：《技术与时间》，裴程译，译林出版社，2000，第21页。

唤醒教育理性，破除资本景观下的教育需求幻象。家长对"教育改变命运"这一功能的过度期望，与教育所制造的上升通道的日益狭窄形成了难以调和的矛盾。陷入茫然与焦虑中的家长将无节制的教育投入看作一种有效的博弈策略，资本则瞄准这一庞大的消费群体，不断涌入校外培训市场，并借助微信等社交媒体制造虚拟教育景观，它垄断了人们之间的所有交流，通过将他们异化的活动的图像进行单向度的介入，从而支配了教育主体的非理性消费行为。为解构图像、信息文化和大众文化中景观伪构境支配和解构日常生活场境存在异化，必须对教育实践进行总体性革命。①"双减"政策正是以教育变革的方式实现对景观（资本）的破境。针对这一资本制造教育需求幻象、校外培训市场无限扩张，教育质量却未能改善的教育乱象，应通过规范校外培训行为、提升学校课后服务水平、减轻学生课业负担等方式，打破资本制造的教育需求幻象，减少教育消费过度叠加投入，建构满足多样化教育需求的培养路径，使教育回归指向多尺度全面发展的育人本质。

数字时代的到来构造了网络中个体自成体系的发声系统，创设了多元的传播路径，但其背后时常隐含着资本的意志，并借助社交媒体营造伪构境，制造虚假的教育需求。对此，首先，应加强对教育资本市场的舆论治理②，强化对教育市场中资本营销行为的管控，揭露资本所制造的景观的异化本质，强调教育育人的本真意向。其次，应借助数字媒体实现对资本所制造

---

① 张一兵：《居伊·德波景观批判理论的历史生成线索》，《马克思主义与现实》2020年第4期。

② 石中英：《回归教育本体——当前我国教育评价体系改革刍议》，《教育研究》2020年第9期。

景观的"异轨"（detournement）①，即以无功利的游戏态度，打碎消费意识形态和景观的支配和控制②，如使用社交媒体、广告的"反打"，借此打破封闭的信息茧房，强化教育主体的反思意识，利用"流量"唤醒个体的教育理性。最后，引导教育主体根据自己的愿望重新建立真实的教育构境（constructed situation）③。制造真实构境的过程要求教育主体根据自己真实的愿望重新设计、创造和实验人的生命存在过程，他应发展一种真实的教育欲求以代替资本所制造的现存的补偿物，并拒绝被他人所规定的行为的全部形式，不断地改造自己独一无二的满足，在这一过程中，他不再认为教育是某一稳定性的单纯维持，而是热望教育行为过程的无限丰富。④

　　反抗外在刺激，重建一种"观看的教育"。功绩社会的重要特征在于"应然自我"对"实然自我"的剥削，为达到理想的自我，主体沉入一种"自发性过劳"与"效率崇拜"。在教育中，这一特征表现为家长与学生在众多课外补习中疲于奔命，过度活跃于不同的学习活动中，恐惧闲暇与"无聊"，难以有点滴时间开展深刻与专注的活动。事实上，许多人类文化领域

---

① 异轨指通过揭露暗藏的操纵或抑制的逻辑对资产阶级社会的影像进行解构，或者说是利用意识形态本身的物相颠倒地自我反叛。参见〔法〕居伊·德波《景观社会》，王昭风译，南京大学出版社，2017，代译序第 44 页。

② 张一兵：《异轨：革命的话语"剽窃"——情境主义国际思潮研究》，《文学评论》2021 年第 2 期。

③ 构境是指由一个统一的环境和事件的游戏的集体性组织所具体地精心构建的生活瞬间。参见〔法〕居伊·德波《景观社会》，王昭风译，南京大学出版社，2017，代译序第 44 页。

④ 〔法〕居伊·德波：《景观社会》，王昭风译，南京大学出版社，2017，代译序第 45 页。

的成就都归功于深刻、专注的注意力，产生于"深度无聊"的状态之下①，但功绩社会下，充斥着焦虑与竞赛性质的教育活动使学生丧失了"倾听的能力"与"沉思的生活"。在这一充斥着自我剥削、绩效至上的情境中，为破解教育焦虑，应重建一种"观看的教育"。人应当学会观看、学会思考，以及学会说话和书写。② 学习观看意味着"让眼睛习惯于平静，耐心，和让事物接触自己；学习不急于判断，从各个角度观察和理解单个事例"③，从而形成一种沉思的专注力与从容、持久的目光。

为重建一种"观看的教育"，其一，应以否定性的精神养成抵挡刺激的能力。教育焦虑的产生一定程度上源于"没有能力抵挡刺激"，焦虑的家长、学生面对蜂拥而至、不由自主的教育刺激产生恐慌、攀比的心理，从而积极投身于过度教育的浪潮之中。因此，需要以否定的精神唤醒隔绝的、阻止的、反思的本能，打破同质化暴力，为教育主体创造能够沉思的停顿。（1）否定的能力是人与机器相鉴别的重要特征，正如赵汀阳所说，与机器相比，人具有"不思"的能力④，对否定能力的唤醒避免了人过度积极地投入而迷失在一系列无止境的对象中，过度活跃而陷入边际效益无限递减的教育博弈之中。（2）应以否定性的精神营造沉思、专注的时间与空间。绩效主义下的教育活动不允许时间距离的存在，将学生的未来压缩为延长的当

---

① 〔德〕韩炳哲：《倦怠社会》，王一力译，中信出版集团，2019，第23页。

② 〔德〕尼采：《偶像的黄昏》，卫茂平译，华东师范大学出版社，2007，第106页。

③ 〔德〕尼采：《偶像的黄昏》，卫茂平译，华东师范大学出版社，2007，第106页。

④ 赵汀阳：《终极问题：智能的分叉》，《世界哲学》2016年第5期。

下。唤醒否定的精神则意味着在教育中以自主的反思，打断教育焦虑中家长与学生非理性的情绪与恐慌心理下的过度积极状态，否定以间歇与中断为前提，从而为开启一种深刻的、专注的学习方式提供了可能。（3）应以否定的精神反抗同质性的暴力，打破"信息茧房"，通过遭遇否定性的"他者"，被它推翻，被它改变。① 其二，将学习观看作为与他者构建合作关系、获得创造性智慧的预备训练。当前教育焦虑制造了一个个"小超人"，他们在各类补习机构之间"无缝切换"，掌握多种特长，并行处理多种学习任务，不允许一丝的懈怠与时间的浪费。在这一情况下，他们的"超注意力"代替了"深层注意力"，其存在意义表征为不间断的学习活动，而难以接受"无聊状态"。② 事实上，教育主体尚未认识到，"深层无聊"才是人类精神放松的终极状态，对人类的创造性活动具有重要意义，也是人类存在生成的重要源泉。因此，教育者们应搁置无休止的积极教育行动，才有寻求反抗并坠入深度思考的可能性。③ 要为学生营造作为旁观者观看而非盲目行动的机会。绝对自我的功绩主体在不断自我剥削与意图超越他人的攀比心理之下将处于长期的精神紧张状态，不仅不利于创造性活动的发生，还可能产生"自发性过劳"的抑郁状态。"人对自身的任何关系，只有通过人对他人的关系才得到实现和表现。"④ 学习观看强调

---

① 〔德〕韩炳哲：《他者的消失》，吴琼译，中信出版集团，2019，第5页。
② 〔德〕韩炳哲：《倦怠社会》，王一力译，中信出版集团，2019，第22~23页。
③ 艾云利：《倦怠诗学：韩炳哲美学的一种解读》，《上海文化》2022年第6期。
④ 《马克思恩格斯选集》第1卷，人民出版社，2012，第58页。

在"自我敞开"的状态之下，以沉静、从容的目光面对外界刺激，并与他者构建一种对话、关注、欣赏以及和解的关系，通过向相对、他者、他物开放，形成一种良性互动关系中的智慧训练。[①]

第二节 以路途与景深为切入点使教育理论走向微观生活

针对"伪交往"对个体的隐形控制，德波明确地表示："我们必须使全部伪交往的形式走向彻底的毁灭，并走向真实的直接交往的那一天。"[②] 显然这种真实的交往不应受到意向性集聚景观的影响，而应从真实的、可体验的生活情境出发——这种情境不应是被设计与引导的，而应该是被"遭遇"的——学生不能因为辅导机构的引导与唆使而决定他们应该学习什么，而是应该出于自身的好奇与需求；家长不应由于"理想型"的引导而决定自己的孩子应该成为什么样的人，而是应该从学生的身心发展特征与时代需求特征出发，以"人"本身为起点而引导孩子成长。那么，"人"本身的起点是什么呢？按照法国批判理论家维利里奥的观点，应该指向人的存在本身，关注人的"路途性"与"景深"[③]。

---

① 〔德〕韩炳哲：《他者的消失》，吴琼译，中信出版集团，2019，第96页。

② 〔法〕居伊·德波：《景观社会》，王昭风译，南京大学出版社，2006，第169页。

③ 景深原意是在摄影机镜头或其他成像器前沿能够取得清晰图像的成像所测定的被摄物体前后距离范围，维利里奥以此比喻一种存在论意义上的关联性。

　　教育景观的出现消弭了教育的路途性，遮蔽了个体在探索中寻求目标的过程。教育不再是找寻适合自己的，而是变为一种通用的价值追求。路途性的缺失导致了教育价值观形成的本末倒置的状况，"主客观冲突—好奇与求知—探索与实验—确信与反思"的方向性寻求过程变为根据教育景观树立的"路标"无反思的前行，教育的"路程"异化为追求量化指标的"流程"。路途性的缺失在一定程度上消减了多元性思考的可能，使教育的参与者沦为一种追求单向度发展的急行军。所以，重构教育的路途性，使家长与学生在教育与学习的路途中遭遇真实的生活，是以"人"为出发点的教育观念构建的起点。

　　功绩社会的效率要求使人们忽略了生活的景深，教育的参与者沦为追求效率的工具，"就这样，人由于自愿地限制着他的身体对于某些动作、某些冲动……的影响范围，他便由可动的人，变为自动的人，并最终变为机械的人"①。教育景观与功绩目标为教育行动设置了一种不容否定的合理性，随后人们便成为这种合理性下行动的机器。如果说路途性的消失遮蔽了教育参与者对多样化寻求的可能，那么景深的消失则使他们在被规定的道路中机械前行。要打破这种惯性，则需要跳出曾被资本所裹挟的景观环境，从非功利的环境与日常真实生活中寻找教育的意义。

　　居伊·德波在《景观社会》中提出了重拾真实需求的

_____

① 〔法〕保罗·维利里奥：《解放的速度》，陆元昶译，江苏人民出版社，2004，第36页。

三种途径——漂移（dérive）、异轨和构境。① 所谓漂移，是通过一种被动的场景切换，迫使个体从固定的景观集群中抽离出来，在多样的景观中审视自身，发掘内心的需要。"双减"行动在很大意义上限制了教育景观的构建与传播，但是很多教育参与者仍然沉浸于之前教育景观集群所构建的观念中。这时则需要新的景观集群将原有的概念打破。当传统的教育景观被摧毁，则需要新的景观为场域中的参与者提供新的向标，否则随之而来的就是方向性的恐慌——仍然坚信功绩至上的教育观却丧失了提升学业成就的效率模式。

"家校社协同育人"、多元的"课后服务"作为育人的手段已经被各层教育管理部门与实践部门所推广，但是这种手段所能达到的理想型——新的教育景观——却未让人们所熟知。教育参与者能够在宏观的层面明白新的教育政策是为学生"好"，却不能在微观生活中进行理解——大家的"好"并不完全代表我的"好"，而这种"我的"、个体的好的观念的形成，则是由教育景观所构建的。只有看到切实的、具象的、有代表性的理想型，才能使教育参与者从微观生活到具体选择中都认同这一教育路标的指引。

所以当我们提出"家校社协同育人"等教育理念时，应不仅仅说出应该"如何做"，更应该解释"为何做"与"做了能

---

① 尽管本书对这组概念加以借用，但是并非如居伊·德波所指的那样纯粹的漫无目的的行动与极端的抗拒功利性，而是借用本组概念的意向，为突破已有的教育景观控制寻求一种方向性。我们既抗拒纯粹的抛弃生活的功利性，又在一定程度上承认功利对人的成长与发展的积极意义。此处借助漂移的概念寻求在功利景观下遭遇真实生活与普及以"人"为出发点的教育观的方法。

如何"的问题。打破教育功绩竞技场的方式并非全景敞视建筑（panopticon）般的监控，而是通过指向教育规律与"培养人"的教育目的的教育景观的构建，使教育的诸多参与者完成"漂移"，从而对教育产生反思与再认识。其最终目的在于对"双减"政策的知行合一，而非在宏观原理层面的认可与实质行动上的割裂——正如很多高呼支持素质教育与人的全面发展的教育工作者仍选择让自己的孩子每周参加十余小时的课外培训，教育景观与教育政策应保持统一。

"异轨"理论为当下境况中的教育理论走向日常生活提供了一个路径，其是利用现存的各种形态的教育景观（如宣传片、广告、文本等）来否定它们原先存在的合理性，重新纳入能够颠倒它们原初语境的情境中来。[①]"异轨是引用的反面……它是从其语境和运动中抽取的碎片，最终是从作为总体参照的时代中，从引用在参照内部的准确选择中抽取的碎片，而这个参照又是被精确认可的或错误的参照。"[②] 所以异轨在教育中的应用并非将已有的教育景观粗暴地全部摧毁，而是通过对已有教育景观的异轨，潜移默化地对景观的内在指向加以改变，从而使教育景观集群为新的教育指明路向。

之所以采用异轨的方式对教育情境加以改变：第一，已有教育景观已深入人心，强行地摧毁会使教育的参与者感到迷惘，进而可能会出现教育景观的混乱，致使教育价值观的混乱与大众对权威的不信任；第二，异轨的方式是潜移默化的，同时对

①　刘冰菁：《异轨：居伊·德波的资本主义突围》，《马克思主义与现实》2017 年第 5 期。

②　〔法〕居伊·德波：《景观社会》，王昭风译，南京大学出版社，2017，第 131 页。

教育景观的改造是更易使人理解与受到影响的，所以通过这种方式会使教育参与者的教育观实现平和的转化；第三，教育理论与教育观的抽象性决定了其传播效率的有限性，所以需要通过具象、直接的景观形式加以呈现，并且通过系列化的呈现表现出教育理念的连贯意义。所以我们不能抛弃教育景观，相反应以"景观先行"的模式向大众灌输正确的教育理念。当下对传统教育景观的粗暴摧毁已出现了部分的不良反应，如对应试教育的抵触而生发的读书无用论的诸多景观——"某初中毕业生创业百万，当老板后雇用诸多著名大学毕业生"，这种与"读书改变命运"的诸多教育景观产生了明显的割裂，各自的信徒也在教育理念上分道扬镳，并与政策倡导的教育理念渐行渐远。

所以，"双减"政策应先对教育参与者的理念进行减负，这种减负并非口号上的宣传，而是应同构无数个具体与个别教育景观的构建，使教育的参与者自主从中对教育理念与教育的理想型进行总结。这种景观不应以单向度的集聚模式割裂学业成就与真实生活，而应以多元性的角度对真实生活与未来发展进行解读。

第三节　教育景观的再构境

再构建"以人为本"的教育景观的目的是实现教育的目的性与技术意向性的深度融合，进而打破既有教育景观中存在的圈层性隔离现象，最终将"培养人"的教育理念以景观化的方式渗透至微观教育实践的具体场域之中。通过对叙事逻辑的多元化与多样化展现，促使教育实践中的各参与者能够形成与教育基本规律相契合的、具有深刻内涵的育人理念。马克斯·韦伯提出了理想类型的概念，它既不是一种经验的概括，也不包含任何主观价值判断，而是表示某种接近于典型的现象，其作为一种认识论方法，核心在于通过"可能性"认识"现实性"。① 这一概念可以迁移在教育的微观场域中分析教育参与者对"好学生""好孩子"的理解，人们将教育实践的最优"可能性"形象化，并以此认识教育实践的"现实性"，于是出现了一种教育现实与教育理想的期望落差。而这种被"脱颖而出"学生形象的评定标准的合理性则并未成为家长与教师思考的对象。于是教育结果的理想类型成为一种被评定标准规定了的确定性结果，进而产生了一种确定性指向与人的不确定性发展之间的逻辑对立，而这种对立则在教育景观集群中被遮蔽，以此维护景观集群价值导向的合理性。

　　教育的理想类型在景观集群的塑造下不断以深化教育期待落差的方式增加教育参与者的"被构成的焦虑"（constituted anxiety）。在米勒（Neal Elgar Miller）看来，被构成的焦虑是一种后天生成的与欲望相关的焦虑，是一种处于幻象之内产生的焦虑。焦虑的出现直接致使了驱力的形成，所以放大教育参与者被构成的焦虑是当下教育景观集群获取流量、传播意向、规定价值的有效手段——强调学生成为理想类型的可能性与困难度是其主要的构成方面，如"如果学生不上辅导班就跟不上了""如果你的孩子不来参加培训，我们就培训他的竞争对手"这一类宣传语——资本以教育为名，行收益之事。教育的理想类型虽然是在教育实践中自然生成的美好向往，

---

① 〔德〕马克斯·韦伯：《社会科学方法论》，韩水法、莫茜译，中央编译出版社，2013，第198~202页。

但是在资本收益的加持下在微观教育实践场域中被赋予了不可怀疑的正当性，而这种在景观系统中的正当性则与教育本身的正当性相脱离。

赵敦华认为孔子论"学"可被分析为循序渐进的五个阶段：第一阶段是初学阶段，在熟记消化前人知识的基础上"举一反三"；第二阶段是认识自己；第三阶段的"从善之学"是向他人学习；第四阶段是"成人"之学；第五阶段是"修己安人"。① 这种解读符合教育的学理性理解，那么"学以成人"的教育理念与应试教育的竞技理念是如何成为一种教育价值选择的对峙选项的呢？教育的评定标准必定源于对教育的学理性理解，其是一种更具有操作性指向的量化评定体系，这一体系的本质是反映教育成果的可视化表达——其是一种促进教育实践的手段。但是当这种评定手段直接成为个体在集体中进行教育筛选、排序的唯一标准，则它由教育的手段变为了教育的目的。至此，教育则不再是以"教以成人"为目的，而是以取得量化指标为目的，这种可量化与直接比对的结果形式在景观集群的可视化传播中被深信不疑。教育评价与教育目的直接对立的本质原因是目的与手段的混淆，其和解的有效路径则是通过景观集群明确的分工使参与者产生符合教育本质的教育观念，达成学理结论向微观教育场域传播的目的。

教育学理性与实践性观念的对立源于景观集群构建的直接结果是亚文化圈层的构成，圈层的一个重要特征是圈层构成者对圈层文化的认同。"景观是对生产中已经做出的选择的全方

---

① 赵敦华：《学以成人的通释和新解》，《光明日报》2018 年 8 月 13 日。

位肯定，也是对生产的相应消费。"① 打破这种圈层性，本质上就是在抵抗新形态的文化再生产：教育景观不仅直接地给予对象消费的愿景与冲动，还规定了对象对教育选择的方向，是一种新形态、高精度的文化再生产模式。这种景观集群构建的圈层文化形成了一种实践支配，恰如布尔迪厄（Pierre Bourdieu）所说的，这种支配"不受有意识的审查和控制：它们在实践中支配这些实践，将人们错误地称之为价值的东西隐藏在最不由自主的动作或表面上最微不足道的技巧中"②，而这种被等级化的趣味划分进一步加固了参与者对阶层文化的认同。

教育景观不会消失，只能被打破与再构。德波提出了重拾真实需求的三种途径——漂移、异轨和构境：漂移，是通过一种被动的场景切换，迫使个体从固定的景观集群中抽离出来，在多样的景观中审视自身，发掘内心的需要；此处借用本组概念，为突破已有的教育景观控制寻求一种方向性，我们既抗拒纯粹地抛弃生活的功利性，又在一定程度上承认功利对人的成长与发展的积极意义。通过漂移和异轨的方式使教育参与者能够在对日常生活的多元审视中打破由教育景观产生的圈层性局限。

漂移是一种回归日常生活的手段，通过对自然环境的改变促进自身的思考，通过客体对象的转化形成一种新的主客观对峙状态以产生新的观念。这一手段是直接为了打破用户画像与信息茧房的精准推送，以一种超出茧房的视角重新看

① 〔法〕居伊·德波：《景观社会》，王昭风译，南京大学出版社，2017，第4页。
② 〔法〕皮埃尔·布尔迪厄：《区分：判断力的社会批判》（下册），刘晖译，商务印书馆，2015，第737~738页。

待教育。当教育景观集中地表现为应试教育"胜利者"的光辉时刻，漂移的手段则能够对对象进行更全面的审视：他的付出、他的心理状况、他的健康状况等，对目标的景深的观察使得认知回归贴合现实的线性叙事逻辑或人的发展的逻辑。异轨则是通过构建一种彼—此关系转换的景观将原先非强制支配的此—彼结构凸显出来[①]，通过这种直观的景观式表达冲击原有景观集群对大众观念的控制。教育景观不应仅仅呈现竞技场式关系的焦虑与应试增效模式的推销，更多的应该是对人的全面发展的景观构建，从而打破资本收益意向对大众教育观的引导。

对教育景观的再构境需要讨论一个前提性问题：教育是公共属性的还是资本属性的，或者说是指向公益性引导的还是指向收益性引导的。落到数字平台中的教育景观构建上，需要判断教育景观是基于以"培养人"为教育目的的，还是以"吸引人"进行流量收割的资本为目的的。显然教育的属性问题是明确的，那么其手段则需与目的相统一，与属性相匹配。那么，教育景观的再构境则直接指向了打破亚文化圈层的区隔性，解放教育参与者的教育观念，重新回归"培养人"的学理结论主线。教育景观集群的再构境应谨防以流量为结算标准，抑制碎片化、夸张化与焦虑化信息传播，主导教育学习平台提供系统性材料、促进学生系统化思考、助力学生系统化学习。[②]

---

① 张一兵：《异轨：革命的话语"剽窃"——情境主义国际思潮研究》，《文学评论》2021 年第 2 期。

② 张敬威、苏慧丽、谢明月：《公共属性抑或资本属性：元宇宙教育的前提性批判》，《中国电化教育》2022 年第 6 期。

应通过异构数据互通规避教育景观垄断。"当代社会存在的主导性本质主要体现为一种被展现的图景性"[1]，这种图景的主导权集中于文化权利的主体。现存的教育景观呈现集中于数字平台之中，数字平台则具备了观念主导的特权。应通过异构数据互动的方式破除资本平台自身所构建的圈层领域，需要通过"提高异构数据互操作能力，培养发展一批面向不同场景的数据应用产品，持续提升数据开发利用能力"[2]。异构数据互通能够产生多种景观集群的相互冲击，为数字平台中的漂移提供可能性。景观集群对观念有效主导的重要条件是圈层的区隔性，异构数据在客观上打破了信息的区隔性，从而使参与者从接收单向度信息转变为接收多元综合信息，教育景观集群也将出现弥散状态，对个体而言其接收的信息则从意向性引导逐渐转为零散的教育方法与实践图景。

增强学理性景观的大众化传播。在当下的数字平台中学界与实践参与者的教育观念是割裂的，两个群体所接收到的推送信息在用户画像的指引下截然不同——学者更多接收到批判性、理论性信息的推送，大众则更多接收教育焦虑传播、应试技巧、辅导机构推荐、"鸡娃"心得等信息的推送，这直接导致了在数字平台中不同群体"圈地自得"现象的出现，学理性教育观念也脱离于大众视野。应打破教育理论自身的区隔性，去除其"破圈"的阻碍性因素——如理论语言大众化、理论呈现形式

---

① 张一兵：《颠倒再颠倒的景观世界——德波〈景观社会〉的文本学解读》，《南京大学学报》（哲学·人文科学·社会科学）2006年第1期。
② 《"十四五"国家信息化规划》，http://www.cac.gov.cn/2021-12/27/c_1642205314518676.htm，最后访问日期：2025年2月21日。

视觉化、传播途径多样化等，使教育理论对教育实践参与者而言不再是口号式宣导，而是通过叙事性逻辑的完整呈现。将"培养人"的教育理念构建为教育景观集群，在引导教育参与者共情的过程中走向微观教育场域。

第六章

教育数字化转型下的
景观构建与教育挑战

　　视差分裂提供了使我们能够识别辩证法的颠覆性内核
的关键。

——斯拉沃热·齐泽克《视差之见》

引　言

　　本章提出，在教育数字化转型背景下，教育景观的构建越来越依赖于数字平台的赋能与人工智能技术的使用。基于此，应加强数字化平台对教育景观的赋能，将人机协同的智能技术作为对功绩性教育景观的反打之道，关注教育景观构筑中智能技术应用的伦理规范，培养教育主体对教育景观属性的批判与反思。党的二十大报告中明确提出了"推进教育数字化"。数字技术的迅猛发展，直接构成了教育结构性转型的核心驱动力，深刻影响着知识的生成机制、人类的认知模式以及教学组织形式的根本性变革。因此，应当以技术发展所引发的学习目标与形态的根本转变为逻辑出发点，从认识论的维度深入剖析数字技术所驱动的教育转型现象。并在此基础上，明确教育数字化转型的核心——技术变革的本质，并系统厘清教育数字化平台如何成为促进学习形态变革的关键赋能路径。随着智能技术的不断进步，可以预见，机器的"人化"与人的"机器化"趋势将日益显著，智能技术所引发的主体性危机越发凸显，由此，教育变革的基本立场与核心应聚焦于人的生命发展。因此，探索未来教育的变革路径需坚定地站在人的立场之上。教育作为"培养人"的核心意向性活动，在任何历史时期，其根本功能属性均不应发生偏移。故而，在智能时代背景下，技术意向应服从于教育意向，这不仅是未来教育变革的价值前提，也是其内在的逻辑要求。

为应对"人化"机器所引发的人类替代危机及算法权力监控系统，采用以"否定性"为奇点的视角，深入剖析人机之间的本质区别，成为一种重要的理论切入点。在此基础上，教育景观的构建将培养学生的否定性思维与批判性能力视为关键策略，以此作为抵抗算法控制及社会同质性暴力的重要手段。人工智能发展的最终目的与落脚点应为造福全人类的福祉，因此，其价值目标理应趋向于"善智"，通俗来讲便是"好"的人工智能。由于教育"培养人"的本质属性，技术意向性服从教育意向性是在教育领域应用技术的理论前提。在教育实践中，课程设计者与实施者亦可以适当增加有关技术哲学的相关内容，通过技术哲学的渗透推动学生对技术的"善用"。同时，教育主管部门、各级各类学校与教育者也需积极主动构建与完善多层次、多主体的教育技术使用伦理规范，力求基于"人的立场"推进教育数字化转型的同时保证技术使用的透明、公正与合乎规范。伴随数字技术的指数级发展，社会的经济模式与生产方式都迎来了较大的变革。在教育领域，党中央围绕教育现代化与教育数字化转型进行了系列部署。教育部 2022 年工作要点中正式提出"实施教育数字化战略行动。强化需求牵引，深化融合、创新赋能、应用驱动，积极发展'互联网+教育'，加快推进教育数字转型和智能升级"①。党的二十大报告中明确提出了"推进教育数字化"②。"教育数字化转型是指将传统课堂教学模式向包括人工智能在内的信息技术数字化教学方式转变……以满足不断变化的业务和市场需求的过程。"③ 数字技术的发展直接成为教育结构性变革的动因，直接影响着知识的生产方式、人类的认知形式以及教学的组织样式的变革④。所以，应以技术发展导致的学习目标与样态变革为逻辑起点，从认识论的视角出发理解数字化所催生的教育转型⑤，进而明确教育数字化转型的技术变革本质，厘清教育数字平台赋能学习样态变革的关键路径。

---

① 《教育部 2022 年工作要点》，http://www.moe.gov.cn/jyb_xwfb/gzdt_gzdt/202202/t20220208_597666.html，最后访问日期：2025 年 2 月 21 日。
② 习近平：《高举中国特色社会主义伟大旗帜　为全面建设社会主义现代化国家而团结奋斗——在中国共产党第二十次全国代表大会上的报告》，人民出版社，2022，第 34 页。
③ 焦建利：《ChatGPT 助推学校教育数字化转型——人工智能时代学什么与怎么教》，《中国远程教育》2023 年第 4 期。
④ 祝智庭、胡姣：《教育数字化转型的实践逻辑与发展机遇》，《电化教育研究》2022 年第 1 期。
⑤ 祝智庭、赵晓伟、沈书生：《技能本位的学习范式：教育数字化转型的认识论新见解》，《电化教育研究》2023 年第 2 期。

第一节 基于"人的立场"：教育数字化
转型的价值指向

随着智能技术的发展，可以预见，机器的"人化"与人的"机器化"问题将愈加凸显。面对智能技术带来的主体性危机，教育变革的基本立场与原则是人的生命发展，因此，必须基于人的立场探求未来教育的变革之道。教育以"培养人"为核心意向，在任何时代，这一功能属性不应改变，因此在智能时代，技术意向遵从教育意向是未来教育变革的价值前提与内在逻辑。面对"人化"的机器对人类的替代危机与算法权力监控，以"否定性"为奇点透视人机之别，并培养学生否定与批判能力抵抗算法控制与同质性暴力是教育重要的反打之道。为破除"机器化"的人带来的教育角色倒置与学生的思维惰性，教育应以培养学生"创变性"为核心，一方面加强具身教学，使学生基于真实的"周围世界"进行"上手"的创造性活动，另一方面利用机器感知，培养学生的技术交互能力、信息筛选能力与跨规则能力。为保障教育中人的权利与福祉，对智能技术的应用需以"善智"为目标，实现智能技术的"应用之善"与"伦理之善"。只有基于人的立场，教育才可能在智能化世界中焕发新的生机，作为教育主体的人才能够在与智能技术互构的行动网络中实现自由与全面的发展。智能时代的教育需基于对人类本质的认识，坚守"培养人"的价值意向。尽管人工智能等非人类主体正在作为"行动者"进入教育场域，与人类共同组成教育的数字共同体，但教育的目的仍需指向人的培养，促进人的未来发展，而非人工智能的改进。

教育需坚守"培养人"这一核心意向，关注人的智慧发展与文明传承。联合国教科文组织在《反思教育：向"全球共同利益"的理念转变?》一书中明确指出要"维护和增强个人在其他人和自然面前的尊严、能力和福祉，应是二十一世纪教育的根本宗旨"[①]。从教育本质的视角出发，教育可被视作人类独有的遗传模式与社会交往形式的综合体现，它承载着人类自我再生产与再创造的使命。尽管生物技术与数字技术看似以更加快速的手段实现人的再生产与知识的传递，但生物技术对人类的增强影响人的多样性与可能性，技术对"过程性"的跨越压缩了人类文明与经验的厚度。但正是通过持续的自然演化与后天习得所形成的人性决定了人之为人，也正是人性的紧密相连，才使人以群的形式站在一处，始成人类。因此，未来教育的重要目的一方面在于人类智慧的培养与发展，另一方面则是关注人作为类存在，其文明的传承与建构，前者是实现后者的途径与基础。因此在教育中，对技术使用的意向性考察是应用教育技术的前提，应确保技术意向性服从教育意向性。GPT 等生成性人工智能表现出技术意向更强的结果性特征。通过自然语言对 GPT 提出要求，它几乎在瞬间提供对应的结果予以回应，因此它是跨越过程性直接指向结果的，但教育的意向性是尽可能还原过程来发展学生的认知与智慧，因此，教育中对技术的使用应指向过程性，其对教学的赋能应着重于构建情境的高效、辅助教学的高效、呈现材料的高效以及帮助学生呈现过程性的

---

① 联合国教科文组织编《反思教育：向"全球共同利益"的理念转变?》，熊建辉校译，教育科学出版社，2017，第 36 页。

高效。① 对此，应以教育的"过程性"为核心意向建立教育技术使用意向的考察标准与伦理原则。首先。善用人工智能形成教育的"行动者—网络"，将人工智慧作为互动对象以提升学习能力，如通过与 GPT 之间的语言互动反馈来提升学生的语言表达、写作与推理能力，为学生提供有针对性的学习材料与智能学伴。其次，需明确规定技术的居间功能与限度，如某一技术是应作为具身的技术延伸学习者知觉，还是应作为诠释学技术解释学习内容，应根据不同教育目的明确技术的居间形式，避免技术使用的意向含混②。最后，需建立对意向性的伦理考察机制，针对技术使用中存在的数据偏见、信息茧房与权力凝视等问题进行考察，避免技术对学生造成不良的意向引导。

人与机器相区别的关键问题在于人工智能是否能够代替人类的劳作与思考，人工智能在众多领域超越了人类，人类的存在价值体现为何？人工智能不可跨域的"奇点"是回答这一问题的关键切入点，也是人类教育发展的核心指向。以"否定"为显著特征的反思过程，标志着人类意识领域的一次革命性起点，同时也是将人类与机器相区分的关键性标志。尽管人工智能技术的发展已经取得了自我复制、自我维护以及自我反馈等能力。但其尚未形成自我意识，其本质仍然局限于由数学原理与逻辑规则所构成的符号运算系统之内。数字技术通过电子游戏等方式构建无数个在现实世界中被视为不可能的虚拟世界，玩家通过宁芙化身体，在不同世界与无数的情境变式中发现、

探索新规律，建立新规则，使学生具有充分的"创变能力"从容面对未来具有不确定性与无限可能的新世界。

人工智能的价值目标应是"善智"，即"好"的人工智能，其落脚点是为了全人类的福祉①。技术乐观主义者始终秉持一种褒义的阐释立场，视技术为本质上中性的工具，并坚信技术若服务于善的目的，则必然带来善的结果。然而，现实情况却揭示了一个更为复杂的图景：技术在其服务于善的能力范围内，同样具备服务于恶的目的并产生恶果的潜力——这便是技术在后果层面的"善恶等价原则"②。生物技术所进行的人体增强、基因干预可能使人性陷入一种不确定的危险之中，人工智能等技术的发展也可能造成数字鸿沟、算法偏见等价值问题。

在教育中应增加有关技术哲学的教学，促使学生对技术的"善用"。智能时代教育需增添一项新的重要工作，即关于技术文化观的教育，引导学生对技术的价值属性、功能意向进行批判性认识，将技术哲学方面的教学融入德育与智能技术的应用与教学当中，以塑造学生正确的技术价值观，做到对智能技术的"善用"。

教育管理部门、学校与教师需积极构建多层面的教育技术使用伦理规范，保证技术使用的透明与公正。首先，应保证技术使用时，算法输入与运行的透明。算法透明是众多国际人工智能政策条例中的重要原则之一。在教育领域，需要求技术供应商以明确与通俗的语言说明算法使用的目的、伦理标准、参数、采集信息的范围、运行规则等，保证对算法不当的追责与

---

① 《善智：人工智能的价值目标》，《中国社会科学报》2017 年 8 月 23 日。
② 李河：《从"代理"到"替代"的技术与正在"过时"的人类?》，《中国社会科学》2020 年第 10 期。

监督①。其次，保障技术使用与算法编辑的公正平等。教育管理部门需关注现已出现的技术落差与资本控制所造成的数字鸿沟与算法歧视问题，在事前以政策法规的方式建立详细的伦理规定与处罚机制，在事中建立有效的监督管理机制与风险评估机制，在事后对违反政策条例的教育伦理僭越、师生利益侵害行为进行追责与处罚，为技术划定伦理红线。最后，建立系统的技术辅助使用与监管平台。对教育弱势群体、技术应用存在障碍的师生提供有针对性的技术应用指导与伦理监督，在促进智能算法高效使用的同时，维护教育伦理的正当性。

第二节　教育数字化转型的核心特征

教育数字化转型是服务于教育的，而"学习"是教育学的逻辑起点，一方面"学习"是教育学中必不可少的一个基本范畴；另一方面"学习"在教育学中不以其他范畴为根据、为前提。② 所以讨论教育数字化转型问题，应首先从人才定位与学习样态变革的角度讨论数字化转型"向哪转""为何转"的问题。

在人类的文明发展中，学习的样态不断变化。人类生活具有社会性，在人类世开启的纪元中，存在着数个乃至数十个存在论事件，它们并非对事件的一种知识论分类，而是其创作能

---

① 王旦、张熙、侯浩翔：《智能时代的教育伦理风险及应然向度》，《教育研究与实验》2021 年第 4 期。
② 瞿葆奎、郑金洲：《教育学逻辑起点：昨天的观点与今天的认识（二）》，《上海教育科研》1998 年第 4 期。

力或"革命性"对人的存在方式实现了系统性或整体性的改变①，而学习在每一项存在论事件中都起到关键性的推动作用，并在每一个改变人存在方式的创世性事件后产生新变革，进而发挥推动作用，以构成人类生活和思想的新本源，为人类的存在方式构筑新的创建点。

在农耕文明或自然经济时代，学习通常以经验传授的形式存在，人们往往在感官能够触及的层次上把握世界，学习内容主要表现为"经验形态"的知识②。此时的学习必须与生产活动相统一，通过特殊的生产生活和实践活动的经历来掌握技术，以此安身立命，获得社会身份并建立自我认同。在这一时期，学习中主体的内在自我与外在社会认同具有原始的同一性，学习的社会价值与个体价值密不可分。现代工业社会，社会制度更加负责、专业化，并产生了组织严密的劳动分工，个体也倾向于按照活动将自己的生活进行分割。因此，在大工业生产的社会背景下，人类的学习走向专业化、普及化、统一化，与此同时阶级性也更为显著，统治阶级用发展生产来掩饰统治支配，通过制定学习来传递自身的价值观与文化，并以此实现文化、社会与阶级的再生产。

进入数字时代，"互联网+"教育的发展与GPT等人工智能的发展作为存在论事件对人类学习提出了变革的要求。数字在场的学习方式使人类的知识经验不再为某一阶级所独有，互联网技术的发展给予了任何人获得知识的同等机会。但是，互联网与人工智能技术的发展作为最新的存在论事件将学习带入了

---

① 赵汀阳：《假如元宇宙成为一个存在论事件》，《江海学刊》2022年第1期。

② 韩震：《知识形态演进的历史逻辑》，《中国社会科学》2021年第6期。

新的阶段,学习的主要矛盾从人与人、人与社会的关系转向人与人、人与社会、人与技术的三重关系,甚至将二者隐入人与技术的关系背后,学习者与技术的矛盾日益凸显。如微软在近期的研究中指出,GPT 等生成式人工智能不仅能够使用自然语言与人类进行交互,其在完成数学、编程、视觉、医学、法律、心理学等多样化和高难度的任务中表现也极为出色,而且能将多个领域的技术与概念统一并生成新知识,GPT-4 的表现惊人地接近人类,甚至可以被合理地视为人工通用智能(AGI)系统的早期版本。[1] 因此,可以预见随着 AI 技术的不断发展,它的应用领域将不断扩展,直到囊括几乎所有人类智能与体能的领域,人类机械性、重复性的认识活动与体力劳动均能够被更为高效与经济的人工智能所替代。因此,在数字时代,技术的发展促逼教育重新思考人类学习的目的与价值。

数字时代人与技术的矛盾成为关键矛盾,尤其是人工智能技术对人类在多个领域的超越对以灌输知识为主的传统学习提出了很大挑战,面对这一未来,"培养什么人能够不被机器所取代"成为教育与学习必须思考的前提问题。学习的变革必须将人工智能等技术的发展考虑进其价值标准与目标定位当中,以人与技术的矛盾为切入点,以此对"何为有用的人、有价值的知识、有效的学习"等问题做出具有前瞻性的回应。

人与技术的矛盾集中体现于人与机器学习的矛盾之中。相对于人的学习,机器的学习更为即时、高效、可控,并且更快地转换为生产力,从而快速地挤压人类的就业市场。掌握单一

---

[1] Sébastien Bubeck et al., Sparks of Artificial General Intelligence: Early Experiments with GPT-4. (2023-04-13). https://arxiv.org/abs/2303. 12712,最后访问日期:2024 年 12 月 29 日。

技能的工作岗位伴随着技术的发展已经以更快的速度消失，更多的单一技术工种被自动化机械或人工智能物所取代。从本质上讲，当下数字技术所取代的是人们通过培训所获得的单一工具性能力。这种单一工具性能力是工业时代教育针对确定性目标而培训的能力，同时其培训标准与被培训者的工具化程度紧密相关。生产效率越高则工具化程度越高，这种工具化的最优水平则是机械化而非人工化。所以高工具化劳动力的培养是使人机械化的过程，使人成为流水线与生产系统的一个高效环节，这种环节效率的片面性要求取代了人的整全性诉求。传统工业中培养单向度的、工具化程度高的、具有稳定性的劳动者更符合生产的效率，基于此，传统的学习方式更注重基础知识与技能的传递重复、记忆灌输。但当自动化技术能够替代人的重复性、机械性劳动，以知识储存与知识组合见长的人工智能能够代替以灌输知识为主的学习活动时，必须重新思考学习的价值并倒促学习的变革。

当人类大量沦为"无用阶级"，学习对于人类还意味着什么？互联网技术的发展带来了全球内信息的流转与爆炸，从而导致知识的迭代更新指数级加速，上一秒学习的知识可能在下一秒被淘汰，师者的人生视野、生命经历、知识积累在"加速主义"标签下已土崩瓦解，普遍存在的"知识焦虑"使"学什么"成为人类学习的前提之惑。随着信息革命作为最新的存在论事件发生，教授主义的学习方式已经难以满足时代变革对学习者的要求。学习者在掌握知识、技能的基础上还必须发展创造新知识、新理念、新产品的能力，学习者需要能够对阅读的材料做出批判性评价，且能够以口头和书面的形式清晰地表达自己的理解。

智能机器不仅作为学习的工具与载体，更作为学习中的特殊存在物，成为学习的主体与客体本身。在非原创性思维上，人工智能超越人类的"奇点"已然临近，是选择将学习活动彻底让渡给机器学习的算法，在智能设备安排下偏安一隅；或是向前一步与机器结合成就新的学习主体，探寻人类学习的新形态与独特价值，这一对人类学习的抉择将决定教育能否探寻到新的存在价值抑或走向终结。因此，"数字素养"与"技术素养"是未来学习者必须掌握的核心素养，对人与技术关系的把握、对数字技术的善用是未来学习的重要课题。

生产力与技术的发展规定了不同时代对人才的定位。技术的发展决定了"培养什么人"在特定生产关系下更具有价值，而技术在教育中的运用则决定着"如何培养人"这一效用问题。所以教育数字化转型应赋能教育应对数字时代转型下的人才定位变革与教育需求，以教育数字化转型助力学习样态变革。在培养目标上，第一，应培养具有人际合作能力且区别于机器的人，学习的目标与内容的制定应基于人类智能的独特性；第二，培养能多元性发展且能够应对非线性发展的未来的人，以应对智能技术对机械化、重复性岗位的淘汰；第三，培养能够人机协同生产与学习且善用技术的人，能够在数字环境下成为技术的"善用者"甚至"创造者"。由此，在未来的学习中"思维比知道更重要、问题比答案更重要、逻辑比罗列更重要"①。在厘清对数字时代人才的定位、学习价值的定位的基础上，以数字时代教育目的为基本导向，对技术的本质进行思考、剖析教育数字化转型本质，进而分析技术如何赋能教育、教育

① 沈书生、祝智庭：《ChatGPT 类产品：内在机制及其对学习评价的影响》，《中国远程教育》2023 年第 4 期。

数字化转型如何赋能学习样态变革。通过教育数字化转型进一步赋能学生多样态的学习方式，构建具有生态系统的学习化数字平台。

教育数字化转型以数字技术的发展作为转型的动因，所以明晰教育数字化转型的技术变革本质是理解教育数字化转型概念与意义的重要前提。人工智能等技术的快速发展作为技术史上的里程碑式事件，具有生产方式的飞跃性与转向性的特征。所以对技术变革与数字化转型的本质特征的探讨尤为重要，进而才能说明数字化转型"哪里转""转什么"的问题，只有厘清转型的本质才能更好地探讨教育数字化转型下的教育变革与学习变革。

综合的"他者性"是教育数字化转型的技术指向。当下数字技术的发展作为一种"存在论"事件，对人们的生产生活具有变革性的意义。在此我们借用美国技术哲学家唐·伊德的理论对数字化转型进行技术本质的分析。伊德对当时已有的技术进行了分析，认为存在四种并列关系的技术：首先是具身关系（embodiment relation）的技术，即借助技术把实践具身化[1]；其次是诠释关系（hermeneutic relation）的技术，伊德把诠释学作为一种技术情景中的特殊的解释活动，将这类技术人工物看作解读的对象[2]；再次是他异关系（alterity relation）的技术，伊德认为他异关系的技术人工物具有了一种"拟人"的特性，人们与这类技术人工物的互动使技术人工物具备了一种准他者性

---

① D. Ihde, *Technology and the Lifeworld* (Bloomington: Indiana University Press, 1990), p. 72.

② D. Ihde, *Technology and the Lifeworld* (Bloomington: Indiana University Press, 1990), pp. 80-86.

（quasi-otherness）①；最后是背景关系（background realtion）的技术，在这一关系中，技术"抽身而去"，如暖气、教室等技术人工物在背景的位置上起到场域的作用，虽然通常不在焦点位置却调节人们的生活情境。② 在传统的技术存在样态下，这四种技术是分别存在于不同的技术人工物之中的，即传统的技术人工物具有单一技术功能的特征，如手表是用于观看时间的、电话是用于进行通话的；但是在数字时代，技术人工物则呈现了集成多功能的形态，如智能手表除了观测时间还可以用于健康监测、运动辅助、通话等活动，智能手机除了用于通话还被集成了视频娱乐、学习办公等功能。数字时代下的技术呈现出了多功能集成于单独载体的特征。

数字化转型就是从单一技术到综合技术的转型，从技术的准他者性到他者性的转型。数字时代下的具身关系、诠释关系、背景关系的技术成为他异关系技术的辅助功能，四种技术关系不再是并列且分别呈现于不同的技术人工物，而是以多种关系共同增强他异关系的拟人性、多样性与智能性。他异关系的技术不再是如伊德所说的 ATM 机一样的技术形式，而是在人工智能技术、大数据技术与自适应技术等多种技术共同加持下，能够具备具身功能、诠释功能甚至背景功能的综合拟人对象。具备多种功能形式的数字技术成为一种与人能够进行多维互动的技术对象，互动的综合性与智能性使其更具备主体性特征，他异关系的技术从准他者性发展为他者性——在当下社

① D. Ihde, *Technology and the Lifeworld*(Bloomington: Indiana University Press, 1990), pp. 97-100.

② D. Ihde, *Technology and the Lifeworld*(Bloomington: Indiana University Press, 1990), pp. 110-111.

会我们已经理所当然地将技术作为我们互动的对象而非单纯的工具，如 ChatGPT。作为单纯的技术具有一种透明性的特征，这种透明性可以通过海德格尔"上手"的概念进行解释：上手的状态是一种动态的状态，指的是通过对工具的使用而进入一种主体完成其目的的活动状态，在这种状态下工具本身具有透明性，如我们用锤子钉钉子，在这一过程中锤子则具有了透明性，人们不再关注锤子而是聚焦于钉钉子的活动。而当下我们面对的对象则是人工智能技术的综合体，我们不得不正视技术人工物的存在，此时它的透明性消失了，随之而来的是一种拟人的主体性。

以"他者性"技术构建指向未来的数字学习生态。教育数字化转型的本质指向了三阶路径，教育数字技术将进一步地伙伴化、平台化与生态化。这三阶指向将分别对应不同的职能，在不同维度体现数字技术赋能教育的价值。伙伴化、平台化与生态化的转型是从微观到宏观依次递进的关系，前者是后者的支撑，后者是前者在更宏观维度的进一步发展。

教育数字化转型的伙伴化的本质是对数字技术工具性的遮蔽和对主体性的彰显。技术的意义在于帮助人们更高效地认识世界与改造世界——技术对人力做工效率的改进聚焦对做工过程的代替。在传统技术发展的脉络中，技术主要扮演着替代人类重复性劳动、提升生产效率的角色，而技术人工物则被视为人类主导下的操作对象。具体而言，当技术呈现出具身关系时，它成为人类肢体的延伸，即在人类思维的指引下，通过技术人工物实现具身化的实践活动。而当技术展现出诠释学关系时，它则作为一种可被解读的技术实体存在，例如温度计，其解读的主体依然是人类本身，人类通过对技术人工物的解读来获取所需信息。但是他异关系技术的发展则出现了一种主客互换的样态，从"人的决策→技术的加速→技术的符号输出"转变为"人的符号输入→技术分析→技术的符号输出"，在技术人工物成为他者时，则呈现了一种双主体的互动，而思考与决策的权利也产生了转移。也就是说数字技术的赋能分担了一部分本应由人进行的思维性工作，那么就出现了一个信息处理中心转移的问题。教育是引导并促进学生思考的活动，单纯地通过数字技术简化学生的思考步骤是本末倒置的。所以教育数字化转型要明确数字技术对学习"提效"的对象，教育技术提高的是为学生塑造学习情境的效率、对学生进行引导的效率、对学生进行精准测评的效率，而非对学习过程的省略。所以教育数字转型的伙伴化转型是他异技术的形式，以伙伴化的样态，对学生进行有效的引导，帮助学生聚焦学习、探究、思考的过程性——伴学与助学并非"替学"①。

教育数字化转型的平台化是转型的最直观、最具可操作性步骤。2022年3月28日，国家智慧教育平台正式升级上线，教育平台是教育的"软基建"升级，正朝向智慧云校的逻辑与架构演化②。数字技术的发展与应用，不仅依靠人工智能技术，同时还需要大数据分析、用户画像等网络技术的介入。那么，

---

① 当下这种作为"伙伴"的他异技术已经在其他领域被应用，如时年23岁的美国网红 Caryn Marjorie 和一家叫作 FV 的公司合作，运用 GPT-4技术创建了一个"AI分身"，Caryn AI 是一个基于语音的聊天互动机器人女友，具有和 Caryn Marjorie 非常接近的声音和个性，粉丝可付费与其聊天恋爱，每分钟1美元，截止到2023年5月12日，注册人数已近2万人。

② 祝智庭、林梓柔、闫寒冰：《新基建赋能新型教育公共服务平台构建：从资源平台向智慧云校演化》，《电化教育研究》2021年第10期。

教育数字化转型中的教育技术除了具备"人—机"的互构形态，还具备"人—机—人"的互构状态。"人—机—人"的互构状态与传统的网络互动形式相比较，其具有平台化特征，具备了更强的信息定向筛选、类别整合与精准推送的特质。那么，平台化维度下的教育数字化转型则是由传统"人—人""人—机"的网络形式转型为"人—机—人"的网络形式，一方面技术在人际沟通中充当了具有能动性的调节中介，另一方面教育数字平台并非"资源包下载中心"的传统网站，而应是具备用户画像分析功能与信息精准推送功能的智能化平台。所以在平台建设层面，需要通过"提高异构数据互操作能力，培养发展一批面向不同场景的数据应用产品，持续提升数据开发利用能力"①。教育的平台化发展不能局限于单一形式，而是应该立足教育政策，通过多个子平台的异构数据互操作，构建育人导向的大教育平台。

教育数字化转型的生态化是转型的最高层次目标。传统的平台具备构建生态的权力，这种生态化的初级阶段是规则层面的，"对平台的参与者进行标准化处理，或者说行使一种抽象的权力使参与者在潜移默化中接受被赋予的用户身份，遵守平台所制定的标准化规则，从而实现'个体'到'用户'的转变"②；而生态化的高级阶段则是文化认同与意向性传播层面：恰如香农（Claude Elwood Shannon）的观点，认为信息和噪声

---

① 《"十四五"国家信息化规划》，http://www.cac.gov.cn/2021-12/27/c_1642205314518676.htm，最后访问日期：2025年2月21日。

② 张敬威、苏慧丽、谢明月：《公共属性抑或资本属性：元宇宙教育的前提性批判》，《中国电化教育》2022年第6期。

没有本质区别，信息与噪声的决定要素是系统的匹配程度。[①]
区别于传统平台，具备人工智能技术的平台具备"技术凝视主
体"的特征。当下越来越多的具备搜索引擎功能的常用平台将
以 ChatGPT 为代表的生成性人工智能内嵌于其搜索引擎当中，
如百度将其旗下文心一言内嵌于其自身的搜索引擎中、苹果将
ChatGPT 内嵌于语音助手 Siri 当中。由此，AI 所具备的多场景
模拟语言处理能力与大型搜索引擎系统的信息检索能力相结合，
实质上增强了技术作为他者的真实属性——实时对话的生成能
力。自此技术对人的"凝视"实质上成为一种权力机制。[②] 这
种凝视并非物理层面上存在着视力范围的注视，而是被凝视者
自身在他者的领域中想象出来的一种凝视。[③] 而当 AI 具备了他
者性并且能够与人进行及时有效的沟通时，人便可以在这种技
术背景下获得极其真实的交流与反馈，自然而然地也将自身放
置于 AI 场域之中并接受技术的凝视。当下这种技术的"凝
视"在诸多短视频、社交类娱乐平台中都有所体现，但是现
阶段的教育平台仍不具备这一特征，教育平台中他者性构建
的不足是核心原因。所以，生态化层面的教育数字化转型是
从资源中心向教育中心的转型，是从规则制定到价值引导的转
型，是从"规定学生必须学什么"到"引导学生想要学什么"
的转型。

[①] C. E. Shannon, "Communication in the Presence of Noise," *Proceedings of the IEEE* 9(1984): 1192–1201.

[②] 〔法〕米歇尔·福柯：《权力的眼睛——福柯访谈录》，严锋译，上海人民出版社，1997，第9页。

[③] Jacques Lacan, *The Four Fundamental Concepts of Psychoanalysis*, trans. Alan Sheridan(New York: Norton, 1981), p. 82.

综合前文所述，教育数字化转型是在技术"居间"关系变革背景下，教育通过综合性他异技术构建以技术他者为媒介的教育生态，以期培养具有人际合作能力且区别于机器的人、能多元性发展且能够应对非线性发展的未来的人、能够人机协同生产与学习且善用技术的人——总的来说，就是培养能够在综合性他异技术环境下持续发展的人。根据教育的目的与技术变革本质，教育数字平台赋能学习生态构建具有三条关键路径：第一，构建学生学习的人机协同生态；第二，构建学生学习的协作交流生态；第三，构建学生学习的叙事性引导生态。

运用多元数字技术，结合综合性他异技术特征，构建促进学生自主深度学习的人机协同生态是教育数字化转型的重要目标。当前的数字技术已经能够支持学生的个性化学习、扮演虚拟教学角色、实现人机情感交互等功能[1]，在激发学生的学习主动性、提高学习兴趣与增强教学效果方面均有一定作用[2]，但是仍然存在对技术的临场感缺失与反馈形式固化的问题，而决定学生学习效果的直接原因是促进学生学习力发展的程度。[3]而学生学习力的提高水平则是教育数字化转型的重要评价标准。构建人机协同的学生学习生态的目的是克服数据对人的"窄化"，增强学生学习的效果。由此，教育场域中构建人机协同生态时则出现了一组矛盾：算法对人的学习效率的促进性与对

---

[1] 徐振国等：《教育智能体的发展历程、应用现状与未来展望》，《电化教育研究》2021 年第 11 期。

[2] L. Lin et al. , "Using a Pedagogical Agent to Deliver Conversational Style Instruction: What Benefits can You Obtain?" *Computers & Education* 143 (2020): 1-11.

[3] Ruth Deakin Crick et al. , "Developing Resilient Agency in Learning: The Internal Structure of Learning Power," *British Journal of Educational Studies* 2 (2015): 121-160.

人的认识的规定性之间的矛盾。教育数字化转型的目的不是培养算法规定下的"程序人""机器人",而是通过数字技术开拓传统教育局限性、增强学习效果、培养能够适应世界的数字化发展的人——教育的数字化转型不是对应试教育流水线"生产模式"的数字化升级。而综合性他异技术则能够更好地调和"增效"与"破除算法局限"之间的矛盾。

构建人机协同的学习资源隐性推送机制。增强他异技术的透明性、他者性,打破学习者的预设边界。综合性他异技术与传统数字平台的区别在于"平台"形式的透明化与可用资源边界的模糊,即在与他异性技术进行对话、交流的时候,用户并不仅仅认为自身在一个数字平台(如网站)中进行资源获取,也并不会预设对话的边界——如用户在浏览网站时会考虑网站的类别而进行对应的搜索,而与 AI 语音助手(如"小爱同学""Siri")进行对话时则不会预设对话所需知识的边界。结构主义的教育实践使学生生成了对知识的学科壁垒,传统数字教育平台的应用促使学生生成了对数字学习场景与真实生活场景的认知壁垒,由此产生了一种出离感:数学知识用于解决数学问题、化学知识用于解决化学问题、学校的知识都拥有考试作答、数字平台是课堂的一种替代形式。教学形成的场域性认知壁垒、学科形成的学科性认知壁垒以及技术平台形成的资源边界性认知壁垒都较大地影响了学生的认知投入,即学习者在互动过程中使用认知或元认知等策略,认知投入反映了学习者的心理努力程度。[1] 而综合性他异技术作为一个以主体呈现的沟通对象,学生与技术的关系则从具有边界性与壁垒性的工

---

[1] 张琪、王红梅:《学习投入的多模态数据表征:支撑理论、研究框架与关键技术》,《电化教育研究》2019 年第 12 期。

具性关系转为主体间的交流关系。所以，构建人机协同的数字学习生态应消除数字技术的工具性标签，以"透明性"打破学生认知壁垒，在提供资源获取的同时进行符合认知规律的隐性引导。

构建人机协同的学习过程监测与考评跟踪机制。首先，应对学生进行过程性监测，进而驱动个性化教学。"传统的学习通常具有一种服从集体的强制性，每个人都被迫在同一天以适应'大多数'的速度在课堂中学习同样的东西。但是每个人的学习进度的快慢却是各不相同的。"① 数字教育生态的构建为精准监测、水平划分与课程匹配提供了技术基础。其次，应通过自适应技术实现开放学习者模型（Open Learner Model），引导学生进行学习的自主反思。通过将模型诊断结果可视化呈现给学习者，进而使学生能够掌握自身学习的过程性信息，促进学生的自我监控与反思。② 单纯地依靠可视化呈现的方法很难高效地提高学生参与度与认知投入，应结合综合他异技术的特征，将促进反思的辅助性工具转换为具备主体间关系的刺激性对象。再次，通过过程性跟踪与他异性评价刺激促进学生认知通过原型激活产生新异联系③，通过对学生的过程性监测，结合数字生态的场域性功能向学生展现新事物、新观点从而促使其将新知识与已有的概念进行知识结构的连接，产生"内部

---

① M. Bulger, Personalized Learning: The Conversations We're Not Having. (2016 – 07 – 22) [2022 – 01 – 12]. https://datasociety.net/pubs/ecl/ PersonalizedLearning_primer_2016.pdf.

② S. Bull and J. Kay, "Student Models that Invite the Learner In: The SMILI: Open Learner Modelling Framework," *International Journal of Artificial Intelligence in Education* 2(2007): 89–120.

③ 张敬威、于伟：《非逻辑思维与学生创造性思维的培养》，《教育研究》2018 年第 10 期。

认知协商"①，主体间的对话形式更易引起"内部认知协商"的触发，相较于非他异的技术，教育的数字化转型凭借语言类多模态生成 AI 技术支持将教育情境回归至一种苏格拉底层面"产婆术"的引导模式，数字化的"师者"与"学伴"能够更好地促生学生的"头脑风暴"与深度思考。

教育数字化转型的平台属性要求其具备资源分配与用户匹配等功能，除了对教育场域的人机协同进行支持，还需对在线资源进行合理匹配。其中包括对学生进行基于学习者画像的精确学习诊断功能，在诊断基础上的在线资源分配与学习协作者在线匹配功能，以及对团队协作能力进行跟踪考评功能，从而构建一种实时沟通的数字学习生态。当下的在线学习平台功能较为单一，能够对学习者的合作学习行为进行一定的技术支持，如提供分享、交流与讨论的平台②，同时已经能够证明在线学习管理系统对学生的学习交互与合作参与方面具有一定的积极作用。③ 一方面，基于学习者知识水平与其社会互动异质性为依据组队匹配能够提升学生的学习效果④；另一方面，在分组实验中以学生的学习开放性、人际关系、测试成绩的分组学习

① David H. Jonassen and R. M. Marra, "Concept Mapping and Other Formalisms as Mindtools for Representing Knowledge,"*Research in Learning Technology* 1 (1994).

② C. M. Chen and C. H. Kuo, "An Optimized Group Formation Scheme to Promote Collaborative Problem-based Learning,"*Computers & Education* 133 (2019): 94-115.

③ S. B. Dias et al., "Computer-based Concept Mapping Combined with Learning Management System Use: An Explorative Study under the Self-and Collaborative-Mode,"*Computers & Education* 107(2017): 127-146.

④ C. M. Chen and C. H. Kuo, "An Optimized Group Formation Scheme to Promote Collaborative Problem-based Learning,"*Computers & Education* 133 (2019): 94-115.

效果优于随机分组。① 从本质上看，学生自主学习的协作交流生态是对在线学习共同体的升级，在线学习共同体是依托互联网开展的社会性学习组织形式，成员通过在线互动以期提高学习成效②，而协作交流生态旨在通过生态构建开展常规性、动态性的在线匹配机制，通过更加开放与便捷的方式促进学生的学习信息交换、知识互补、观点互构等行动的开展。基于学习者画像的学生自主学习的协作交流生态构建是教育数字化转型的重要方向。

　　构建学习者画像数据库，厘清学生在线学习匹配机制。美国交互设计之父阿兰·库珀（Alan Cooper）最早提出了"用户画像"（User Persona）的概念，旨在对目标用户建立真实数据的解释模型③，后被迁移至教育领域，被称为"学习者画像"。构建学习者画像的数据库是构建学生自主学习的协作交流生态的首要步骤，通过大数据技术对学习者进行数据化分析并评级分类是进行学习共同体匹配与精准教学干预的前提。根据王春华所构建的学习者画像模型，可将学习者画像划分为三个维度：第一，兴趣特征维度，包括学习风格、媒体偏好与学习兴趣；第二，行为特征维度，包括参与度、交互度与专注

① Dragan Lambić et al., "A Novel Metaheuristic Approach for Collaborative Learning Group Formation," *Journal of Computer Assisted Learning* 6(2018): 907-916.

② Carmel Kent and A. Rechavi, "Deconstructing Online Social Learning: Network Analysis of the Creation, Consumption and Organization Types of Interactions," *International Journal of Research & Method in Education* 43 (2018): 1-22.

③ Alan Cooper, *The Inmates are Running the Asylum: Why Hightech Products Drive Us Crazy and How to Restore the Sanity* (Indianapolis: Sams, 1999), p. 22.

度；第三，知识水平，包括事实性知识、概念性知识、程序性知识与元认知知识。[①] 通过学习者画像采取兴趣互补性原则、社会互动异质性原则以及知识水平近似原则完成学习者在线匹配，并结合学习者群体特征设定学习任务、构建学习情境，促进学生的协作探索式学习。

构建学生自主学习协作交流生态的纵向反馈机制。在以往的多种在线学习研究中，均提到了在线学习使学生产生出离感而导致学习效果不佳的问题，但是这并非在线活动的共同特征，如短视频类 App、互动式手游均能吸引用户长时间进行专注交互。所以，破除数字教育场域中出离感的主要目标并非破除数字技术与现实世界的出离感，而是应构建反馈机制促使学生以兴趣为导引开展数字学习活动。本书第二章中提到斯坦福大学商学院的埃亚尔对人的"上瘾"机制构建的 Hook 模型（上瘾模型），亦可将其作为基本原则构建自主学习协作交流生态的纵向反馈机制。第一，应创设学生学习的触发点。触发的形式繁多，可分为付费型触发（如购物网站补贴与代金券的发放）、人际型触发（如社交网站中的点赞与关注）、回馈型触发（如新闻与短视频自适应推送）、自主型触发（如主动订阅新闻与订阅内容主题与开启推送），数字学习生态的构建应结合多种情境创设多元触发点，使学生开始学习。第二，应根据学习者画像设定学生学习行动的合理难度。根据斯坦福大学说服技术研究实验室（Stanford Persuasive Technology Lab）主任福格（B. J. Fogg）所构建的行为模型 B＝M×A×T（B 代表行为，M 代

---

① 王春华：《基于学习者画像的精准教学干预研究》，《济南大学学报》（社会科学版）2023 年第 2 期。

表动机，A 代表能力，T 代表触发）①，动机、能力与触发都是展开行动的关键要素，若希望学生持续展开学习行为除了进行动机引导与外部触发之外，还可通过提高学生能力或降低学习行动水平的方式完成，所以在数字学习生态构建中应通过动态监测实时调整学生的学习行动难度与匹配策略。第三，应根据学习状况构建多样的酬赏体系。酬赏的形式包括社交式酬赏（如社交网站的评论、点赞与转发）、猎物酬赏（如操作短视频类 App 时的信息回馈）与自我酬赏（在任务中获得的成就感与掌控感），协作交流式数字生态的优势在于能够以更低的成本与更便捷的方式调整酬赏形式，如对学生协作性学习任务创设社交式酬赏机制、在开展学习任务时加强猎物酬赏引导、在线小组合作探究时通过学生的自我酬赏状态调节学习进度等。第四，引导学生愿意持续对学习活动进行投入。构建教育数字平台中的学业绩效系统，学生在教育数字平台中积累的学业成就与知名度、数字平台中的学伴积累等都会成为学生进一步在平台进行学习的动因。②

自然语言处理和识别能力的提升使情感层面的教学交流进一步被纳入教育智能体的功能范畴之中，ChatGPT 的诞生作为教育技术发展中的节点事件，代表着教育技术功能性与适用领域的突破，其作为内容生成式 AI 具有基于泛数据源的语义联结、基于用户问题的知识生产以及基于用户偏好的微调策略等

---

① 〔美〕尼尔·埃亚尔、〔美〕瑞安·胡佛：《上瘾——让用户养成使用习惯的四大产品逻辑》，钟莉婷、杨晓红译，中信出版集团，2017，第52 页。

② 例如各大 MOOC 平台和一些高校的网络课程在学生完成课程测试后，颁布的 Badges/Microcredit（数字徽章/微认证），就是一种典型的激励策略。

功能，在平台下的语言 AI 更加贴近每一个个体。① 结合学习者画像数据库与大数据分析，教育平台具备了情感叙事性引导的功能。情感的叙事性引导包括两个主要方面，分别是"我喜欢"与"我相信"的引导，一方面通过精准推送、反馈机制干预以及语言引导等方式能够促进学生的学习兴趣，另一方面通过平台开展的叙事性引导能够更好地讲述中国故事、坚定学生的爱国情怀。

在学习兴趣的数字生态性引导层面，应增强学习内容与学生经验、兴趣的结合，起到引导学生学习观念的作用。综合性的他异技术区别于传统技术的"呈现"模式，其具备了主体性的"推荐"模式。具象"呈现"与主体"推荐"相结合的技术模式为学习兴趣的引导带来了重大的方法性变革。传统学习环境中由于环境的壁垒性无法满足学生知识迁移发生的条件②，IVR 技术的应用③能够通过为学生带来丰富的感官刺激与多元反馈帮助学习者将虚拟学习环境中所学的知识迁移到真实生活中④，而 ChatGPT 的运用则对学生的主体性建构具有重要的引

---

① 沈书生、祝智庭：《ChatGPT 类产品：内在机制及其对学习评价的影响》，《中国远程教育》2023 年第 4 期。

② S. Hajian, "Transfer of Learning and Teaching: A Review of Transfer Theories and Effective Instructional Practices," *IAFOR Journal of Education* 1 (2019): 93-111.

③ VR/AR 等交互技术的应用能够为学生带来丰富的感官刺激与多元反馈，帮助学习者在虚实融合环境开展协作学习活动、远程学习活动。以若琪（Rokid）公司产品为例，通过眼镜端和操作设备，能够实现天宫空间站的宇航员和地球上的小学生在同一虚实空间中进行沟通，通过眼镜双方能够看到远程的 3D 虚拟人就在身边，能够协作完成太空环境下的趣味实验。

④ 高楠等：《沉浸式虚拟现实对学习者知识迁移效果及效率的影响研究》，《远程教育杂志》2023 年第 1 期。

导作用。"搜索栏"的出现代替了人们大量的检索性工作，而ChatGPT 的出现则预示着代替人们大量的筛选、整合信息的工作，学习者在与 ChatGPT 进行交流时，语言必然地以对话为载体作为一种带有大他者（the Other）① 能指对学生进行介入。也就是说，学生在与语言类 AI 进行互动时，所获取的并非单纯知识，同时还可受到语言符号的价值引导。正如"近朱者赤，近墨者黑"，ChatGPT 为教育技术提供了一个新的教育功能——学习兴趣的引导。《庄子·达生》中讲述了一个关于"善于游泳的人很快就能熟练学会驾驶船只"的小故事②，论述了观念与学习效率的关系，综合性的他异技术一方面可以凭借虚拟现实技术创设积极体验的发生情境从而强化学习者的心理效阶③，另一方面可以通过语言性引导使学习者学习观念，就此则完成了阐释学技术、背景性技术与他异技术的综合。这正如在技术层面上达到《庄子·人世间》中所说的"形莫若就，心莫若

---

① 拉康认为大他者是一种符号性的向度，是一种将我们的现实体验予以结构化的无形秩序。参见 Slavoj Žižek, *Event: Philosophy in Transit*（London：Penguin，2014），p. 119。

② 颜渊问仲尼曰："吾尝济乎觞深之渊，津人操舟若神。吾问焉曰：'操舟可学邪？'曰：'可。善游者数能。若乃夫没人，则未尝见舟而便操之也。'吾问焉而不吾告，敢问何谓也？"仲尼曰："善游者数能，忘水也；若乃夫没人之未尝见舟而便操之也，彼视渊若陵，视舟之覆犹其车却也。覆却万方陈乎前而不得入其舍，恶往而不暇！以瓦注者巧，以钩注者惮，以黄金注者殙。其巧一也，而有所矜，则重外也。凡外重者内拙。"陈鼓应注译《庄子今注今译》（下），中华书局，2020，第 485 页。

③ 唐烨伟、郝紫璇、赵一婷：《教育智能体唤醒学习者积极情绪的发生逻辑与调节路径——基于听觉刺激对积极情绪的影响》，《远程教育杂志》2023 年第 2 期。

和"且"就不欲入，和不欲出"之功效情境①——以一种隐性的方式完成对学生的引导。

教育数字平台的构建为"讲好中国故事"提供了新的载体。数字平台更易展开观念性的传播，因为其对信息具有一种筛选的功能。数字平台能够对传播的信息进行甄别，并对适合传播的类别进行更生动的呈现与讲述，通过系列事件能够构建学生的价值观与学习观。"事件是这样的东西，它照亮一个之前看不到甚至无可想象的可能性"②，事件应以系列的形式在平台呈现，同时具备使受众能够感同身受的故事性，而数字平台则使这种故事性以更为生动的形式展现。系列"事件"作为一种叙事性环节，其核心在于对叙事逻辑的渗透，这种渗透伴随学习者的自身归纳。所以系列"事件"的引导并非强加告知受众，而是使学习者对事件进行解读，符号受众的主体参与活动本身使受众对解码结论更为信服，因为这不是别人灌输的道理，而是自身推导而出的结论。③ 当这种结论以一种体系性的形式出现，则会使学习者坚定自身所推导出的观念。合理地运用教育数字平台的学习者画像与信息推送功能，能够更好地增强思想政治教育的有效性。

---

① 颜阖将傅卫灵公大子，而问于蘧伯玉曰："有人于此，其德天杀。与之为无方，则危吾国；与之为有方，则危吾身。其知适足以知人之过，而不知其所以过。若然者，吾奈之何？"蘧伯玉曰："善哉问乎！戒之，慎之，正汝身也哉！形莫若就，心莫若和。虽然，之二者有患。就不欲入，和不欲出。"陈鼓应注译《庄子今注今译》（上），中华书局，2020，第135～136页。

② Alain Badiou, *Philosophy and the Event,* trans. Louise Burchill (Cambridge: Polity, 2013), p. 9.

③ 张敬威、濮丹阳：《"双减"路上的功绩性"白噪音"》，《湖南师范大学教育科学学报》2023年第3期。

第三节　基于视觉变革的学习数字化转型

从生理上说，人在正常使用技术（或者以各种方式延伸身体）时，永远都是为技术所改进，然后反过来寻找不断改进技术的新方法。[1] 随着新的媒介技术的发展，人与其所创造的技术共同进化，如某些感官处理模式通过具身的技术延伸到更广阔的外部环境中，同时，技术也不断改变感官的既有分布与人的认知方式，从而以一种意味深长的方式改变了人与世界的互动形式。[2]

在印刷媒介时代，主体的信息传递主要依赖于符号的表征及其与视觉的链接。承载着文字符号的印刷文化，具有抽象性、逻辑性与客观性，体现为单一的视觉强度。第一，印刷媒介世界以抽象的文字符号为主要的表征方式，最早的象形文字是代表整个概念的视觉标志，作为符号学术语，它们直接（形象地）表示视觉的能指。[3] 随着古代人们对象形文字的熟悉，为提高书写效率，文字变得愈加简单与抽象，直至最后，虽然在我们记录思想的每一个字母字符中，背后都有一个象形文字的故事，但因为我们的眼睛不再习惯于从中提取图像内容，所以它已经变得或实际上是不可察觉的。第二，印刷媒介时代，我们的认知方式已逐渐驯化为适应文字符号的逻辑，将符号通过

---

[1]　Marshall McLuhan, *Understanding Media: The Extensions of Man* (Cambridge, Mass. : The MIT Press, 1994), p. 46.

[2]　Marshall McLuhan, *Understanding Media: The Extensions of Man* (Cambridge, Mass. : The MIT Press, 1994), pp. 45–46.

[3]　Marcel Danesi, *Understanding Media Semiotics* (London: Oxford University Press, 2002), p. 58.

视觉传输脑中并进行转译。第三，承载着文字的印刷媒介确定了所谓的客观性，它倾向于将主体（陈述的制作者）和客体（陈述的内容）视为独立的实体，并将二者分割而存在。但随着印刷媒介的大众化倾向，其表现形式逐渐从语法烦琐、视觉乏味的文字转向新的表现形式。尤其集中体现在小说、报纸、平面广告等具有消费引导的媒介中，如在广告文本的组合中战略性地重复产品的名称或功能，以引人注目、个性化的非正式语言，以及利用某些有效的修辞手段，包括使用幽默来吸引人们对产品的注意。① 也就是说，印刷媒介的大众化发展不断朝着人们的视觉感知进攻，以求实现对视觉的直接性冲击与感官刺激。

在影像媒介时代，主体的视觉集中于对景观世界的旁观。从技术层面上，电影、电视等媒介是视觉再现的主导文化形式，它们逐渐开始改变人的认知方式与存在方式。在观看影像时，观众以一种基本固定的姿态面向媒介图像，图景则被描绘为观看世界的窗口，而作为一种被固定在界面前的旁观者，这种观看行为表现为身体的缺席与个体自我的非实体性，是"静态、被动，静候着接受被置于他或她不动的身体之前的虚拟现实建构"②。也就是说，在这种模式下，观察者并非现代意义上的参与者，而是从视觉上记录客观给定的、如其本原的外部现实的固定生物系统。③ 另外，影像媒介时代的产生增强了对盛景

---

① Marcel Danesi, *Understanding Media Semiotics* (London: Oxford University Press, 2002), p. 73.

② Lev Manovich, *The Language of New Media* (Cambridge, Mass.: The MIT Press, 2001), pp. 104–109.

③ 〔美〕罗杰·F. 库克：《后电影视觉：运动影像媒介与观众的共同进化》，韩晓强译，广西师范大学出版社，2023，第126页。

（spectacle）的塑造。"盛景"作为让人目之难移的盛大景象，是一种图像的聚集，它通过以影像为载体的大众媒体，制造令人眼花缭乱的景观刺激人的视觉神经，从而牵动甚至制造欲望。盛景是资本累积到一定程度形成的图像，通过铺天盖地的景观塑造，资本支配了人们的目之所见，塑造了人们的世界观，从而导致个体拒绝了所有的自主性——他/她不再生活，而是沦为"观景者"（spectator）[1]。

在数字媒介时代，主体不再是被动的旁观者，而是走入虚拟世界，实现在"发光世界"中的沉浸、参与及互动。近年来，虚拟现实技术与 AIGC 的急速发展逐渐为使用者们建构了一个愈加庞大、系统与真实的元宇宙世界。在影像媒介时代，我们仍通过肉身之眼"看"现实世界，而进入数字媒介时代，我们逐渐通过"屏幕/镜片"来看到现实，通过不同屏幕的看使我们陷入"视差之见"，"现实世界"本身就成为一个结构性地透过屏幕/镜片而被看到的"发光世界"[2]。这一"发光世界"体现出几乎与现实世界同等的真实性，关键在于使用者能够以第一视角进入这一世界，实现沉浸式的参与、互动与实践。在 AIGC、VR、AR 技术的支持下，使用者们不是在旁观而是在操纵，他们所在的虚拟世界绝不是一个景观或影像，而是一种以视觉为核心的全方位感知。因此，数字媒介时代人们面对世界的方式是参与式，他们不再是阅读者与观看者，而是真正的主体，他们以第一视角在开放的世界中行动、探索与抉择，与

---

① 吴冠军：《德波的盛景社会与拉康的想象秩序：两条批判性进路》，《哲学研究》2016 年第 8 期。

② 吴冠军：《在发光世界中"眼见为实"——虚拟现实技术与影像本体论》，《电影艺术》2023 年第 3 期。

技术共同构建一个与身体、自我及世界密切相关的新世界，打破印刷文字与影像等媒介的藩篱，构建新的身体经验、自我同一性与新的可能世界的关系。[①]

在教育中，技术的发展与应用主要集中在视觉感知的层面，从对单一视觉的延伸发展到以视觉为核心的全方位感知技术，人—技术—世界的居间关系中技术的存在性愈加凸显，并作为教育中重要的行动主体而存在，学生与技术在互动中共同进化，从而塑造着教育中人与世界的关系。

在教育中，最初使用的技术多体现为具身的技术与诠释学的技术，其本质是对身体器官的延伸或是对教育内容的承载。具身技术[②]在教育中集中体现为对视觉的延伸，如使用较为广泛的显微镜、望远镜等光学技术，具身技术强调其"透明性"，即在掌握这种技术后人与技术融为一体，技术"抽身而去"，从而形成"（我-技术）-世界"的关系。诠释学的技术在教育中被看作解读的对象。[③] 在教育中存在大量诠释学的技术，如书本、PPT、图片等承载可解释信息的技术，通过屏幕，学生更为直观地获取教学内容，并在脑中构建关于世界的模型与自身的认知图式，从而形成"我-（技术）-世界"的关系。这两种技术主要依赖于印刷文字与影像媒介，因此在实际的教学应用中，仍存在内容上以抽象的符号为主、学生作为旁观者主体性不足、为技术而使用技术的形式主义等多种问题，一方面在于教育者使用不当；另一方面这些技术的自身特征局限了学

---

① 蓝江：《宁芙化身体与异托邦：电子游戏世代的存在哲学》，《文艺研究》2021年第8期。

② 有关具身技术、诠释学的技术详见本书第三章第一节。

③ D. Ihde, *Technology and the Lifeworld* (Bloomington: Indiana University Press, 1990), p. 80.

生与技术的多重互动。

随着 AIGC 技术与虚拟现实技术进入教育领域，他异关系的技术与背景关系的技术在教育中的应用逐渐凸显。他异关系的技术将技术作为"准他者"，聚焦人与技术的互动。背景关系的技术则指作为技术环境的技术。[①] 在教育中，虚拟现实技术、人工智能技术与数字资源的使用是他异关系技术与背景关系技术的代表，如 GPT 等人工智能作为教育中的他者与学生、教师进行问答生成式的互动，VR 技术通过使教育主体佩戴头显设备将他们带入一个看上去"真实"的发光世界，营造一个极致真实、丰富的教育场域与虚拟环境。由此，教育中的技术不再只是单一感官的延伸或是承载内容的工具，学生与教师不再是工具的使用者或是技术的旁观者，学生与教师能够进入技术营造的拟真世界中，以视觉为中介，以屏幕或技术的外接设备为进入另一个世界的介质，在或模拟现实世界的"平行世界"，或与现实大相径庭的"多重宇宙"中，与人或非人的他者互动，探索规则、模拟人生、重构对无限的可能世界的认知模型。在这一过程中，教育主体是操作者、参与者、探险者与创造者。这一转变是当前教育数字化转型的真正变革，也是未来教育数字化的可能走向。

教育数字化转型的新方向，在于为教育主体提供以视觉技术为核心的全方位虚拟感知，其关键路径在于他异关系的技术与背景关系技术的应用，为教育主体建构能够获取真实经验的"拟真世界"。正如麦克·卢汉所说，今日学生生活的世界并非分割肢解的世界，而是整合模式的世界，因此传统的文字世界

---

① D. Ihde, *Technology and the Lifeworld* (Bloomington: Indiana University Press, 1990), p. 108.

下，资料分类式的教育形式与分类信息所组织起来的学习环境与课程已远远不能满足学生的学习需求①，传统教学中固定的学习内容与封闭式的学习空间也远远不能承载飞速流转与代谢的知识与信息，因此，当下教育数字的技术更替、教学形式变革、主体的重塑具有颠覆性、同步性与迫切性。

当前的教育数字化转型的技术变革是以视觉技术为核心的全方位虚拟感知技术的引入。AIGC 与虚拟现实技术的应用是教育数字化变革的核心技术支撑，这些技术的引入代表着学习者们在视觉感知的基础上，在学习过程中能够获得更多的动感、触感的立体体验，能够借助虚拟增强技术实现操作、触摸甚至创造，从而实现学生的"具身参与"与"立体交互"，其互动的对象也从原本的人转向人与非人的"行动者-网络"构建，学习者与技术在能动的交互中实现共同的进化。如在与 GPT 等大型语言模型互动时，学习者与其多次迭代的问答能够使问题与答案的质量得到大幅提升，其本质是学习者与人工智能的共同学习与进化。

当前的正规教育的学习者们多为数字原住民，或可将其称为电子游戏世代。对于他们来说，在虚拟世界中的生活与现实生活同等重要，因此在虚拟世界中的学习具有必要性与迫切性。当 GPT 等生成式人工智能作为一种可外接的具有丰富资料储备与强大功能的"外脑"随时在学生的学习过程中发挥着作用，如即刻的知识检索、迅速的虚拟教师讲解、具有针对性的问答互动，这一"外脑"在内容储备、反应速度与个性化教学上超越了真实环境下的教师，也超越了自然人的"本脑"，教育需

---

① 〔加〕马歇尔·麦克卢汉：《理解媒介：论人的延伸》，何道宽译，译林出版社，2019，第 26 页。

要迫切思考如何能够使培养的学生在未来不会沦为"无用阶级"。这一问题的回应必然不是对技术的排斥，而是通过对技术的深度使用寻求答案。因为技术提供这样一种可能性——为学生构造打破现实学校空间的藩篱、突破分类式的教育模式、重构教育角色的权力关系的另一虚拟的教育世界，获知一种完全不同于现实世界的可能性。

学习在获取知识之外的另一重要目的在于育人，育人的关键在于使学生建构自我同一性，即建构自我、接纳自我、超越自我。20 世纪精神分析学家拉康将自我的建构认为是眼中所见之"图像"的想象。根据其"镜像理论"，人在镜中看到的图像，实际是想象中的"理想-我"，并对这一形象深信不疑，从而形成自我同一性。因此，在拉康看来，自我的建构本质上是一种图像的欺骗，主体的自我认同永远是一个误认。① 如他所说，"主体无法再对自己身体有直接接触，而必须通过图像——'理想-我'（理想化的他者）的图像——之调介。在'镜像阶段'之后，人被图像——镜中的'魔影'（phantom）——所支配；而'这个镜中图像就是视觉世界的入口'"②。拉康对自我真实性的否定是一个结构性的永恒否定，其"理想-我"与"真实-我"存在难以破解的结构性矛盾，另外，"理想-我"的实现在拉康的时代存在想象界与实在界的落差，从而造成自我同一性的割裂，但虚拟世界中，"理想-我"的构建成为可能，并可能成为一种新的获取主体解放的重要路径。

---

① 吴冠军：《德波的盛景社会与拉康的想像秩序：两条批判性进路》，《哲学研究》2016 年第 8 期。
② 〔法〕雅克·拉康：《拉康选集》，褚孝泉译，上海三联书店，2001，第 110 页。

学习者可以在虚拟世界中通过"宁芙化身体"建构"外主体",并在虚拟空间中实现"理想-我"的释放。在拉康的理论中,"理想-我"仅存在于想象界与象征界的头脑之中,但进入数字时代,元宇宙的产生为"理想-我"的幻化提供了场域,主体在元宇宙中形成"外主体"①,即自我的一种新的存在样态。以教育元宇宙为主要场域,因此,学习主体不仅是在现实空间中本体论意义上的"实在我",在此之外还生成了数据世界中一种数据外溢下的主体形态,即主体在互联网上的行为留下数字痕迹,这些痕迹不断地形成外在于"我"的"第三持存"②,作为学习的"外主体",也可称之为"数据人"。这一外主体为学习者的意识或欲望生成的外主体,也是拉康所说的"想象界"中的主体形象,或是德勒兹所说的逃逸出内在自我的分裂主体。这一外主体可能是被资本所抛弃的剩余数据,它既逃离了内在主体的束缚,也逃离了数字资本的控制,成为在数字资本主义下思考主体解放的途径。③ 相对于现实自我,外主体能够突破"处境的空间性"与物理世界单一的规则,学习者能够以更加多样的方式、更为自由的虚拟生存状态探索更加广袤的虚拟宇宙。例如在不同的电子游戏中,学生可以选择体验多种职业,并在不同的职业要求与生存规则下探索世界规则与更好的适应方式,以此作为学生的职业规划培训与创变能力

---

① 在数字时代,原先被压抑在主体内部的欲望和力比多,在互联网和大数据技术的推动下,显然流溢到我们的身体之外,并在互联网上留下数字痕迹,形成的新主体形态可称为"外主体"。参见蓝江《外主体的诞生——数字时代下主体形态的流变》,《求索》2021年第3期。

② 蓝江:《外主体的诞生——数字时代下主体形态的流变》,《求索》2021年第3期。

③ 蓝江:《外主体的诞生——数字时代下主体形态的流变》,《求索》2021年第3期。

的培养未尝不能作为教育元宇宙下的新的教学形式，通过将虚拟世界中的"外主体"作为"理想-我"的外化，促进现实中学习者的自我认同与职业选择。

数字化转型背景下，人的存在世界不仅仅是现实空间，还是虚拟世界所构造的多重元宇宙，人类所需认识的世界不仅是自然界，或局限于身体所能达的周围世界，更需认识与创造的是以元宇宙为代表的技术世界。在教学实践中可以发现，真实世界与虚拟世界在学习者的经验构建与知识获取上并无差别，"发光世界"与"现实世界"具有本体论的同构性，二者并不存在"真实"对抗"虚假"的本体论差别，我们所处的世界充其量是个"影像+"的世界①，因此，知识经验的获取并不只依赖于现实世界中直接或间接的感知与传递，教育数字化转型的关键在于在虚拟世界中获取真实的经验与知识，借助屏幕与外接设备，学习主体可以借助"宁芙化身体"在虚拟世界实现感知、操纵甚至创造行为。AIGC、VR、AR 技术，以及之后可能普及的脑机接口技术等都在为主体构建一种"宁芙化身体"，主体不再是屏幕外的旁观者，而是以第一视角进入虚拟世界中，对这一身体进行操纵与控制，进行全方位的环视、触摸与感受，为这一虚拟的肉身赋予灵魂。在教育元宇宙，基于此构建多种世界与无限情境，能够为学生提供更加真实、具身与立体的感知方式，从而获得真实经验。在数据世界中"外主体"的存在意味着数字自我与现实自我一样能够在虚拟世界中获得感知经验，甚至更为丰富多元，因为每一次进入虚拟世界进行感知，都在生成新的存在，从而生成新的欲望、感知与经验，它与肉

---

① 吴冠军：《从元宇宙到量子现实：迈向后人类主义政治本体论》，中信出版集团，2023，第 14 页。

身感知的经验一样建构着学习者的世界与意识。如物理教师能够通过《塞尔达传说》这一游戏，带入主角林克的第一视角，通过操纵林克乘坐小船渡河的这一虚拟经历，来使学生根据河流流速与小船偏移来计算渡河的最短路线，从而将现实中抽象的物理问题转化为学生在虚拟世界中的真实经验。[1] 这种通过电子游戏建立起来的经验系统，是一种绝对异于我们现实身体的操作，但它可以通过虚拟世界中的身体建立起来，并成为"我"的一部分，在虚拟世界中的经验也成为学生经验的一部分。[2]

以"图像"为核心概念的数字化变革不仅体现在视觉技术的应用层面，还体现为在"凝视"这一观看行为下对事物秩序权力的重建，它重建了外在世界与事物的秩序，也重建了学习中主体的权力角色与互动模式，在虚拟世界与现实世界并存的生存样态下，凝视也存在于两个世界之中。

在教育中，现实空间中的凝视形成了教育者与学习者、人与非人、学习者与学习对象之间的秩序性权力关系。"凝视"这一概念，指的是行为主体对某一特定对象进行持续且专注的观察行为。该行为的主体既可以是具体的个体人类，也可以是抽象的算法系统；而被凝视的对象则具有多样性，既可以是独立的个体或具体的物体，亦可以是某种动态的行为过程。凝视并非单纯的观看，而是具有建构性的权力，它并非静候着去揭示各种人物和事物的存在，而是暴力性地将事物纳入其观察的

---

① 【物理老师玩塞尔达传说是怎样的】林克过河问题，(2018−02−20) [2023−10−05]，https://www.bilibili.com/video/BV1WW41177Hg/。

② 蓝江：《宁芙化身体与异托邦：电子游戏世代的存在哲学》，《文艺研究》2021 年第 8 期。

视觉框架下，并按照目光凝视设定的构成来把握事物。① 在这一凝视的行为下，学生被教师凝视，从而被纳入学校规制的秩序下，在这种机制下，个体处于一种集体的、匿名的凝视中，由于被看见，被凝视者不得不处于权力的压迫之下②，从而将学校变为全景敞视监狱。而学生与教师则通过凝视，将学习的对象纳入其中并转化为其对象的秩序，如以何种标准选择学习内容、以何种方式判断学生的行为好坏。通过观看与凝视，教育中的主体建立世界的秩序，也建构其本身与世界的行为关系与价值标准。

虚拟空间中的凝视打破了原本凝视权力的单一性，为学习者建构了潜能空间。在虚拟空间中，为主体创造了一个不可能同时可见的空间关系，记载虚体化身体的多重凝视架构下生成异质性并存的世界。如在虚拟的元宇宙空间中，用户可以自由选择角色的性别、长相、职业与生存环境，经由不同选择触发不同时间，创造不同的事物秩序，这一过程并非单一抽象的线性过程，而是在多元、开放与无限变化的体系中使用户探索不同的可能性。因此，在这一空间中，教师与学生、观看者与被观看者的角色、身份被消解，为实现教学的过程，教师可以化身为任何一个 NPC③，与学生进行交流、互动，甚至共同完成学习的过程。"宁芙式化身利用它独有的凝视，利用不可能的

---

① 蓝江：《双重凝视与潜能世界：电子游戏中的凝视理论》，《上海大学学报》（社会科学版）2022 年第 3 期。

② 〔法〕米歇尔·福柯：《权力的眼睛——福柯访谈录》，严锋译，上海人民出版社，1997，第 157 页。

③ NPC 是 "Non-Player Character" 的缩写，指游戏、角色扮演成虚拟世界中的非玩家角色。

并存性关系，实现了在现实世界中不可能具有的事物的秩序"①，它能够打破时间、空间的限制，打破阶层、个性、外貌的区隔，打破封闭、僵化的系统，以理想化的虚拟化身自由地投身多种可能的世界中。这是一种新的感触关系与事物秩序的生成，能够抛却现实空间中的单一权力的凝视，为学习者打造新的潜能空间。

虚拟自我实际上是一种"理想-我"的构建，这种拉康所说的主体的"镜中形象"可能是欲望的表达，是在资本"盛景"的迷惑下一种对本真自我的异化，但在教育元宇宙中，虚拟自我能够为学习者营造出可逃逸于资本侵蚀、权力监控与权威凝视的电子空间，在其中构造一个与现实自我具有异质性，具有潜能的虚拟自我，通过自我的想象图像，在"理想-我"与"现实-我"中调节，建立关系，教育者的重要任务是引导学生检视虚假的、错误的"现实"途径，从而建立真正的"理想-我"，并引导学生将虚拟的"镜中我"（想象秩序）向"社会我"（符号秩序）扩展，从而实现虚拟自我与真实自我的弥合。

通过虚拟世界中的角色扮演构建学生的"外主体"，重新建立教师、学生与学习对象的角色关系。数字成像的再媒介能够使原本通过观看和凝视、欲望和认同来定义的"去身化的眼睛"转变为由感知、选择、记忆、想象、情绪所定义的具身的大脑。② 虚拟技术所塑造的新的时间与空间模式能够剥离旧的

---

① 蓝江：《双重凝视与潜能世界：电子游戏中的凝视理论》，《上海大学学报》（社会科学版）2022年第3期。

② Patricia Pisters, *The Neuro-Image: A Deleuzian Film-Philosophy of Digital Screen Culture* (Stanford, Calif.: Stanford University Press, 2012), p. 71.

身份限制与权力秩序，以重构新的角色。在这一空间中，教师
抛却高高在上的知识掌握者与赐予者的身份，而可以化身为引
导者与陪伴者，幻象成一种更为学生所喜爱的角色形象，以更
具趣味的互动方式构建虚拟学习过程。

学习者可以通过在元宇宙中的"外主体"探索规则，重构
秩序，将在虚拟世界中获得的潜能与经验作用于现实世界与自
我塑造中。在虚拟世界中，外主体作为一种数据形象，能够打
破时间、空间的限制，打破阶层、个性、外貌的区隔，打破封
闭、僵化的系统，以理想化的虚拟化身自由地投身于多种可能
的世界中，在虚拟世界中，创造的过程也是解决问题的过程、
探索规则的过程与改造世界的过程。因此，面对电子游戏世代
的学习者，应以角色扮演的方式建构学习者在虚拟空间中的宁
芙化化身，以具有逻辑性与针对性的游戏世界特有的规则和体
验引导学生探索规则、发现规律，以游戏化教学的方式引导学
习者在虚拟世界中获取真实经验，并培养其在虚拟世界和现实
世界中的迁移能力、批判能力与适应能力。

数字媒介的发展促进了我们以新的方式想象虚拟空间的能
力，并且改变了我们在复杂的文化环境中保持空间定向的能力。
随着自动型身体功能的神经网络与电脑系统的对接，我们身体
指导运动反应的机制也在进化。数字技术已经在不断插入身体
与物理世界中，我们越来越多地处在"混合的'数字-物理'
空间"（hybrid "digital-physical" space）[1] 中。因此，教育数字
化转型中，经验的感知与知识的获取越来越多地存在于数字与

---

[1]　Andy Clark, "Minds in Space," in *The Spatial Foundations of Language and Cognition*, eds. Kelly S. Mix, Linda B. Smith, and Michael Gasser (Oxford: Oxford University Press, 2010), p. 14.

物理的混合空间中，呈现出机器感知与身体感知的交融状态。因此，在这一空间样态下，应通过现实空间身体与宁芙化身体，共同为学习者构建真实经验。

采用 IVR、VR 等技术构建虚拟环境①，使学习者在第一人称视角下感受虚拟经验的真实性，能够在情感支持、意义建构与学习效能上具有更大的影响力。在技术加持的虚拟环境下，能够为学习者提供以强视觉为核心的全方位身体与机器感知，制造情动脉冲，采用 VR、AR 等技术在虚拟世界中实现学生的运动动觉交融以及与虚拟世界的身体性接触。② 教育者需加强学习过程中学生的具身操作与情感体验，积极应用具身的技术对学习者的肢体与知觉进行延伸。教育者在引导学习者应用具身关系的技术时，应以透明性与沉降性为原则，促进超生物肢体、大脑与感官技术工具与学习者的深度融合，在透明性上力图做到技术"抽身而去"，在沉降性上加强学习者对技术的习惯化操纵，采取直接、具体、沉浸的人机交互方式与虚拟对象进行互动，提供更强的具身感和能动性。③

将电子游戏作为构建拟真学习环境的关键模型。当代的学习者可以被称为电子游戏世代④，游戏世界能够让他们通过宁

---

① K. P. Kruzan and A. S. Won, "Embodied Well-being through Two Media Technologies: Virtual Reality and Social Media," *New Media & Society* 8 (2019): 1734-1749.

② 〔美〕罗杰·F. 库克：《后电影视觉：运动影像媒介与观众的共同进化》，韩晓强译，广西师范大学出版社，2023，第 8 页。

③ M. C. Johnson-Glenberg, "Immersive VR and Education: Embodied Design Principles that Include Gesture and Hand Controls," *Frontiers in Robotics and AI* (5) 2018: 81.

④ 蓝江：《宁芙化身体与异托邦：电子游戏世代的存在哲学》，《文艺研究》2021 年第 8 期。

芙化身体,感受不同世界的规律、不同角色的人生、不同欲望的实现。现实世界并非唯一可能世界,在开放的游戏世界中,学生可以重塑新的世界与新的自我。"电子游戏是各种力量、情感和个人生成的集合体,它们是多重性的,根本不是封闭的系统,而是无限的变化和开放发明的体系。"① 因此,学习的数字化转型可以以电子游戏为模型,通过数字技术为学生构筑无限的"可能世界"②,建立具有自由度、沉浸性与真实性的虚拟环境,使学习者能够在不同世界与无数的情境变式中发现、探索新规律,建立新规则,获取真实经验。

数字化变革的关键特征在于世界被算法化与数据化,人类的思想与行为、物与物之间的作用关系都被算法精准地数字图绘(digital profiling),并通过数据平台的占有、分析、利用,从而制造、呈现、描绘被数据映射并转播的世界,这一世界是被塑造的、被中介后的、被打碎的,因此,教育者需要通过筛选、整合虚拟世界碎片化的信息流,在数字时代中帮助学生重构认识世界的新框架。

教师应作为负责任的调节者,对虚拟空间中的碎片化信息流进行过滤、整合、引导与利用。如哈贝马斯提出的那样,当前"新媒体"与传统媒体的不同之处在于,数字公司利用技术为潜在用户提供无限的数字网络可能性,就像为他们自己的交

---

① C. Cremin, *Exploring Videogames with Deleuze and Guattari: Towards an Affective Theory of Form*(New York: Routledge, 2016), p. 16.

② 采用电子游戏进行教学已经较为普遍,如有部分教师将《塞尔达传说》这一游戏应用于地理、物理、化学、外语等多个学科的教学中,并获得了良好的教学效果。但当前的教学实践更多采用教师演示讲解的方式,还未实现使学生通过宁芙化的身体,在开放的虚拟世界中,探索规律、塑造世界。

流内容提供空白版，他们不负责自己的节目，不生产、不编辑也不选择。① 尤其是在人工智能大行其道的情况下，GenAI 还可以用来改变或操纵现有的图像或视频，以生成难以与真实图像区分的假图像或视频。因此，在数字媒介中，信息以碎片化、流量化与虚假化的方式呈现。因此，教师有责任作为"调节者"，扮演守卫者的角色，并对碎片化的信息进行过滤与整合，并应用到教学场景中，从而重新构建认识世界的新框架。

培养学习者对数字"盛景"的抵抗与反思能力。在数字媒介时代，"盛景"的构造愈加庞大、简便而富有冲击性，并在资本的隐秘性引导下有针对性地决定学生能够看到什么、欲求什么、相信什么。因此，教师应引导学习者建立一种批判性的技术价值观，引导学生对数字"盛景"的价值属性、功能意向与表达形式进行批判性认识，警惕虚拟世界资本凝视下的世界秩序。

第四节　教育如何应对生成式人工智能的挑战

2022 年 11 月，OpenAI 发布了名为 ChatGPT 的生成式人工智能，不同于以往基于规则的人工智能，ChatGPT 能够以对话的形式与使用者进行交互，它能够更好地理解连续自然语言背后的需求，并通过来自人类反馈的强化学习（RLHF）不断进行迭代训练。② 它的高智能性被认为跨越了人工智能的"奇

---

① J. Habermas, *Ein neuer Strukturwandel der Öffentlichkeit und die deliberative Politik* (Berlin: Suhrkamp Verlag AG, 2022), p. 44.

② OpenAI. Introducing ChatGPT. (2022 - 11 - 30) [2023 - 03 - 05]. https://openai. com/blog/chatgpt.

点",在人类世界引起了轩然大波。面对这一变革性的人工智能,大部分研究者保持着谨慎与辩证的态度,他们一方面肯定 ChatGPT 等人工智能作为工具辅助研究者阅读大量文献、统计分析数据、协助创建假设、评估优化论文等功能①;另一方面,以审慎的态度看待与 ChatGPT 的对话缺乏上下文、虚假陈述与错误数据的技术问题②,也需要警惕其响应有害指令以及涉及抄袭的伦理问题③。尽管已有作者将 ChatGPT 列为共同作者并发表研究成果,但《科学》与《自然》杂志均声明不能将 ChatGPT 列为作者,并认为,"尽管 ChatGPT 很有趣,但它不是作者"④。由此可见,我们正处于大型语言模型(LLM)的十字路口:有些人把它们看作我们自然的进化,而另一些人则把它们看作披着羊皮的狼⑤。对于教育来说,ChatGPT 可能优化学术训练,如通过提高反馈来提升学生的写作与推理能力,为学生提供智能学伴,但它可能导致某些技能的丧失,如丧失文献检索的能力、统计分析的能力等。关键在于,作为一种人工智能技术,它以具有异质性的对象方式存在,能否代替人类的思考、

① H. Alkaissi and S. I. McFarlane, Artificial Hallucinations in ChatGPT: Implications in Scientific Writing. Cureus, 2023, 15(2): e35179. [2023-03-05]. https://doi.org/10.7759/cureus.35179.

② E. A. M. van Dis et al., "ChatGPT: Five Priorities for Research," *Nature* 614 (2023): 224-226.

③ J. Dahmen, M. E. Kayaalp, M. Ollivier, A. Pareek, M. T. Hirschmann, J. Karlsson, and P. W. Winkler, Artificial Intelligence Bot ChatGPT in Medical Research: The Potential Game Changer as a Double-edged Sword. Knee Surgery, Sports Traumatology, Arthroscopy, s00167-023-07355-07356. [2023-03-05]. https://doi.org/10.1007/s00167-023-07355-6.

④ H. H. Thorp, "ChatGPT is Fun, But Not an Author," *Science* 379(2023): 313.

⑤ A. Graf and A. Bernardi, ChatGPT in Research: Balancing Ethics, Transparency and Advancement. Neuroscience, S0306-4522(23)00079-9. [2023-03-05]. https://doi.org/10.1016/j.neuroscience.2023.02.008.

推理，甚至假设和创造。正如《自然》杂志中提出的，我们需要对人工智能在知识生成与创造中实现的潜在加速与研究过程中人类潜力和自主性的丧失之间进行权衡，并找到一种方法来从对话式人工智能中受益，而不会失去人类的科学活动最深刻的几个方面：好奇心、想象力与探索。[1]

探讨 ChatGPT 何以能作为一种教育技术，首先应对其概念、功能归属以及在应用过程中可能产生的影响进行分析。尽管以往的技术哲学理论，已经对不同的技术类型进行归类与分析，ChatGPT 作为一种新生的语言类人工智能技术具有不同于以往人工智能的他异性质。不同的技术以不同的方式构造环境并居间[2]于人与世界之中，既帮助人们提高改造世界的效率，又以其居间作用不断转化人们经验的格式塔结构。

GPT 是他异关系技术的进一步发展形态。以 GPT 为代表的语言类人工智能由于其综合性，具备了多种技术关系的特征。从本质上看，ChatGPT 是以他异关系的技术为基础发展而来，伊德很早便指出："计算机是一个他异关系技术的很好的例子。但是计算机的他者性是一种准他者性，它的真正用处还在于它

---

① E. A. M. van Dis et al. , "ChatGPT: Five Priorities for Research, "*Nature* 614 (2023): 224-226.

② 人在使用技术的过程中，人—技术—世界是一体的，具有"形式指引"的结构。这种关系是先行显示的，而关系的意义是"悬而未定"的、有待发生和构成的。伊德由此阐述了技术意向性的第三种含义，即"技术居间的意向性"或"以技术为中介的意向性"（technologically mediated intentionality）。这里强调的是技术在揭示世界时起到的"居间"（mediation）作用。详见韩连庆《技术意向性的含义与功能》，《哲学研究》2012 年第 10 期。

的诠释学能力。"① 但是伴随着语言类人工智能的发展，技术的
"准他者性"开始向真正的"他者性"发展，同时人工智能的
综合性使其具备了诠释学关系以及背景关系等多种技术的特征。
一方面，GPT 作为语言类人工智能发挥着诠释学技术"解释"
的功能，它在庞大的人类经验与知识数据库中进行检索、联系、
组合从而生成答案，并以人类的"自然语言"进行互动与解
释。另一方面，人工智能尤其是 ChatBOT 技术具有更强的"拟
人性"与"准生机性"，人们越来越能够接受人工智能作为主
体性"他者"而存在。如"洛天依"② 成为青少年的现象级偶
像，则代表着大众对技术拟人形象的接受；当青少年对虚拟偶
像开始进行模仿，则代表着技术的他者性的展现。ChatBOT 技
术（聊天机器人的统称）区别于虚拟偶像，突破了人们与技术
类他者接触与互动的限制，其超出了电影、文本、虚拟形象等
诠释学关系的工具作用，并在这一基础上具备了以他者性引导
人们认识世界的功能。当这种他者性广泛存在于网络空间，人
们不易区别真正的人与人工智能时，技术则通过诸多拟人的、
"在场"的形式呈现出了一种"不在场"的、透明性的背景作
用，即以一种隐蔽的形态规定了人们的可感经验、引导了人们
的价值判断，它更多地以一种背景关系技术形式发挥着潜移默
化的作用。就此，技术在人与世界的关系形式上由"人—技
术—世界"关系彻底转化为"人→技术—（世界）"关系。当
ChatBOT 技术具有更高的拟人性，人们在与其进行互动时技术

---

① D. Ihde, *Technology and the Lifeworld* (Bloomington: Indiana University Press,
1990), p. 106.
② 洛天依（Luo Tianyi），是基于语音合成软件 VOCALOID 系列制作的女
性虚拟歌手、虚拟偶像。

在人与世界之间的居间作用被透明化了。人工智能在与人的互动中构建了新的技术世界，即通过技术对物理世界的呈现与转化规定了人所可能认识世界的范畴与内容，人所认识的世界是技术"透镜"下的世界。

GPT 的"准他者性"导致了其在教育应用中与人产生了工具性的主客体互换。技术的意义在于帮助人们更高效地认识世界与改造世界，技术对人力做工的改进在本质上是对做工过程的代替。在传统的技术发展中，技术多替代人们的重复性劳动工作或提高生产率，技术人工物是以人为主导的操作对象。如具身关系的技术是人的肢体的延展，是在人的思维控制下通过技术人工物完成具身化的实践，诠释学关系的技术是作为一种可被解读的技术存在物，如温度计，其解读的主体仍是人本身。但是他异关系技术的发展则出现了一种主客体互换的样态，从"人的决策→技术的加速→技术的符号输出"转变为"人的符号输入→技术分析→技术的符号输出"，在技术人工物成为他者时，则呈现了一种双主体的互动，而教育主体自身的思考与决策的活动也产生了转移，即将教师提出的问题与要求输入人工智能中，等待着技术输出答案而去除了学习与思考过程，如现有的大学课程作业中已经出现了令教师难以分辨的人工智能撰写的论文。

ChatGPT 限定了教育主体可认知的范畴。法国哲学家维利里奥在 20 世纪就以光电速度为视轴对当代技术发展进行了透视。他提出了"路途性"与"景深"的概念，并以此解释伴随技术发展而来的抽象的存在论维度的"路途的污染"——技术人工物遮蔽过程性的不良后果。① 维利里奥认为在技术加

---

① 苏慧丽、于伟：《路途与景深：指向过程性的教育技术意向变革》，《电化教育研究》2021 年第 7 期。

持下，在主体性与客体性之间丧失了"路程性"——这个从这里到那里，从一个到另一个的运动的存在的位置，致使我们无法深刻地理解随着年月流逝而相互接替的各种不同的世界观体系，无法感受世界的"景深"（systèmes migratoires）。[①] 教育主体的思维亦是如此，通过技术输入—输出的简单形式消解了教育主体思考的过程性与深刻性，未经智力劳动与实践耕耘而获取的知识与经验，缺失与主体的情感关联性与价值性。路途与景深的消失是网络时代的一个重要的特征，而人工智能的出现则是将路途与景深消失的范围扩大了——从物理层面劳作的路途性消失走向了精神层面思考的路途性消失。

　　ChatGPT 技术直接导致了决策权的转移。GPT 技术作为生成式人工智能，颠覆了人与技术的职能分配，人代替了传统人工技术物的作用——输入与输出，语言人工智能代替了传统人与机器分工中人的作用——思考、计划、假设、猜想与分析。由此导致了一种人与机器的工具性角色转换——人成为输入的工具，机器成为思考的主体。诸多搜索引擎的出现直接导致了人们思考过程性的缺失，功绩主义与效率要求促使人们无暇慎思；热搜、信息流推送等模式的出现则直接引起了人们思考方向性的缺失，人们的喜好、关注的热点被大数据所规定与引导；而 ChatBOT 技术在网络媒介中的应用则在路途性与方向性缺失的基础上带来了真实他者的缺失，人们不再需要通过与真实他者的互动构建自身，而是可以通过人工智能构建的环境完成自身成长所需的他者互动——虚拟的情境开始构建真实的经验，

---

① 〔法〕保罗·维利里奥：《解放的速度》，陆元昶译，江苏人民出版社，2004，第 33 页。

技术对主体产生了拉康意义上的"凝视"（gaze）。

经典哲学理论，都阐释了自我与外部事物的关系。胡塞尔从布伦塔诺与笛卡尔的哲学中移植了意向性的概念——意识是某物的意识，会主动地将对象纳入相关的仪式结构之中，人的意识是主动建构现象的过程。海德格尔认为人的所有理解都基于特定的情境感知世界。萨特认为意识的对象是外部事物，意识通过反思外部事物形成了自我。拉康认为每个人都存在于他者的存在，每个人本质上都是异化的主体。技术构建了一个虚拟的中介世界，人们在数字世界中则会产生与拉康所提出的"镜子阶段"相似的情况——主体将自己从根本上与自己身体的视觉格式塔认同起来。[①] 拉康受弗洛伊德所讨论的大他者的提示，反观了把自我作为他人的能指（Signifier）[②]，并以此探求欲望与需求的意义。[③] 可见人的自我塑造离不开外部环境的构筑与他者的凝视，而 GPT 等人工智能的准他者性产生了一种新的技术凝视形式，并作为他者影响甚至塑造着人类主体的发展方向。

ChatGPT 增强了技术对主体的凝视。嵌套于微软 Bing ChatGPT 将 ChatGPT 技术集成到 Microsoft Bing 搜索引擎中，由此进一步推动了人工智能语言分析能力与信息检索能力的结合，这种结合实时信息的对话生成能力直接增强了技术作为他者的真实性。由此技术对人的"凝视"即如福柯意义上的将凝视视

①　〔法〕雅克·拉康：《拉康选集》，褚孝泉译，上海三联书店，2001，第 110 页。

②　能指和所指是语言学上的一对概念，能指意为语言文字的声音、形象，所指则是语言的意义本身。

③　〔法〕纳塔莉·沙鸥：《欲望伦理——拉康思想引论》，郑天喆译，漓江出版社，2013，第 58 页。

为一种权力机制①，又如拉康意义上的促使自我沦为技术他者的能指。凝视并非指能够看到某只眼睛在注视着自身，而是自身在他者的领域中想象出来的一种凝视。② 当人工智能技术具备了他者性，并且能够与人们进行有效的沟通，使人能够在技术环境下获得拟人性的交流与反馈，那么人们则在这种场域下被技术所凝视。由此，"我"成了人工智能的能指，人工智能具备了为"我"赋形的权力。"我"在虚拟的"想象界"构筑出技术所认为的理想的自我形象，并希望这种理想形象得到技术的凝视，或是技术背后庞大数量的他者的凝视，从而满足虚拟世界中的自我实现。"我"在人工智能构建的场域中同样会产生梅洛-庞蒂在《心与眼》中所表述的："我的身体同时是观看者和被观看者。那注视一切事物的，也能够注视自己，并因此在它所看到的东西当中认出它的能看能力这个'另一面'。它看到自己在看，它摸到自己在摸，它对于自己而言是可见的和可感的。"③ 但本质上，"我"渴望在虚拟的"想象界"所构筑的理想形象是被技术或技术背后的资本所塑造的，掌握着技术意向的资本决定了何者能够在技术世界中得到关注与追捧，从而影响着主体"渴望成为什么样的人"。

　　"他者性"是 ChatGPT 对人的主体性影响的核心要素。语言类人工智能通过其从"准他者性"向"他者性"的过渡，数字技术在规定了人们数字场域中路途与景深的同时打破了真实

① 〔法〕米歇尔·福柯：《权力的眼睛——福柯访谈录》，严锋译，上海人民出版社，1997，第 9 页。

② Jacques Lacan, *The Four Fundamental Concepts of Psychoanalysis*, trans. Alan Sheridan(New York: Norton, 1981), p. 82.

③ 〔法〕莫里斯·梅洛-庞蒂：《眼与心·世界的散文》，《梅洛-庞蒂文集》(第 8 卷)，杨大春译，商务印书馆，2019，第 34 页。

世界的过程性叙事逻辑，通过呈现主题性、碎片性信息构建了一种相较真实生活更具零散性并具代表性的叙事场域，其具备更强的可感性与刺激性，在短频而多元的信息流刺激下产生了一种新的技术对人的凝视。ChatGPT 将这种凝视的主体拟人化，使凝视的环境从单纯的单向的信息流推送至丰富的可交涉的社群空间，这是技术对人凝视的重要变革——"我们将成为什么样的人"这一问题具备了更强的技术诱因。人工智能技术与人的工具性主客体冲突重新阐释了人的理想化目标与应然的劳动价值，人工智能对人的凝视进一步影响了人发展的实然走向。

ChatGPT 作为一般性的技术与教育的技术将承担不同的职能，作为一般性的技术是以跨越过程性的效率提升为目的的，而作为教育的技术则是以向学生呈现过程性、促进学生思考与认知为目的的。所以 ChatGPT 能否适用于教育，明确教育过程的还原或快进是前提性问题。

教育技术的功能归属应是帮助学生在学习知识阶段还原知识发生的过程，帮助学生在问题探究阶段重复知识发生的过程，帮助学生在深思反省阶段反思知识掌握的过程。一般性技术的宏观功能指向跨越过程性以提升效率，但教育的指向则在于还原知识发生与思考的过程，那么教育技术的功能意向就应指向帮助学生更高效地还原知识发生的本源过程，其技术层面跨越的过程性是还原知识发生的情境构建、具象呈现等教辅活动的过程性，而非学生认知的过程性。例如，在小学低年级教学活动中，教师通常将小木棍当作教具帮助学生认知十以上的加减法，其目的在于还原数字增减的具象过程，通过教具提高学生对知识发生过程的还原；此时并未选择通过计算器进行教学，因为计算器的应用所跨越的过程性对象是运算的过程。在这里，前者的技术是指向教育目的的，后者的技术则是指向运算目的的，对 ChatGPT 等语言类人工智能的运用同样符合这一原理，其作为一种教育技术则应指向还原知识的过程，其作为一种还原思考过程的辅助工具，在替代学生进行重复机械的非思考性活动的同时应借助其"准他者"的互动塑造真实情境还原知识发生过程、整合资源库丰富问题探索过程、作为智能学伴通过对话反思知识获取过程。

技术"跨越过程性"的效率指向与教育"聚焦过程性"的育人指向矛盾的调和是评判教育技术适用性的标准。借用维利里奥的概念——路途与景深——分析技术对学习过程的加速：在人的学习过程中，路途与景深代表了横向与纵向的双重概念。技术加速而产生的学生的路途性的缺失源于技术求取便捷与效率从而代替了学生的数学运算、逻辑推理等思考过程，使学生不再愿意经历漫长的思维留白去深思问题的答案——技术辅助下获取正确答案变得方便且快捷。就此，学生在技术辅助下更倾向选择直接获取答案而非通过漫长的思考探究答案，学生的深度学习也随之消失了。感性的景深是深度学习的前行动力，理性的景深决定了深度学习的可触及深度，而实践的景深直接反映了深度学习的效果。景深的存在支撑了深度学习的主体在情感、逻辑与实践层面完成"我愿意""我能够"以及可转换的多重步骤。[1] 那么，则可以对教育技术做出一种区别于其他技术的特殊功能归属定义：能够促进学生深度学习的、助力学生聚焦学习过程性的技术手段。ChatGPT 能否作为一种教育技

---

[1]　苏慧丽、于伟：《路途与景深：指向过程性的教育技术意向变革》，《电化教育研究》2021 年第 7 期。

术辅助教师的教学活动与学生的学习活动，其评价标准也在于其对学生学习过程性聚焦的辅助程度。

不加限制的 ChatGPT 教育应用是对学生认知过程的剥夺。ChatGPT 作为一种生产力技术，具备了对主体生产劳动过程替代的技术指向，跨越了语言组织过程对逻辑的训练的步骤；作为一种社交对象，则是一种技术对个体的想象力的夺权。技术赋能常规生产工作效率的提升与教学效率的提升是不同的指向，从生产力推动的维度看，ChatGPT 等技术可以从语义层面理解论文内容，识别细粒度知识元，综合文献内容观点，形成大规模知识网络。"ChatGPT 推动了索引式信息检索方式向问答式知识应答方式转变。"[①] 但是从教育的维度看，教育场域中如果对 ChatGPT 的运用不加以限制，则会出现人工智能剥夺学生思考主导权的危机，人工智能软件的滥用致使其剥夺了学生在语言组织过程中的逻辑思考环节。具体来说，ChatGPT 在"语义层面理解论文内容""识别结构化细粒度知识元""形成大规模知识网络"等步骤完成了对学生在"语言文字阅读理解""对知识深入思考分析""进行知识体系性建构"方面的替代。

作为他者的 ChatGPT 影响着学生的主体性建构。在过去，搜索引擎中"搜索栏"的出现代替了人们大量的检索性工作，而 ChatGPT 的出现则预示着代替人们大量的筛选、整合信息的工作，人们的工作从对多样性信息筛选过渡到了对相对单一人工智能分析答案的运用，这预示着人们面对信息时从以"否"为核心的批判与筛选的逻辑转变为以"是"为核心的

---

① 张智雄等：《ChatGPT 对文献情报工作的影响》，《数据分析与知识发现》2023 年第 3 期。

运用逻辑。主体对 ChatGPT 的肯定性使其作为一种带有大他者①能指对人们进行介入，就此"主体不再是完整的主体，而是被象征所阉割的主体，而主体和周围的世界都被大他者还原成象征界上意指关系（signification）的能指链条当中一环，而大他者也让象征界成为了一个连贯一致、平滑完整、理性而富有权力的象征性母体（matrix）"②。人工智能技术可能予以主体双重指向，其一为对跨越过程性追求答案的效率性指向，深思、试错、留白等都将被贴上"低效"的标签从而被舍弃；其二为摒弃多样性分析材料、追求单一性答案输出的指向，以"人脑"为主导进行的批判性筛选将被摒弃。数字化的他者影响个体并加速个体，正如齐泽克所提出的交互被动性所指向的，在使用 ChatGPT 时，我们不仅被动地接受其传递的信息，我们的被动接受或我们的享受还被对象本身所替代，即对象并不是被动的，它变成了主动的，我们却变成了被动的。③

综上所述，ChatGPT 的应用为教育带来了两项挑战：第一，技术运用对学生学习过程性的替代使深度学习受到阻碍；第二，作为一种他异关系的技术，ChatGPT 以他者凝视的形式对学生的认知进行渗透，从而影响学生的主体性建构。在技术与教育的双维冲突下，ChatGPT 教育应用所应规定的伦理限度愈加

---

① 大他者意为一个与自我相对的存在，是与主体既有联系又有区别的参照系。大他者指代根本的相异性，拉康将此种根本相异性等同于语言和法则，因此大他者便被铭写在象征界的秩序之中。

② 蓝江：《对象 a 与视差之见：齐泽克的事件哲学》，《广州大学学报》（社会科学版）2021 年第 1 期。

③ 李西祥：《论齐泽克的视差辩证法——康德、黑格尔与拉康的视差解读》，《南京大学学报》（哲学·人文科学·社会科学）2020 年第 4 期。

清晰。

ChatGPT 的教育应用应保障技术意向性与教育目的性的统一，辅助教学完成对学生学习过程的聚焦与归纳思维的保护，同时应警惕 ChatGPT 构建的新形态数字环境对教育的挑战，应对作为他者的 ChatGPT 对学生主体性发展的冲击。

探讨 ChatGPT 能否应用于教育，以及在何种环节、以何种程度应用于教育的前提，是厘清语言类人工智能的功能归属与运用意向，技术意向性与教育目的的一致是探讨 ChatGPT 教育适切性的基本条件。尽管 ChatGPT 是一种他异关系的技术，但是其仍然作为一种工具性存在，其仅仅是在作为工具的同时具备了他者性，这种他者性是随着技术意向性的转移而改变的。前文的分析已经阐明了 ChatGPT 应用与教育目标的双维冲突，那么则应以此为基点对教育场域中的 ChatGPT 加以规定。

在过程性层面，ChatGPT 应致力于"帮助学生呈现还原知识发生的过程""促进学生聚焦知识的探究过程""引导学生反思学习事件的逻辑推导过程"，将工具的便捷性聚焦学生学习的过程性。技术意向性具有一种塑导（directionality）的功能，"人们通过使用技术人工物而产生的特定行为与逻辑模式，指人们被技术所塑造与引导的行动与思维习惯的现象"[1]，所以技术的功能指向直接影响着使用者的行为习惯——恰如打字机的出现使单篇文本字数显著增加。当 ChatGPT 作为一种教育技术，其塑导功能将进一步提高，指向学习过程性的技术功能归属是首要的技术意向原则。

在主体性层面，ChatGPT 作为语言类人工智能具备更强的

---

① 苏慧丽、于伟：《路途与景深：指向过程性的教育技术意向变革》，《电化教育研究》2021 年第 7 期。

他者性，技术对主体的凝视作用进一步提升，所以 ChatGPT 对学生主体性建构影响的限度必须加以规定。仍以"洛天依"为例，当下青少年在虚拟偶像的凝视与审美引导下，会改变自身的审美偏好与穿衣风格，但是当下"洛天依"的形象仍然是由人工完成的，即仍然人为地决定了受众的偏好引导方向；但是当人工智能技术被大规模运用，如当下很多漫画作者通过 ChatGPT 进行叙事性文本创造，再以 Imagen、Midjourney 等 AI 绘画软件将所创作的文本绘制为漫画，那么此时虚拟人物的形象以及所处的叙事背景都由人工智能完成，其作为他者对受众凝视，则形成了一种"人工智能构建他者→他者构建人"的状况。马尔库塞曾批判资产阶级通过技术使人们"爱和恨别人之所爱和所恨"①，那么此时批判的对象则会变得更为荒诞，出现一种人们爱和恨人工智能之所爱和所恨的状况。所以，在教育应用中 ChatGPT 的他者性必须被规定于特定的区间之中，尤其应审慎考察与使用人工智能的生成物作为教育的内容与材料。

技术的过度应用会使教育将"认知规律"的展示与引导作为学生学习的唯一路径。学生的学习是在复杂环境下进行的多元归纳中完成的，学生需要通过无数个"个别"的具象事物归纳出抽象的"一般"性规律。但是技术对教育的"提效"使技术总结下"所谓正确"的认知路径成为学生能够接触到的唯一材料，剥夺了学生归纳的过程。ChatGPT 使人们从传统的"检索-学习"模式转化为"对话-学习"模式，那么这种对话模式的新教学形态应该辅助学生完成多样化的归纳学习，警惕技术对学生认知内容与认识方式的束缚，注重多元化的认知形式与

---

① 〔美〕赫伯特·马尔库塞：《单向度的人——发达工业社会意识形态研究》，刘继译，上海译文出版社，2006，第 6 页。

非确定性的问题答案。

ChatGPT 应聚焦呈现情境/具象材料，"还原知识发生发展的原初状态，把抽象的东西形象化地呈现出来，让学习变得更容易"①。ChatGPT 的应用能够提高具象材料的生成效率，但是作为教育素材应着重考虑材料的关联性——如在问题导向的教学实践中，ChatGPT 在与学生进行互动的同时，结合 Imagen 等 AI 绘画工具生成围绕教学主题的系统性材料，从而更有效地引导学生对拟解决的问题产生因果判断与新异联系，并且由 ChatGPT 引导学生进行知识迁移与重组解决相应问题。同"类"的具象材料呈现于情境引导是触发学生进行归纳与思考的前提，所以 ChatGPT 不能作为一种单一的对话技术存在，更需要匹配具象材料的辅助，以在提升数字导师的互动性与学生的针对性辅导中完成有效引导。

ChatGPT 应结合学生的操作/体验，"学生要经历动脑思考、动手活动的过程，这个过程是基于个人经验的亲身参与的过程，是发现、探究、建构的过程"②。学习的过程绝非能够通过单一性的抽象对话完成，学生作为学习者的成长性依赖于存在的参与和生成性在场，任何学习者都是存在者，只有成为存在的参与者，通过意识的敞开性而接纳存在的赠予，才能在学习中成为成长者③。ChatGPT 的作用在于通过自适应学习系统进行更有效的学习引导服务，这种引导是以学生"在场"为前提的，即学生通过真实世界的操作与体验完成自我同一性建构的过程。

---

① 于伟：《"率性教育"：建构与探索》，《教育研究》2017 年第 5 期。
② 于伟：《"率性教育"：建构与探索》，《教育研究》2017 年第 5 期。
③ 金生鈜：《学习作为实践的构成要件及存在性意义》，《高等教育研究》2022 年第 10 期。

ChatGPT 应助力学生完成对话/省思，学生需要通过对话的形式完成自我审视的过程，同时需要通过对话进行逻辑的训练。无疑，ChatGPT 具有较强的对话优势，它会记录对话内容并结合对话历史进行对话拓展与精炼[①]，但是若将 ChatGPT 作为一种教育技术，则其需要提前确定对话主题与内容范畴，并且在对话中彰显一种类似于"产婆术"（art of midwifery）对话的进阶性才能够起到有效的引导作用，否则其仅仅能够作为一种解答工具而非教育工具。ChatGPT 在助力学生完成对话性省思的过程中，它既是激发者（activator），又是文化建构者（culture builder），还是学生的合作者（collaborator），而非回答的机器。

ChatGPT 对教育的改变与冲击并非仅仅聚焦于学校与课堂的教学过程中，其对学生在自主学习与生活方式方面的改变同样值得教育领域进行探讨，如数据的质量存在依赖性、有限的知识领域、伦理问题、过度依赖技术与存在误用的可能性等问题[②]，都给教育实践带来了挑战。

学校应构建"技术认知"类的教学模块，使学生对技术的认知不再局限于如何使用，而是在理性的层面对技术的正确认知：技术的局限性、技术对人的影响等问题，使学生能够在价值层面辩证地看到技术为生活带来的改变，并在对技术进行应用时不过度依赖。同时应注重对学生在技术环境下的批判性思维训练，批判性主要体现于两个方面：第一，在面对良莠不齐

---

① M. Alshater (2022). Exploring the Role of Artificial Intelligence in Enhancing Academic Performance: A Case Study of ChatGPT. Available at: https: // papers. ssrn. com/sol3/papers. cfm? abstract_id = 4312358.

② M. Alshater (2022). Exploring the Role of Artificial Intelligence in Enhancing Academic Performance: A Case Study of ChatGPT. Available at: https: // papers. ssrn. com/sol3/papers. cfm? abstract_id = 4312358.

的信息流时具备筛选与批判的能力；第二，在面对信息流构建的信息茧房时能够具备批判性思维进行独立的思考。

应提前建立教师与学生的技术使用伦理规范制度。在教师层面，ChatGPT 能够帮助教师进行课程设计、协助备课以及作业测评等工作，但是必须明确其作为工具性的定位，即确定"由谁决策"与"由谁增效"的问题。ChatGPT 是教师工作的辅助工具，但不能够成为主导教师教学的决策工具，尽管其作为一种他异关系的技术能够帮助教师检索与整合资料，但是其在对教育目的、教学方法与因材施教等维度的把握仍无法直接应用于教学。"教师应根据学生的具体情况开展因材施教、教书育人，要善于了解每个学生的特点和个性，有针对性地开展教学活动和课外实践活动，成为学生学业进步、人格发展的'引路人'，这是机器所无法替代的。"[①] 在学生层面，应对ChatGPT 在学业过程中的应用加以限定，其可能会帮助学生实施作弊，进而促使教育评估机制的失衡并影响教育与考核的公平性[②]，对学生技术使用的伦理规范制度的制定是保障教育目的、维护教育公平的重要前提。

应提前布局 ChatGPT 教学平台，开发 ChatGPT 青少年模式。香农认为在一个信息化平台中信息与噪声的区分取决于其与系统的匹配程度，即系统可以解读的就是一种信息，无法解读的

---

① 钟秉林等：《ChatGPT 对教育的挑战（笔谈）》，《重庆高教研究》2023年第 3 期。

② D. R. E. Cotton, P. A. Cotton, and J. R. Shipway (2023). Chatting and Cheating. Ensuring Academic Integrity in the Era of ChatGPT. Availble at: https://edarxiv. org/mrz8h? trk = public_post_main-feed-card_reshare-text.

便是噪声。① ChatGPT 具有信息检索与整合的双重功能，其输出结果则带有算法的局限性与意向性，当 ChatGPT 作为一种教育工具则具备了对青少年价值观正向引导的责任。所以，必须对 ChatGPT 向青少年呈现的内容加以限定，保证算法的公平性与透明性，并且对其算法引导意向性进行规定，为青少年构建符合中国特色社会主义价值体系的技术平台。

① C. E. Shannon, "Communication in the Presence of Noise," *Proceedings of the IEEE* 9(1984): 1192-1201.

尾　论

破除景观之后的道路

——大语言模型与学生未来学习

　　知识经济时代需要学习整合的、可用的知识，而不是
教授主义所强调的割裂的、脱离情境的事实。

——R. 基斯·索耶《剑桥学习科学手册》

引　言

　　本章主要关注破除功绩性教育景观后，随着人工智能的发
展与教育数字化转型的推进，未来教育与学习可能的发展道路
与新的视角。大语言模型技术的发展与应用是数字化学习环境
变革的节点，在教育数字化转型过程中厘清大语言模型对教育
实践、儿童未来学习的影响尤为重要。"数字模式"与"模拟
模式"是人工智能与人脑思维的两种形式，在这两种思维形式
的人机互动中，儿童学习发展的主要变化体现为从身体感知到

机器感知。大语言模型带来的学习环境变化为儿童的未来学习提出了新的要求：指向通论的学习，以面对作为"通"家的大语言模型；指向人机互通的学习，以面对作为"他者"的大语言模型；指向对符号体系反思的学习，以面对作为未来环境重要构成的大语言模型。所以，在儿童未来学习的研究与教育实践中应以"离身认知"开辟未来学习的新视角，以"数字情境探索"为未来学习的新领域，以教育技术伦理为构建教育大语言模型的限度，进而迎接大语言模型为教育带来的机遇与挑战。

生成式人工智能的发展史最早可以追溯到 20 世纪 50 年代。在发展的早期，生成式人工智能主要集中在语言生成领域。此时的生成式人工智能主要能够开展简单的语法及句法分析。①1980 年后，随着计算机技术的发展，生成式人工智能在语音识别及文字转化方面取得重要发展，这也使生成式人工智能得以应用于语音助手、智能客服等方面。2010 年至今，生成式人工智能领域高速发展，不论是基于深度学习技术和强化学习算法结合的 AlphaGo 打败人类顶尖棋手，还是 OpenAI 于 2022 年 11 月 30 日发布的基于 GPT-3.5 模型的 ChatGPT 技术，都有力地证明了生成式人工智能在很多领域获得了显著成就。至此我们已经见证了四次数字革命：个人电脑的出现和普及，互联网和搜索的扩张，社交媒体的兴起和影响力，以及移动的计算和连

---

① J. Dai et al., "Machinery Health Monitoring Based on Unsupervised Featur Learning via Generative Adversarial Network," *IEEE/ASME Transactions on Mechatronics* 99(2020).

接的日益普及。① 自此，AIGC、大语言模型②、ChatGPT 等词语成为诸多学科研究的热点词语，而技术的快速发展及其带来的时代变革，也直接影响着教育学研究的重要前提性问题："培养什么人"与"如何培养人"。探讨"培养什么人"的问题需厘清未来生产力条件下对人才的定位与劳动价值的指向，探讨"如何培养人"的问题则需讨论清楚新兴技术对教育进行变革的可能性、应用场景与伦理限度。新的数字化学习环境的创生与应用直接促使学生学习样态的变革。

第一节 大语言模型下的认识论挑战

大语言模型作为 21 世纪以来生成式人工智能最重要的发展领域之一，对人们生产生活的影响极为广泛，并不断促进着学生学习的认识论转向。大语言模型是数字学习变革过程中的节点技术，其带来的认知变革区别于以往的数字化转型，进一步促进了人们从身体感知向机器感知的过渡，为智能时代的教育发展带来了机遇与挑战。

日本学者松尾丰将人工智能发展历程划分为三大演进阶段，分别是自 20 世纪 50 年代兴起的"推理和搜索的时代"、自 20 世纪 70 年代兴起的"知识的时代"、进入 21 世纪的"机器学习与特征表示学习的时代"。③ 以第三阶段为代表的人工智能学

---

① Generative AI and the Future of Education. Available at: https://www.unesco.org/en/articles/guidance-generative-ai-education-and-research.

② 大语言模型（LLM）是指使用大量文本数据训练的深度学习模型，可以生成自然语言文本或理解语言文本的含义。

③ 〔日〕松尾丰：《人工智能狂潮：机器人会超越人类吗？》，赵函宏、高华彬译，机械工业出版社，2016，第41页。

习能力强大，已经在多个领域展现出优于人类的能力。此外，利用改进的计算能力、合成神经网络和大型语言建模，人工智能技术即使不能破解，至少也能巧妙地伪装成人类文明的关键——语言。人类语言是人类区别于其他动物的重要特征，生成式人工智能对人类主体性的挑战也是以语言为基点逐渐展开的。所以，从认识论变革的视角，人们在数字技术的影响下产生的认知方式变革呈现两个主要的阶段，第一个阶段是以互联网产生为节点的早期数字化阶段，第二个阶段则是以 ChatGPT 等大语言模型的产生为节点的生成式人工智能环境阶段。

在第一个阶段中，数字时代的到来给人们的思维方式带来了重大的改变。当下的学生往往被称为"数字原住民"，他们是在网络时代成长起来的一代人，他们习惯并善于通过数字手段获取信息与完成交流。当下学生认知世界的方式已经呈现出利用社交媒体进行在线交流、通过在线学习获取教育资源、习惯性使用移动互联网和智能设备、初步接受虚拟现实和增强现实技术的新型视觉方式以及开展电子游戏和数字娱乐等新型特征。相比过去，他们的认知思维方式具有诸多特征：第一，数字原住民善于以多元化渠道获取信息，数字环境能够促使学生更容易地接触到不同领域、文化和观点；第二，获取与处理信息的过程被加速，便捷的信息获取渠道与数字环境下更具透明度的绩效标准促使使用者更加注重效率和快速决策，进而更快地适应快节奏的信息环境；第三，能够更好地打破学科间的边界，数字环境能够更广泛地获取信息，并将不同领域的知识和思维模式结合起来；第四，能够更好地开展合作与共享，在线协作与共享平台促进了数字参与者进行合作与交流的意愿，并进一步提升了团队合作能力和开放创新的思维。

而大语言模型的普及则会进一步加速数字原住民的思维转变。与早期的数字环境不同的是，新环境下的思维转变处于初始阶段，尚需学者基于较少的证据进行预测。大语言模型作为本次科技发展浪潮中的重要代表，其由具有大量参数的神经网络组成①，基于 Transformer 构架整合了包含输入嵌入、定位编码、编码器和解码器，展现出了良好的可迁移性特征②，为对话式人机协同学习与个性化数字资源检索、整合等活动提供了技术支持，模型实现了计算机能力从"搜索"到"认知与学习"，进一步发展为"行动与解决方案"层面。大语言模型相比之前的数字技术，具有诸多新特征：第一，大规模，大语言模型通常需要处理大规模的文本数据，以提高模型的准确性和泛化能力；第二，高维度，大语言模型通常具有高维度的特征表示，以捕捉文本数据中的语义信息；第三，深度学习，大语言模型通常采用深度学习技术，如神经网络，以提高模型的性能和准确性。其在对使用者提高信息处理效率、促进多元化思考、提高语言表达能力等方面都有进一步的提升，但是也出现了使用者过度依赖大语言模型、信息过载、易出现误解和误判以及限制了批判性思维的发展等问题。总的来说，大语言模型相较于传统的信息化技术，展现了更强的信息处理能力，进而产生了使用者的信息处理工作由人向机器的转移。

---

① N. Carlini, F. Tramer, and E. Wallace et al. , Extracting Training Data from Large Language Models [C] //30th USENIX Security Symposium (USENIX Security 21). 2021: 2633-2650.

② A. Vaswani , N. Shazeer, N. Parmar et al. , Attention is All You Need [A]. Proceedings of the 31st International Conference on Neural Information Processing Systems [C]. N. Y. , USA: Curran Associates Inc. , 2017: 6000-6010.

2018 年图灵奖得主、有"深度学习之父"之称的杰弗里·辛顿（Geoffrey Hinton）在 2023 年 5 月 25 日于剑桥大学的讲座《通往智能的两条路》中提出了"能动者共同体"分享知识的两种模式："数字模式"与"模拟模式"。① 大语言模型（人工智能）与人类（智人）分别是这两种模式的典型案例，大语言模型由多个终端构成，每一终端均可看作一个共同体内的能动者，他们具有即时获得其他终端（能动者）学习成果的特征，即其在信息维度上是共享互通的；而以人类为代表的"模拟模式"中个体分享信息、知识的效率则低得多，由于不同人类个体的神经网络内部架构的区别，所以无法完成如"数字模式"中权重共享方式的数据无损传输。②

在传统的"应试"教育实践中，其底层逻辑与"数字模式"的运行方式有很大的相似之处。"填鸭"是被用来批判"应试教育"最多的词语之一，"填鸭"恰恰是指向"数据无损传输"的一种路径，在已有的论证中已经对"填鸭"的方式进行了批判，并且确定了"人"所应独有的学习与认知方式。进化心理学提出了一套关于人认知机制的假设：第一，人类的心理由一套在进化过程中发展起来的信息处理机制组成，并深深嵌入人类的神经系统；第二，这些机制及其发展程序是在远古进化环境中通过自然选择产生的适应器；第三，这些机制有许

① 杰弗里·辛顿（Geoffrey Hinton）2023 年 5 月 25 日，剑桥大学公开讲座，通往智能的两条路（2023 - 08 - 09）[2023 - 10 - 12] https://www.bilibili.com/video/BV19P411s7EU/? spm _ id _ from = 333. 880. top _ right_bar_window_history. content. click&vd _ source = dbd2dd1b4e4f86dc22b e0ca37a362b92，最后访问日期：2025 年 2 月 21 日.

② 吴冠军：《面向大语言模型的知识实践》，《人民论坛·学术前沿》2023 年第 21 期.

多具有专门功能，使它们能够产生适合解决特定适应性问题的行为，如择偶、学习和合作；第四，人类的心理是自然选择过程的结果，构建这些功能机制的过程必须涉及具体的处理内容。① 尽管人的"模拟模式"认知方式在"数据传输"效率方面要比"数字模式"低得多，但是其具有更高维度的价值，如爱因斯坦所说："关于对自然界做严格因果解释的假设，并不是起源于人类精神，它是人类理智长期适应的结果。"②

"数字模式"的工具性普及，迫使我们进一步思考人类在"模拟模式"中的进路。换言之，我们需要思考在具有数据无损传输、分享以及自主学习能力的工具普及环境下人在认知、学习乃至劳动等多维度的优势与价值。恰如大卫·李嘉图（David Ricardo）的比较优势理论③所启示的，寻找人在智能环境下的优势方面是指向未来的教育目的的重要依据。至此，生成式人工智能在为人类的"填鸭"式学习方式画上句号的同时，为基于"数字模式"工具环境的"模拟模式"认知方式的新变革吹响了号角。

在人与世界的互动关系中，有三个基本的分析对象：第一，人本身；第二，人认知世界的方式或渠道；第三，人所需认知的世界。在这三个对象中，人认知世界的方式与所认知的世界

① 〔美〕戴维·巴斯：《进化心理学：心理的新科学》，张勇、蒋柯译，商务印书馆，2015，第415~416页。

② 〔美〕爱因斯坦：《爱因斯坦文集》第1卷，许良英、范岱年译，商务印书馆，1976，第234页。

③ 李嘉图在其代表作《政治经济学及赋税原理》中提出了比较优势理论（Law of Comparative Advantage），即交易方根据"两利相权取其重，两弊相权取其轻"的原则，集中生产并出口其具有"比较优势"的产品，进口其具有"比较劣势"的产品。在此主要用于强调寻找人脑与人工智能之间的比较优势的重要性。

都迎来了巨大的改变——"数字模式"冲击下的改变，进而推动了人的"模拟模式"思维的改变。马克思指出："五官感觉的形成是以往全部世界历史的产物。"① 数字化变革之下学生的五官形成与空间感知迎来了新的发展阶段。恰如加拿大媒介理论家马歇尔·麦克卢汉（Marshall McLuhan）所宣称的，"一切媒介作为人的延伸，都能提供转换事物的新视野和新知觉"②。"人所需认知的世界"的变化决定了人的认识的指向，即什么知识更有价值、什么技能更加实用等问题，而"人认知世界的方式或渠道"的变化则直接决定了人们可以用何种方法、视角认识世界，以及可感世界的范畴。

数字环境的变革引起了主体认知方式的变革，在"数字模式"技术环境驱动下学生具有更强的认知欲望与可塑性，学生以"模拟模式"思维认知方式迎来了较大的改变，总体来说，学生从相对线性、单一性、去远性的真实此在的环境互动发展向更具非线性、多元化、远程在场的环境互动。马克思曾指出"小孩的推断和他的实践思维则首先具有实践和感性的性质。感性的禀赋是把小孩和世界连接起来的第一个纽带"③。亦如海德格尔在《存在与时间》中所说的，"人的'空间性'是其肉体性的一种属性，它同时总是通过身体性'奠定根基'的"④；梅洛-庞蒂（Maurice Merleau-Ponty）在《知觉现象学》中论述道："我的身体作为为了某个现实的或可能的任务的姿势向我

① 《马克思恩格斯全集》第 42 卷，人民出版社，1979，第 126 页。
② 〔加〕马歇尔·麦克卢汉：《理解媒介：论人的延伸》，何道宽译，译林出版社，2019，第 84 页。
③ 《马克思恩格斯全集》第 1 卷，人民出版社，1995，第 142 页。
④ 〔德〕海德格尔：《存在与时间》（中文修订第二版），陈嘉映修订，商务印书馆，2018，第 73 页。

呈现出来。实际上，它的空间性不像外部客体的空间性或'空间感觉'的空间性那样是一种位置的空间性，而是一种处境的空间性。……总之，之所以说我的身体能够是一个'形式'，之所以说在它面前能够有出现在无关紧要的背景上的一些优先图形，是因为它被自己的各种任务所吸引、因为它朝向它们而实存、因为它为了达到某种目的而汇聚于自身，而'身体图式'最终说来是表达'我的身体是在世界之中'的一种方式。"① 总而言之，主体对世界的认识源于一种"空间性"的互动，而在数字技术环境下，这种"空间性"不再局限于物理空间，其扩展到了数字空间。

人类伴随着"身体感知—借助实体工具感知（如眼镜、刀具等）—虚拟工具感知（如搜索引擎等）—智能工具感知（如ChatGPT等）"的感知样态变革，在以工具弥补人类身体自然缺陷的同时也规定着人类在不同生产力时期认知世界的方式。面对生成式人工智能时代的到来，具有未来属性的教育更应及时预测未来发展导向、调整教育策略。

第二节　大语言模型下学生未来学习的新要求

大语言模型所构建的学习环境为学生的学习提出了新的要求，生成式人工智能"数字模式"的普及应用促使教育界进一步思考"模拟模式"思维的重要性。面对生成式人工智能对人脑的挑战，学生未来学习的新要求应该指向具有以跨学科进行总体性思考、善于开展人机互通学习以及对符号化反思的能力。

---

① 〔法〕梅洛-庞蒂：《知觉现象学》，杨大春等译，商务印书馆，2021，第147~148页。

　　自亚当·斯密的《国富论》问世之后，人们便已经深刻认识到了"分工"之于"效率"的重要性①，并将之作为一种价值判断的基础延续至今。"分工"以及其后期衍生而出的"分门""分科"，都是提升劳动效率、学习效率、研究效率的有效途径。具有某一特殊视角或学科属性的、具有功能性的参考框架之于人类的学习与认知而言：一方面更为方便于深入说明其探究目的和准备探讨的方向，另一方面又在某些情况下是唯一可行的方法，因为其能够在特殊视角下找出那些零散的社会行动过程之间的关联性。② 但是大语言模型等新型生成式人工智能技术的开发与应用，要求学习者不仅能够基于某一独特视角训练思维、掌握知识，更需要以点生面、跨领域地综合看待问题。传统工业中培养单向度的、工具化程度高的、具有稳定性的劳动者更符合生产的效率，基于此，传统的学习方式更注重基础知识与技能的传递重复、记忆灌输，但当自动化技术能够替代人的重复性、机械性劳动，以知识储存与知识组合见长的人工智能能够代替以灌输知识为主的学习活动时，必须重新思考学习的价值并倒促学习的变革。③

---

①　亚当·斯密在《国富论》第一章伊始便举了一个制作扣针的例子，以此说明分工对于效率的重要性：如果由一个人制作扣针，若未经专门训练可能一天也无法制作成功一枚；但是若由十个人分十八道工序进行制作，一天则可制作四万八千枚，即每人每天能制作四千八百枚。

②　〔德〕马克斯·韦伯：《社会学的基本概念》，顾忠华译，广西师范大学出版社，2011，第37~38页。

③　张敬威、王珏：《教育数字化转型下学习生态建设的定位与路径——基于他异技术转向的学习样态变革》，《东北师大学报》（哲学社会科学版）2023年第5期。

"大语言模型在学习上已经不存在'舒适区',无视学科疆域的边界,而超智人工智能的无监督学习,则更加无视人类'世界'的各种疆界,完全不受影响。"① 在大语言模型环境下的学习者,若仍然以学科边界为思考问题的边界,则会脱离未来世界的知识生产与对世界的真实认知。"学生——任何学生——都是'被抛放'到世界中的,'被抛放'是学生的一种常态性生存遭遇。"② 当学生被成人抛放于某一特定场域——如学校,遵循学校的分科学习制度与考试制度"遭遇"世界,那么他们将以分科的视角认识世界,而这种认知方式的思维惯性则成为其思考问题的舒适区。③ "跨学科"的概念早在 20 世纪20 年代就被提出,其旨在强调通过学科间的综合运用解决现实的复杂问题。④ 若在概念被提出伊始尚是一种指向未来的教育变革,那么在大语言模型等生成式人工智能被普遍应用的当下,则是人们在"被抛放"于智能化环境中"被动"且"不得不"立刻进行的改革,因为当下的学生已"遭遇"未来,"被抛放"于跨学科的强人工智能环境之中。所以,在大语言模型下的学习目标应指向各个学科间的贯通,使学生从"解答某一学科的问题"转为"探索某一真实问题的答案"。

学生的身体本身是一种作为经验存在的"活的身体",而技

---

① 吴冠军:《面向大语言模型的知识实践》,《人民论坛·学术前沿》2023 年第 21 期。

② 吴康宁:《"被抛放"的儿童:审视与反思》,《教育研究》2023 年第11 期。

③ 我曾有过这样的经历:当我问一个学生一道关于自然科学的问题,他首先反问我:"这是一道物理题,还是一道化学题?"此时对于他而言,这个问题的应试属性和科目属性远超于真实问题的探索本身。

④ S. Wall and I. Shankar, "Adventures in Transdisciplinary Learning," *Studies in Higher Education* 5 (2008): 551-565.

术在成为身体延展的同时向学生提供着具身经验。① "赫伯特·
德雷弗斯等当代后认知主义学者，强调大脑之外的身体对认知
进程所起到的构成性作用：除了身体的感觉体验外，身体的解
剖学结构、身体的活动方式、身体与环境的相互作用皆参与了
我们对世界的认知……如果我们拥有蝙蝠的身体，则会有全然
不同的具身认知。从后认知主义视角出发来考察，当下的大语言
模型，具有的诚然只是'离身认知'（disembodied cognition）。"②
海德格尔曾提出"去远性"（de-distancing）③ 的概念，传统的
存在论中"存在"拥有"此时"和"此地"两种属性，即学
生只有在与现实周遭世界的互动中，通过"意识驱动—身体执
行—周遭世界反馈意识"的方式完成其自我同一性的建构，以
证明其自身的存在并认识个体与周遭世界的关系——其能力可
以干什么以及可能产生的后果。作为学习者的学生的世界是一
个以自我为中心内外兼容的世界，对物质现实准确表征的能力
发展取决于观察、聆听和触摸图式的逐步协调。④ 但是伴随着
人工智能技术与远程在场技术的普及应用，"周遭世界"的概
念被改变了，进而出现了一种"去远性的败坏"，人们认识世
界的方式从"人—世界"进一步转为"人—技术—世界"，在

---

① 张敬威、苏慧丽：《远程在场的知识延展与存在收缩——对在线教育的
　　存在论阐释》，《开放教育研究》2021 年第 1 期。
② 吴冠军：《面向大语言模型的知识实践》，《人民论坛·学术前沿》
　　2023 年第 21 期。
③ "去远性"是海德格尔用语，海德格尔认为去远性是指此在通过关涉
　　环顾接近周围世界而获得空间性。在数字化环境中海德格尔层面的去
　　远性被"败坏"，数字化世界迎来了新的存在论层面的变革。
④ 〔美〕约翰·D. 布兰思福特等编著《人是如何学习的：大脑、心理、
　　经验及学校》（扩展版），程可拉等译，华东师范大学出版社，2013，
　　第 71 页。

强人工智能的数字环境中，学生的"观察、聆听和触摸图式"已经从真实世界快速转向了数字世界，人机协同的认知方式成为新的认识论课题。

人机互通下的学生所面对的世界呈现出两种状态：第一，作为真实样态的周遭世界，这是学生所处空间能够获得现实物理反馈的真实空间，其在认识论本质上与几千年来学生认识世界的方式别无二致；第二，作为技术中介物映射而出的世界，这是技术变革的直接影响对象。早期的诠释关系的技术——如书籍，已经具备映射远方世界的功能，这种映射既包含描述性的，又包含分析性的。所以人们自有书籍伊始，便已经习惯于通过技术认识世界，并将此作为学习的主要手段。大语言模型直接改变的是人认识世界的技术中介的描述属性与分析属性。单纯的书籍是一种符号的承载物，语言符号体系由人构建，而大语言模型等生成式人工智能则承担了"分析"的职能，进一步展现了其他异关系的技术的特征，进而具备了一种"准他者性"[①] ——当前的数字技术已经能够支持学生的个性化学习、扮演虚拟教学角色、实现人机情感交互等功能。[②] 所以，人机协同的适应能力、基于机器感知的认知能力、新兴技术的接受能力都是面向大语言模型学生学习的关键素养。

联合国教科文组织于 2023 年 7 月发布的《生成式人工智能与教育的未来》（Generative AI and the Future of Education）中强调：学生和青年极易受到操纵，比成年人更容易受到操纵。有

① 张敬威：《ChatGPT 的教育审思：他异关系技术的教育挑战及应用伦理限度》，《电化教育研究》2023 年第 9 期。
② 徐振国、刘志、党同桐等：《教育智能体的发展历程、应用现状与未来展望》，《电化教育研究》2021 年第 11 期。

很多例子表明，生成式人工智能从其创造者设置的规定中滑出，并参与各种不适合学生并可能对他们产生不利影响的"对话"。① 同时期发布的第六份《全球教育监测报告》（*Global Education Monitoring Report*）中同样强调：在线教育内容质量良莠不齐，且并未得到合理监管。近 90% 的内容是在欧洲和北美创建的；OER Commons 全球图书馆中 92% 的内容为英文。大规模开放在线课程（MOOC）的主要受益者为受过教育的学习者和来自较富裕国家的学习者。大规模在线教育资源的使用会加大监管难度以及引发道德方面的挑战。② 联合国教科文组织于2023 年 9 月 4 日出版的《教育与研究领域生成式人工智能指南》（*Guidance for Generative AI in Education and Research*）进一步指出，ChatGPT 超越国家监管、未经同意运用不真实内容，造成更深层次的伪造问题。占主导地位的生成式人工智能提供商不允许其系统接受严格的独立学术审查，并因此而受到批评。③ 许多开始使用生成式人工智能的公司也发现维护其系统的安全性越来越具有挑战性。④ 许多图像生成式人工智能系统和一些代码生成式人工智能系统因此被指控侵犯知识产权。ChatGPT除数据来源不真实饱受争议外，还存在改变或操纵现有的图像或

---

① Generative AI and the Future of Education. Available at: https://www.unesco. org/en/articles/guidance-gen erative-ai-education-and-research.

② UNESCO, Global Education Monitoring Report Summary 2023: Technology in Education: A Tool on Whose Terms? Paris, 2023.

③ Yogesh K. Dwivedi et al. , "Opinion Paper: 'So What If ChatGPT Wrote It?' Multidisciplinary Perspectives on Opportunities, Challenges and Implications of Generative Conversational AI for Research, Practice and Policy," *International Journal of Information Management* 71(2023): 1–63.

④ Belle Lin, "AI is Generating Security Risks Faster than Companies can Keep Up," *The Wall Street Journal* 15(2023).

视频，以生成难以与真实图像区分的假图像或视频的问题。①

从学生时期开始，几乎所有实质性的教学实践都是通过作为"指号化系统"的语言来完成的。② 在大语言模型诞生之前，不同教学情境所产生的指号化是相互独立的，而数字化与智能化加速了不同个体面对的"指号化系统"的统一。从本质上讲，技术构建了一个统一的虚拟中介世界，人们在数字世界中则会产生与拉康所提出的"镜子阶段"相似的情况——主体将自己从根本上与自己身体的视觉格式塔认同起来。③ 技术的每一个设计选择都是由具有自己文化背景的设计者做出的决定，并伴随他们有意识或无意识的偏见④，而当下大多数有影响力的工具提供商都是资金雄厚的公司⑤，进而可以预见：学生在公司控制下的教育平台完成机器感知——它自主地形成一套规范，其目的不是让主体的生活和工作变得便利，而是对主体的身体进行规训，让主体更适合机器感知和检测形成的规范系统。⑥ 那么，培养学生在大语言模型环境下对信息流的批判性思维、对信息的筛选能力以及对信息茧房下的符号化体系的反

---

① Guidance for Generative AI in Education and Research. Available at: https://www. unesco. org/en/articles/guidance-generative-ai-education-and-research.

② 吴冠军：《后人类状况与中国教育实践：教育终结抑或终身教育？——人工智能时代的教育哲学思考》，《华东师范大学学报》（教育科学版）2019 年第 1 期。

③ 〔法〕雅克·拉康：《拉康选集》，褚孝泉译，上海三联书店，2001，第 110 页。

④ J. Whittlestone and R. Nyrup et al. , *The Role and Limits of Principles in AI Ethics: Towards a Focus on Tensions* (New York: ACM, 2019), pp. 195–200.

⑤ Guidance for Generative AI in Education and Research. Available at: https://www. unesco. org/en/articles/guidance-generative-ai-education-and-research.

⑥ 蓝江：《从身体感知到机器感知——数字化时代下感知形式的嬗变》，《西北师大学报》（社会科学版）2023 年第 3 期。

思能力则尤为重要。

第三节　指向学生未来学习的教育实践方向

大语言模型的普及应用既是一种指向学习过程的赋能技术，又是影响未来教育目的改变的生产力基础。基于大语言模型背景下对学生学习的新要求，应积极探索在新技术、新环境下学生学习的转向，厘清、分析未来学习的新视角、新领域与技术赋能未来学校的伦理限度。

在智能时代讨论学习问题，需要思考一组具有前提性的关系："真实世界的虚假情境"与"虚拟世界的真实情境"。在数字化普及之初的很多非数字原住民的眼中，非现实世界的事物均为虚假的，如在 20 世纪初人们无法接受虚拟货币，也不认同虚拟产品的价值性（影视会员、电子游戏等）；但是在"Z"世代的数字原住民看来，虚拟产品与真实产品具有一样的价值，因为在他们看来无论是虚拟产品还是现实产品对他们来说提供的都是"效用"。由此，作为非数字原住民的教育研究者在思考数字原住民的学习问题时，需要首先区分两个群体对于"效用"的认知偏差。

在已有的线下教学中存在着大量模拟现实情境的虚假问题①，强行编撰的情景使学生对这类问题定位为"应试"而非对现实问题的探索，并不能真正激发学生的兴趣，我们将这类

---

① 如一些经典的数学应用题：一个水池装一个进水管和三个同样的出水管，先开开进水管，等水池存了一些水后，再打开出水管，如果同时打开 2 个出水管，那么 8 分钟后水池空；如果同时打开 3 个出水管，那么 5 分钟后水池空。那么出水管比进水管晚开多少分钟？

问题称为"真实世界的虚假情境"。而伴随着虚拟技术进一步融入生活，学生作为数字原住民，他们的真实经验有很大比例被虚拟世界的经验所构成，而这些虚拟世界形成的真实经验促进了学生的主体性建构，同时也使他们能够相较于非数字原住民更好地认识智能化的世界。在虚拟世界的情境中产生了大量真实问题①——这些问题由于在现实生活中的诸多条件限制无法频繁出现，使学生在解决这一系列问题中既具有探索世界的自主性，又剔除了对"应试"标签的抵触，将"应试"与"问题"相分离，我们将这一系列情境称为"虚拟世界的真实情境"。

所以，强调离身认知作为一种智能时代学习的新路径尤为必要，恰如前文所提到的"如果我们拥有蝙蝠的身体，则会有全然不同的具身认知"。数字技术、人工智能以及网络环境的综合应用，赋予了我们一种新的"身体"——使现实的身体以虚拟的形式延伸，我们在此借用蓝江教授的概念对其进行讨论：称之为一种"宁芙化"的身体——"宁芙式化身利用它独有的凝视，利用不可能的并存性关系，实现了在现实世界中不可能具有的事物的秩序"②。恰如德勒兹所言："大脑就是屏幕。"③

---

① 如当代科学作家万维钢在一次与华东师范大学吴冠军教授的公开对谈中提到了一个关于自己孩子的例子：有一次他想带孩子出门办事，但是孩子说在网上要开一个政治会议，于是他很好奇会议的内容。原来在一个网络游戏的公会（在网络游戏中，由玩家组成的团队，通常是为了共同完成任务、对抗其他公会或分享游戏资源）中有一名成员违背了所有成员共同制定的规则，其他人以会议的形式商讨是否将其踢出公会。这种基于虚拟世界现实需求的实践方式是在现实生活中很难遇到的。

② 蓝江：《双重凝视与潜能世界：电子游戏中的凝视理论》，《上海大学学报》（社会科学版）2022 年第 3 期。

③ Gilles Deleuze, "The Brain is the Screen: An Interview with Gilles Deleuze," *The Brain is the Philosophy of Cinema*, trans. M. T. Guirgis, ed. G. Flaxman (Minneapolis, MN: The University of Minnesota Press, 2000), pp. 365–373.

康德当年所发起的"认识论转向"使科学研究从做本体论判断转到认识论探索，我们将世界中的一切体验判定为"真实"，就在于它们是可感（诉诸感官）的——在这一层面，即眼见为"实"。① 所以，此处的"离身认知"并不再与"具身认知"相对立，而是以一种新的对"身体"的定义对"具身认知"学习的研究进行扩展，进而探索一种以"离身"技术促进"具身"认知的新型学习路径。值得强调的是，这种路径一方面源于学习效率提升对技术赋能的需求，另一方面源于智能化社会对人才技能的要求。②

伴随着当下的智能虚拟世界愈加具有世界生成属性，我们则需要正视一个指向未来的问题：我们培养学生进行学习，是期望他们具有本体论判断的能力，还是期望他们掌握认识论探索的能力？在大语言模型等人工智能技术进入人们的生活之后，这一问题的解答变得更为迫切了。学生被"抛入"现实世界或虚拟世界之中，进而带来本体论层面的焦灼体验——在虚拟世界中积累的感性经验，同"现实"中的经验并无本体论的差异。③ 若如康德的"认识论转向"所指向的，"体验"即为"真"；抑或如史蒂芬·霍金所宣称的依赖模型的实在论（model dependent realism）：我们只能通过模型来认识

---

① 吴冠军：《从元宇宙到量子现实：迈向后人类主义政治本体论》，中信出版集团，2023，第 211~212 页。

② 在当下的社会生产生活中，对网络化、数字化、智能化社会的运用与掌握已经是劳动者的重要素质，如通过微信、钉钉等软件的远程办公已经成为多数行业的常用手段，如微信的社交礼仪在一些情境中的重要性已经等同于现实生活中的礼仪、互扫微信添加好友已经替代了传统的互换名片等。

③ 吴冠军：《从元宇宙到量子现实：迈向后人类主义政治本体论》，中信出版集团，2023，第 243 页。

"现实"。那么，引导学生学习的目的是指向发现本体论的真理，还是指向通过发现真理的过程生成构建认识世界框架的能力？换言之，是指向认识世界发展过程中的固定规律；还是指向怀疑确定性的规律，并能够基于已知证据在不同情境中构建分析框架。

我们的知觉（以及我们理论所建立起来的种种观察）并不是直接的，而是被一种镜片（我们头脑的阐释性结构）所建构起来的，恰如诺贝尔物理学奖得主尼尔斯·波尔由于"量子世界"是一个由量子力学的各种概念与方程式所构建的世界而宣称"'量子世界'并不存在"①。那么，科学行动的本质决定了学生学习的目标方向，其指向康德"认识论转向"下的结果，即霍金层面的"阐释性结构"的构建与在这种"镜片"下的探索，而确定性的知识结论则相对没有那么重要了——"诸种头脑概念（mental concepts）是我们唯一能够知道的现实。不存在对现实不依赖于模型的检验"②。

智能化数字世界构建的多种情境，为学生探索不同世界的"规则"提供了实践条件。在这种由智能化与数字化构成的参与性宇宙中，"认识论就是本体论——关于'现实'的知识，就是'现实'；认识论局限，实则就是本体论悖论"③。所以，对于学生在虚拟世界中的娱乐与探索，不应盲目地阻拦，因为

---

① See A. Shimony, "Metaphysical Problems in the Foundations of Quantum Mechanics," *International Philosophical Quarterly*1 (1978); A. Petersen, "The Philosophy of Niels Bohr," *Bulletin of the Atomic Scientists* 7 (1963).

② Kitty Ferguson and Stephen Hawking, *An Unfettered Mind* (New York: St Martin's Griffin, 2017), p. 433.

③ 吴冠军：《从元宇宙到量子现实：迈向后人类主义政治本体论》，中信出版集团，2023，第394~395页。

"玩"与"探索"就是面向未来的学习方式。例如，一个人在电子游戏中探索游戏机制以期获胜的过程，就是一个主动探索所在世界规律、认识世界的过程，这种规律性探索与霍金所说的"镜片"是一致的。一方面，这是一种能够迁移于现实世界的能力训练；另一方面，这是一种面向未来的、对智能化数字世界探索的经验积累。总而言之，在生成式人工智能的环境下，教育研究者应打破对"数字化产物"的偏见，基于"认识论转向"，构建指向未来的学习路径。

由于大语言模型的技术黑箱问题，对其在教育实践的应用需更为审慎。文本 GPT 有时被贬称为"随机鹦鹉"，因为正如前面所指出的，虽然它们可以产生看起来令人信服的文本，但这些文本通常包含错误，并且可能包括有害的陈述。[1] 人工神经网络（Artificial Neural Network，ANN）通常是"黑盒子"，也就是说，虽然我们对生成式人工智能的运作模式有一定了解，但在输出结果时它们的内部工作原理是不允许检查的。换言之，虽然运作模式（包括所使用的算法）总体上来看通常是可解释的，但特定模型及其参数（包括模型的权重）是不可检查的，这就是为什么生成的特定输出无法解释。[2] 随着生成式人工智能的运作模式不断复杂化发展，其透明度和可解释性问题越来越难以探寻。此外，生成式人工智能的输出结

① E. M. Bender, T. Gebru, A. McMillan-Major, and S. Shmitchell(2021). On the Dangers of Stochastic Parrots: Can Language Models Be Too Big? FAccT' 21: Proceedings of the 2021 ACM Conference on Fairness, Accountability, and Transparency. New York, Association for Computing Machinery. Available at: https://doi. org/10. 1145/3442188. 3445922(Accessed 23 June 2023).

② Guidance for Generative AI in Education and Research. Available at: https://www. unesco. org/en/articles/guidance-generative-ai-education-and-research.

果还被发现具有极为隐蔽的偏见与歧视因素，但这种因素却很难被完全消除。

首先，保证教育大语言模型与数字平台的公共属性。作为资本属性的收益意向与教育技术的育人意向之间具有天然的意向性冲突，收益倾向的系统标准化权利破坏了教育的公平性，以流量为结算标准的运行机制与作为公共产品的教育平台的运行机制亦相违背，公共属性是教育技术平台构建的前提。①

其次，应加速制定教育通用数据保护条例（General Data Protection Regulation，GDPR）或制定国家的条例，构建专属教育的大语言模型。例如，欧盟的 GDPR 于 2018 年颁布，是通用数据保护条例的先驱之一。根据联合国贸易和发展会议（United Nations Conference on Trade and Development，UNCTAD）的数据保护和隐私立法世界门户网站，已经有 137 个国家建立了数据保护和隐私保护的立法②，并在此基础上对教育大语言模型与数字平台进行进一步的技术伦理限定，例如将 ChatGPT 作为"基础模型"，在此基础上开发专属教育的 EdGPT③，EdGPT 模型使用特定数据进行训练，以服务于教育目的。

大语言模型等生成式人工智能技术在未来的教育改革中将呈现三种样态：第一，赋能教育改革的技术支持；第二，未来社会生产生活所需人才掌握的重要技能对象；第三，构

---

① 这一问题的详尽论述参见张敬威、苏慧丽、谢明月《公共属性抑或资本属性：元宇宙教育的前提性批判》，《中国电化教育》2022 年第 6 期。

② Guidance for Generative AI in Education and Research. Available at: https://www.unesco.org/en/articles/guidance-generative-ai-education-and-research

③ R. Bommasani et al. (2021). On the Opportunities and Risks of Foundation Models. Stanford, Stanford University. Available at: https://crfm.stanford.edu/report.html (Accessed 23 June 2023.)

建未来与改变未来的过程性要素。总而言之，对大语言模型的教育应用既应保持开放包容、积极接纳科技创新的态度，又需以技术伦理限度为基本底线，警惕技术更迭对教育造成的负面影响。

参考文献

中文文献

傅统先、张文郁：《教育哲学》，山东教育出版社，1986。

傅统先：《教育哲学讲话》，世界书局，1942。

郭元祥：《教育逻辑学》，人民教育出版社，2002。

贺来：《"主体性"的当代哲学视域》，北京师范大学出版社，2013。

李泽厚：《历史本体论·己卯五说》，生活、读书、新知三联书店，2008。

李泽厚：《实用理性与乐感文化》，生活·读书·新知三联书店，2008。

厉以宁：《中国经济双重转型之路》，中国人民大学出版社，2013。

联合国教科文组织：《反思教育：向"全球共同利益"的理念转变》，熊建辉译，教育科学出版社，2017。

莫伟民：《主体的命运》，上海三联书店，1996。

瞿葆奎主编《教育与教育学》，人民教育出版社，1993。

孙周兴：《人类世的哲学》，商务印书馆，2020。

汪丁丁：《经济学思想史进阶讲义——逻辑与历史的冲突和统一》，上海人民出版社，2015。

王昭风：《景观意识形态与隐形奴役——居伊·德波〈景观社会〉解读与批判》，南京大学出版社，2022。

吴冠军：《从元宇宙到量子现实：迈向后人类主义政治本体论》，中信出版集团，2023。

于伟：《现代性与教育》，北京师范大学出版社，2006。

张维迎：《博弈与社会讲义》，北京大学出版社，2014。

张一兵：《文本的深度耕犁（第三卷）：当代西方激进哲学的文本解读》，中国人民大学出版社，2019。

赵汀阳：《人工智能神话或悲歌》，商务印书馆，2022。

郑也夫：《吾国教育病理》，中信出版社，2013。

〔美〕M. 卡诺依编著《教育经济学国际百科全书》，闵维方等译，高等教育出版社，1988。

〔美〕爱因斯坦：《爱因斯坦文集》第 1 卷，许良英、范岱年译，商务印书馆，1976。

〔美〕戴维·巴斯：《进化心理学：心理的新科学》，张勇、蒋柯译，商务印书馆，2015。

〔美〕道格拉斯·凯尔纳编《波德里亚：一个批判性读本》，陈维振等译，江苏人民出版社，2008。

〔美〕弗朗西斯·福山：《我们的后人类未来》，黄立志译，广西师范大学出版社，2017。

〔美〕赫伯特·马尔库塞：《单向度的人——发达工业社会意识形态研究》，刘继译，上海译文出版社，2006。

〔美〕赫伯特·施皮格伯格：《现象学运动》，王炳文、张金言译，商务印书馆，1995。

〔美〕克里斯·哈布尔斯·格雷：《后人类的可能性》，载曹荣湘选编《后人类文化》，上海三联书店，2004。

〔美〕罗杰·F. 库克：《后电影视觉：运动影像媒介与观众的共同进化》，韩晓强译，广西师范大学出版社，2023。

〔美〕罗洛·梅：《焦虑的意义》，朱侃如译，广西师范大学出版社，2010。

〔美〕尼尔·埃亚尔、〔美〕瑞安·胡佛：《上瘾——让用户养成使用习惯的四大产品逻辑》，钟莉婷、杨晓红译，中信出版集团，2017。

〔美〕乔治·索罗斯：《开放社会——改革全球资本主义》，王宇译，商务印书馆，2001。

〔美〕唐·伊德：《技术与生活世界》，韩连庆译，北京大学出版社，2012。

〔美〕西奥多·舒尔茨：《对人进行投资——人口质量经济学》，吴珠华译，首都经济贸易大学出版社，2002。

〔美〕约翰·D. 布兰思福特等编著《人是如何学习的：大脑、心理、经验及学校》（扩展版），程可拉等译，华东师范大学出版社，2013。

〔英〕彼得斯：《伦理学与教育》，朱镜人译，商务印书馆，2019。

〔英〕约翰·洛克：《人类理解论》（下），关文运译，商务印书馆，2017。

〔英〕朱迪斯·威廉森：《解码广告——广告的意识形态与含义》，马非白译，南京大学出版社，2021。

〔法〕爱弥尔·涂尔干：《道德教育》，陈光金、沈杰、朱谐汉译，上海人民出版社，2001。

〔法〕保罗·维利里奥，《解放的速度》，陆元昶译，江苏人民出版社，2004。

〔法〕保罗·维利里奥：《无边的艺术》，张新木、李露露译，南京大学出版社，2014。

〔法〕贝尔纳·斯蒂格勒：《技术与时间》第三卷，方尔平译，译林出版社，2012。

〔法〕贝尔纳·斯蒂格勒：《技术与时间》，裴程译，译林出版社，2000。

〔法〕吉尔·德勒兹：《在哲学与艺术之间：德勒兹访谈录》，刘汉全译，上海人民出版社，2020。

〔法〕居伊·德波：《景观社会》，王昭风译，南京大学出版社，2017。

〔法〕罗兰·巴特：《明室》，赵克非译，文化艺术出版社，2003。

〔法〕梅洛-庞蒂：《知觉现象学》，杨大春等译，商务印书馆，2021。

〔法〕梅洛-庞蒂：《眼与心·世界的散文》，《梅洛-庞蒂文集》（第8卷），杨大春译，商务印书馆，2019。

〔法〕米歇尔·福柯：《词与物：人文科学考古学》，莫伟民译，上海三联书店，2001。

〔法〕米歇尔·福柯：《权力的眼睛——福柯访谈录》，严锋译，上海人民出版社，1997。

〔法〕纳塔莉·沙鸥：《欲望伦理——拉康思想引论》，郑天喆译，漓江出版社，2013。

〔法〕皮埃尔·布尔迪厄：《区分：判断力的社会批判：下

册》，刘晖译，商务印书馆，2015。

〔法〕让-伊夫·戈菲：《技术哲学》，董茂永译，商务印书馆，2000。

〔法〕雅克·拉康：《拉康选集》，褚孝泉译，上海三联书店，2001。

〔德〕安德斯：《过时的人——论第二次工业革命时期人的灵魂》（第一卷），范捷平译，上海译文出版社，2010。

〔德〕恩斯特·卡西尔：《人论》，甘阳译，上海译文出版社，2013。

〔德〕海德格尔：《存在与时间》（中文修订第二版），陈嘉映修订，商务印书馆，2018。

〔德〕海因茨·布德：《焦虑的社会：德国当代的恐惧症》，吴宁译，北京大学出版社，2020。

〔德〕韩炳哲：《倦怠社会》，王一力译，中信出版集团，2019。

〔德〕韩炳哲：《他者的消失》，吴琼译，中信出版集团，2019。

〔德〕黑格尔：《精神现象学》，先刚译，人民出版社，2013。

〔德〕黑格尔：《小逻辑》，贺麟译，商务印书馆，1996。

〔德〕胡塞尔：《欧洲科学的危机与超越论的现象学》，王炳文译，商务印书馆，2017。

〔德〕胡塞尔：《逻辑研究》（第二卷·第一部分），倪梁康译，商务印书馆，2017。

〔德〕康德：《实践理性批判》，邓晓芒译，人民出版社，2003。

〔德〕马克斯·韦伯:《社会科学方法论》,韩水法、莫茜译,中央编译出版社,2013。

〔德〕马克斯·韦伯:《社会学的基本概念》,顾忠华译,广西师范大学出版社,2011。

〔德〕尼采:《偶像的黄昏》,卫茂平译,华东师范大学出版社,2007。

〔加〕马歇尔·麦克卢汉:《理解媒介:论人的延伸》,何道宽译,译林出版社,2019。

〔澳〕迈文·伯德:《远距传物、电子人和后人类的意识形态》,载曹荣湘选编《后人类文化》,上海三联书店,2004。

〔斯洛文〕斯拉沃热·齐泽克:《视差之见》,季广茂译,浙江大学出版社,2014。

〔日〕柄谷行人:《跨越性批判——康德与马克思》,赵京华译,中央编译出版社,2011。

〔日〕松尾丰:《人工智能狂潮:机器人会超越人类吗?》,赵函宏、高华彬译,机械工业出版社,2016。

〔印〕阿马蒂亚·森:《以自由看待发展》,任赜、于真译,中国人民大学出版社,2002。

〔印〕阿马蒂亚·森:《正义的理念》,王磊、李航译,中国人民大学出版社,2012。

艾云利:《倦怠诗学:韩炳哲美学的一种解读》,《上海文化》2022年第6期。

陈高华、赵文钰:《人工智能与人的未来:一条马克思的路径》,《江汉论坛》2022年第4期。

陈桂生:《全面地历史地研究马克思主义关于人的全面发

展的理论》，《教育研究》1984 年第 8 期。

陈月华：《传播：从身体的界面到界面的身体》，《自然辩证法研究》2005 年第 3 期。

崔保师等：《扭转教育功利化倾向》，《教育研究》2020 年第 8 期。

丁学良：《马克思的"人的全面发展观"概览》，《中国社会科学》1983 年第 3 期。

高楠等：《沉浸式虚拟现实对学习者知识迁移效果及效率的影响研究》，《远程教育杂志》2023 年第 1 期。

韩连庆：《技术意向性的含义与功能》，《哲学研究》2012 年第 10 期。

韩震：《知识形态演进的历史逻辑》，《中国社会科学》2021 年第 6 期。

扈中平：《"人的全面发展"内涵新析》，《教育研究》2005 年第 5 期。

焦建利：《ChatGPT 助推学校教育数字化转型——人工智能时代学什么与怎么教》，《中国远程教育》2023 年第 4 期。

金生鈜：《学习作为实践的构成要件及存在性意义》，《高等教育研究》2023 年第 3 期。

景天魁：《历史唯物论的逻辑起点》，《哲学研究》1980 年第 8 期。

蓝江：《从身体感知到机器感知——数字化时代下感知形式的嬗变》，《西北师大学报》（社会科学版）2023 年第 3 期。

蓝江：《对象 a 与视差之见：齐泽克的事件哲学》，《广州大学学报》（社会科学版）2021 年第 1 期。

蓝江：《功绩社会下的倦怠：内卷和焦虑现象的社会根

源》，《理论月刊》2022 年第 7 期。

蓝江：《宁芙化身体与异托邦：电子游戏世代的存在哲学》，《文艺研究》2021 年第 8 期。

蓝江：《什么是生命政治》，《武汉大学学报》（哲学社会科学版）2022 年第 1 期。

蓝江：《双重凝视与潜能世界：电子游戏中的凝视理论》，《上海大学学报》（社会科学版）2022 年第 3 期。

蓝江：《外主体的诞生——数字时代下主体形态的流变》，《求索》2021 年第 3 期。

蓝江：《走出人类世：人文主义的终结和后人类的降临》，《内蒙古社会科学》2021 年第 1 期。

李河：《从"代理"到"替代"的技术与正在"过时"的人类?》，《中国社会科学》2020 年第 10 期。

李佳丽、潘冬冬：《中国香港学生参加校内外教育补习的影响因素与效应》，《教育与经济》2020 年第 2 期。

李西祥：《论齐泽克的视差辩证法——康德、黑格尔与拉康的视差解读》，《南京大学学报》（哲学·人文科学·社会科学）2020 年第 4 期。

厉以宁、蒋承：《人力资本释放与深化改革》，《北京大学教育评论》2020 年第 1 期。

厉以宁：《非均衡条件下的中国经济改革》，《改革》1991 年第 2 期。

刘冰菁：《异轨：居伊·德波的资本主义突围》，《马克思主义与现实》2017 年第 5 期。

刘复兴：《论教育与机器的关系》，《教育研究》2019 年第 11 期。

刘善槐:《农村家长的"教育焦虑"从何而来》,《人民论坛》2020 年第 14 期。

刘世定、邱泽奇:《"内卷化"概念辨析》,《社会学研究》2004 年第 5 期。

刘铁芳:《教育意向性的唤起与"兴"作为教育的技艺——一种教育现象学的探究》,《高等教育研究》2011 年第 10 期。

刘悦笛:《后人类境遇的中国儒家应战——走向"儒家后人文主义"的启示》,《探索与争鸣》2017 年第 6 期。

刘志军、徐彬:《综合素质评价:破除"唯分数"评价的关键与路径》,《教育研究》2020 年第 2 期。

鲁洁:《实然与应然两重性:教育学的一种人性假设》,《华东师范大学学报》(教育科学版)1998 年第 4 期。

倪梁康:《现象学背景中的意向性问题》,《学术月刊》2006 年第 6 期。

瞿葆奎、郑金洲:《教育学逻辑起点:昨天的观点与今天的认识(二)》,《上海教育科研》1998 年第 4 期。

容中逵:《减负关键在于提升教学有效性——论"双减"政策所引发的传统教学论问题》,《课程·教材·教法》2022 年第 7 期。

申灵灵、卢锋、张金帅:《超越莫拉维克悖论:人工智能教育的身心发展隐忧与应对》,《现代远程教育研究》2022 年第 5 期。

沈书生、祝智庭:《ChatGPT 类产品:内在机制及其对学习评价的影响》,《中国远程教育》2023 年第 4 期。

石中英:《回归教育本体——当前我国教育评价体系改革

刍议》，《教育研究》2020 年第 9 期。

石中英：《论教育实践的逻辑》，《教育研究》2006 年第 1 期。

苏慧丽、于伟：《否定性——学生批判性思维培养的前提问题》，《教育学报》2019 年第 4 期。

苏慧丽、于伟：《路途与景深：指向过程性的教育技术意向变革》，《电化教育研究》2021 年第 7 期。

苏慧丽：《教育中技术意向性的异化与清源》，《科学技术哲学研究》2021 年第 5 期。

唐烨伟、郝紫璇、赵一婷：《教育智能体唤醒学习者积极情绪的发生逻辑与调节路径——基于听觉刺激对积极情绪的影响》，《远程教育杂志》2023 年第 2 期。

王春华：《基于学习者画像的精准教学干预研究》，《济南大学学报》（社会科学版）2023 年第 2 期。

王旦、张熙、侯浩翔：《智能时代的教育伦理风险及应然向度》，《教育研究与实验》2021 年第 4 期。

王红、陈陟：《"内卷化"视域下"双减"政策的"破卷"逻辑与路径》，《教育与经济》2021 年第 6 期。

王洪才：《教育失败、教育焦虑与教育治理》，《探索与争鸣》2012 年第 2 期。

王行坤：《"后人类/人本"转向下的人类、动物与生命——从阿甘本到青年马克思》，《文艺理论研究》2018 年第 3 期。

吴冠军：《德波的盛景社会与拉康的想象秩序：两条批判性进路》，《哲学研究》2016 年第 8 期。

吴冠军：《后人类状况与中国教育实践：教育终结抑或终

身教育？——人工智能时代的教育哲学思考》，《华东师范大学学报》（教育科学版）2019 年第 1 期。

吴冠军：《面向大语言模型的知识实践》，《人民论坛·学术前沿》2023 年第 21 期。

吴冠军：《在发光世界中"眼见为实"——虚拟现实技术与影像本体论》，《电影艺术》2023 年第 3 期。

吴康宁：《"被抛放"的儿童：审视与反思》，《教育研究》2023 年第 11 期。

徐振国等：《教育智能体的发展历程、应用现状与未来展望》，《电化教育研究》2021 年第 11 期。

尹霞等：《家长期望偏差与教育焦虑》，《青年研究》2022 年第 1 期。

于伟：《"率性教育"：建构与探索》，《教育研究》2017 年第 5 期。

余清臣：《"比较利益人"：实践教育学的人性假设》，《教育研究》2009 年第 6 期。

余秀兰：《父母社会背景、教育价值观及其教育期望》，《南京师大学报》（社会科学版）2020 年第 4 期。

张敬威、濮丹阳：《"双减"路上的功绩性"白噪音"》，《湖南师范大学教育科学学报》2023 年第 5 期。

张敬威、苏慧丽、谢明月：《公共属性抑或资本属性：元宇宙教育的前提性批判》，《中国电化教育》2022 年第 6 期。

张敬威、苏慧丽：《远程在场的知识延展与存在收缩——对在线教育的存在论阐释》，《开放教育研究》2021 年第 1 期。

张敬威、王珏：《教育数字化转型下学习生态建设的定位与路径——基于他异技术转向的学习样态变革》，《东北师大学报》（哲学社会科学版）2023年第5期。

张敬威、于伟：《从"经济人"走向"教育人"——论"教育人"的实践逻辑》，《教育与经济》2021年第3期。

张敬威、于伟：《非逻辑思维与学生创造性思维的培养》，《教育研究》2018年第10期。

张敬威：《ChatGPT的教育审思：他异关系技术的教育挑战及应用伦理限度》，《电化教育研究》2023年第9期。

张琪、王红梅：《学习投入的多模态数据表征：支撑理论、研究框架与关键技术》，《电化教育研究》2019年第12期。

张务农、贾保先：《"人"与"非人"——智慧课堂中人的主体性考察》，《电化教育研究》2020年第1期。

张宪丽：《数字世界中的共有凝视：从福柯和拉康出发的思考》，《学习与探索》2022年第12期。

张一兵：《败坏的去远性之形而上学灾难——维利里奥的〈解放的速度〉解读》，《哲学研究》2018年第5期。

张一兵：《本真时–空中的失去与重新获得——瓦纳格姆〈日常生活的革命〉解读》，《马克思主义理论学科研究》2021年第1期。

张一兵：《颠倒再颠倒的景观世界——德波〈景观社会〉的文本学解读》，《南京大学学报》（哲学·人文科学·社会科学版）2006年第1期。

张一兵：《回到胡塞尔：第三持存所激活的深层意识支配——斯蒂格勒〈技术与时间〉的解读》，《广东社会科学》2017年第3期。

张一兵：《居伊·德波景观批判理论的历史生成线索》，

《马克思主义与现实》2020 年第 4 期。

张一兵：《先在的数字化蒙太奇架构与意识的政治经济学——斯蒂格勒〈技术与时间〉的解读》，《学术月刊》2017 年第 8 期。

张一兵：《信息存在论与非领土化的新型权力——对斯蒂格勒〈技术与时间〉的解读》，《哲学研究》2017 年第 3 期。

张一兵：《异轨：革命的话语"剽窃"——情境主义国际思潮研究》，《文学评论》2021 年第 2 期。

赵汀阳：《GPT 推进哲学问题了吗》，《探索与争鸣》2023 年第 3 期。

赵汀阳：《第一个哲学词汇》，《哲学研究》2016 年第 10 期。

赵汀阳：《假如元宇宙成为一个存在论事件》，《江海学刊》2022 年第 1 期。

赵汀阳：《终极问题：智能的分叉》，《世界哲学》2016 年第 5 期。

钟秉林、尚俊杰、王建华等：《ChatGPT 对教育的挑战（笔谈）》，《重庆高教研究》2023 年第 3 期。

祝智庭、胡姣：《教育数字化转型的实践逻辑与发展机遇》，《电化教育研究》2022 年第 1 期。

祝智庭、林梓柔、闫寒冰：《新基建赋能新型教育公共服务平台构建：从资源平台向智慧云校演化》，《电化教育研究》2021 年第 10 期。

祝智庭、赵晓伟、沈书生：《技能本位的学习范式：教育数字化转型的认识论新见解》，《电化教育研究》2023 年第 2 期。

左璜、苏宝华：《"后人类"视阈下的网络化学习》，《现代远程教育研究》2017 年第 2 期。

外文文献

Badiou, Alain, *Philosophy and the Event*, trans. Louise Burchill (Cambridge: Polity, 2013).

Barad, Karen, *Meeting the Universe Halfway: Quantum Physics and the Entanglement of Matter and Meaning* (Durham: Duke University Press, 2007).

Bateson, Gregory, *Mind and Nature: A Necessary Unity* (London: Wildwood House, 2002).

Bourdieu, Pierre, *Homo Academicus* (Redwood: Stanford University Press, 1988).

Braidotti, Rosi, *The Posthuman* (Cambridge: Polity Press, 2013).

Clark, Andy, "Minds in Space," *The Spatial Foundations of Language and Cognition*, eds. Kelly S. Mix, Linda B. Smith, and Michael Gasser (Oxford: Oxford University Press, 2010).

Cooper, Alan, *The Inmates are Running the Asylum: Why Hightech Products Drive Us Crazy and How to Restore the Sanity* (Indianapolis: Sams, 1999).

Cremin, C., *Exploring Videogames with Deleuze and Guattari Towards an Affective Theory of Form* (New York: Routledge, 2016).

Danesi, Marcel, *Understanding Media Semiotics* (London: Oxford University Press, 2002).

Deleuze, Gilles, "The Brain is the Screen: An Interview with Gilles Deleuze," trans. M. T. Guirgis, ed. G. Flaxman (MN: The University of

Minnesota Press, 2000).

Ferguson, Kitty , Stephen Hawking, *An Unfettered Mind* (New York: St Martin' s Griffin, 2017).

Foucault, Michel, *The Order of Things: An Archaeology of the Human Sciences* (New York: Vintage Books, 2005).

Habermas, Jürgen, *Ein neuer Strukturwandel der Öffentlichkeit und die deliberative Politik* (Berlin: Suhrkamp Verlag AG, 2022).

Ihde, Don, *Technology and the Lifeworld* (Bloomington: Indiana University Press, 1990).

Lacan, Jacques, *The Four Fundamental Concepts of Psychoanalysis*, trans. Alan Sheridan (New York: Norton, 1981).

Latour, Bruno, *Reassembling the Social: An Introduction to Actor-Network-Theory* (Oxford: Oxford Press, 2005).

Manovich, Lev, *The Language of New Media* (Cambridge, Mass: The MIT Press, 2001).

McLuhan, Marshall, *Understanding Media: The Extensions of Man* (Cambridge, Mass. : The MIT Press, 1994).

Moravec, Hans, *Mind Children* (Cambridge: Harvard University Press, 1988).

Pisters, Patricia, *The Neuro-Image: A Deleuzian Film-Philosophy of Digital Screen Culture* (Stanford, Calif. : Stanford University Press, 2012).

Schultz, W. Theodore, *The Economic Value of Education* (New York: Columbia University Press, 1963).

Selwyn, Neil, *Education and Technology: Key Issues and Debates* (London and New York: Continuum, 2011).

Theisens, Henno, "Hierarchies, Networks and Improvisation in Education Governance,"in *Governing Education in a Complex World* (Paris: OECD Publishing, 2016).

Toadvine, Ted and Leonard Lawlor, *The Merleau-Ponty Reader* (Evanston, Illinois: Northwestern University Press, 2007).

UNESCO, *Global Education Monitoring Report Summary* 2023: *Technology in Education: A Tool on whose Terms?* (Paris, UNESCO, 2023).

Verbeek, Peter-Paul, *Inside the Politics of Technology: Agency and Normativity in the Co-production of Technology and Society* (Amsterdam: Amsterdam University Press, 2005).

Whittlestone, Jess et al., *The Role and Limits of Principles in AI Ethics: Towards a Focus on Tensions* (New York: ACM Press, 2019).

Žižek, Slavoj, *The Parallax View* (Cambridge Mass: The MIT Press, 2006).

Airaksinen, Tiina, Irmeli Halinen, and Hannu Linturi, "Futuribles of Learning 2030—Delphi Supports the Reform of the Core Curricula in Finland,"*European Journal of Futures Research* 1 (2017).

Bol, Thijs, "Has Education Become More Positional? Educational Expansion and Labour Market Outcomes, 1985 - 2007," *Acta Sociologica* 2(2015).

Bull, Susan and Kay Judy, "Student Models that Invite the Learner In: The SMILI: Open Learner Modelling Framework," *International Journal of Artificial Intelligence in Education* 2(2007).

Cerna, Lucie, "Refugee Education: Integration Models and Practices in OECD Countries," *OECD Education Working Papers* 5 (2019).

Chen, Chih-Ming and Chi-Hsiung Kuo, "An Optimized Group Formation Scheme to Promote Collaborative Problem-based Learning," *Computers & Education* 133 (2019).

Dai, Jun et al., "Machinery Health Monitoring Based on Unsupervised Feature Learning via Generative Adversarial Network," *IEEE/ASME Transactions on Mechatronics* 99 (2020).

Deming, David J., "The Growing Importance of Social Skills in the Labor Market," *Quarterly Journal of Economics* 4 (2017).

Dias, Sofia B. et al., "Computer-based Concept Mapping Combined with Learning Management System Use: An Explorative Study under the Self-and Collaborative-Mode," *Computers & Education* 107 (2017).

Dwivedi, Yogesh K. et al., "'So What If ChatGPT Wrote It?' Multidisciplinary Perspectives on Opportunities, Challenges and Implications of Generative Conversational AI for Research, Practice and Policy," *International Journal of Information Management* 71 (2023).

Elster, Jon, "Social Norms and Economic Theory," *Journal of Economic Perspectives* 3 (1989).

Hajian, Shiva, "Transfer of Learning and Teaching: A Review of Transfer Theories and Effective Instructional Practices," *IAFOR Journal of Education* 1 (2019).

Istance, David, "Learning in Retirement and Old Age: An

Agenda for the 21st Century, " *European Journal of Education* 2 (2015).

Johnson-Glenberg, Mina C. , " Immersive VR and Education: Embodied Design Principles that Include Gesture and Hand Controls, " *Frontiers in Robotics and AI* 5(2018).

Jonassen, David H. and R. M. Marra, " Concept Mapping and Other Formalisms as Mindtools for Representing Knowledge, " *Research in Learning Technology* 1(1994).

Kent, Carmel and Amit Rechavi, " Deconstructing Online Social Learning: Network Analysis of the Creation, Consumption and Organization Types of Interactions, " *International Journal of Research & Method in Education* 43(2018).

Knox, Jeremy, Ben Williamson, and Sian Bayne , " Machine Behaviourism: Future Visions of ' Learnification ' and ' Datafication ' across Humans and Digital Technologies, " *Learning , Media and Technology* 1(2019).

Kruzan, Kaylee Payne and Andrea Stevenson Won, " Embodied Well-being through Two Media Technologies: Virtual Reality and Social Media, " *New Media & Society* 8(2019).

Lambić, Dragan et al. , " A Novel Metaheuristic Approach for Collaborative Learning Group Formation, " *Journal of Computer Assisted Learning* 6(2018).

Lin, Lijia et al. , " Using a Pedagogical Agent to Deliver Conversational Style Instruction: What Benefits can You Obtain? " *Computers & Education* 143(2020).

Shannon, Claude Elwood, " Communication in the Presence of

Noise,"*Proceedings of the IEEE* 9(1984).

Shimony, Abner, "Metaphysical Problems in the Foundations of Quantum Mechanics,"*International Philosophical Quarterly* 1(1978).

Thorp, H. Holden, "ChatGPT is Fun, but Not an Author,"*Science* 379(2023).

van Dis, Eva A. M. et al., "ChatGPT: Five Priorities for Research,"*Nature* 614(2023).

Wall, Sarah and Irene Shankar, "Adventures in Transdisciplinary Learning,"*Studies in Higher Education* 5(2008).

图书在版编目（CIP）数据

教育景观论：数字时代的教育观念从何而来／张敬威，苏慧丽著. -- 北京：社会科学文献出版社，2025.5. -- ISBN 978-7-5228-4520-3

Ⅰ. G40-02

中国国家版本馆 CIP 数据核字第 2024AN8610 号

教育景观论
—— 数字时代的教育观念从何而来

著　　者／张敬威　苏慧丽

出 版 人／冀祥德
责任编辑／袁卫华
文稿编辑／刘　丹
责任印制／岳　阳

出　　版／社会科学文献出版社·人文分社（010）59367215
　　　　　地址：北京市北三环中路甲 29 号院华龙大厦
　　　　　邮编：100029
　　　　　网址：www. ssap. com. cn
发　　行／社会科学文献出版社（010）59367028
印　　装／三河市东方印刷有限公司

规　　格／开 本：889mm×1194mm　1/32
　　　　　印 张：9.125　字 数：212 千字
版　　次／2025 年 5 月第 1 版　2025 年 5 月第 1 次印刷
书　　号／ISBN 978-7-5228-4520-3
定　　价／98.00 元